信息技术与课程深层次整合理论：

有效实现信息技术与学科教学深度融合

XINXI JISHU YU KECHENG
SHENCENGCI ZHENGHE LILUN

YOUXIAO SHIXIAN XINXI JISHU YU
XUEKE JIAOXUE SHENDU RONGHE

第2版

何克抗 /著

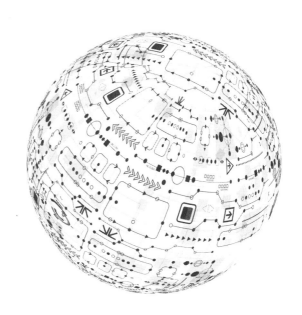

北京师范大学出版集团
BEIJING NORMAL UNIVERSITY PUBLISHING GROUP
北京师范大学出版社

图书在版编目(CIP)数据

信息技术与课程深层次整合理论：有效实现信息技术与学科教学深度融合 / 何克抗著.—2 版.—北京：北京师范大学出版社，2019.5(2024.3 重印)

ISBN 978-7-303-24637-3

Ⅰ. ①信… Ⅱ. ①何… Ⅲ. ①计算机辅助教学—教学研究 Ⅳ. ①G434

中国版本图书馆 CIP 数据核字(2019)第 070361 号

图书意见反馈：gaozhifk@bnupg.com　010-58805079
营销中心电话：010-58802755　58800035
编辑部电话：010-58809014
北师大出版社教师教育分社微信公众号　京师教师教育

出版发行：北京师范大学出版社　www.bnupg.com
北京市西城区新街口外大街 12-3 号
邮政编码：100088

印　刷：	北京溢漾印刷有限公司
经　销：	全国新华书店
开　本：	787 mm×1092 mm　1/16
印　张：	18
字　数：	295 千字
版　次：	2019 年 5 月第 2 版
印　次：	2024 年 3 月第 6 次印刷
定　价：	48.00 元

策划编辑：伊师孟　毕海滨		责任编辑：毕海滨	
美术编辑：焦　丽		装帧设计：焦　丽	
责任校对：韩兆涛		责任印制：马　洁	

第2版序

2012年3月13日，教育部发布了《教育信息化十年发展规划（2011—2020年）》（以下简称《规划》），开篇直接引用了《国家中长期教育改革和发展规划纲要（2010—2020年）》中首次提出的重要命题——"信息技术对教育发展具有革命性影响，必须予以高度重视"，并作为统领《规划》制定与实施的总纲。

《规划》在引用这一"命题"之后，是关于"教育信息化的意义"和"实现教育信息化途径与方法"的阐述。

教育信息化的意义是要"以教育信息化带动教育现代化，破解制约我国教育发展的难题，促进教育的变革与创新"。这在以往提法是促进教育的"改革与发展"，现在提升为"变革与创新"，所以是"实现我国教育现代化宏伟目标不可或缺的动力与支撑"。

实现教育信息化的途径与方法则是指"要充分利用和发挥现代信息技术优势，实现信息技术与教育、教学的深度融合"。事实上，这也正是能够让信息技术对教育发展真正产生出革命性影响的途径与方法。信息技术应与教育、教学"深度融合"，这是《规划》中首次提出的全新观念，在《规划》全文中，曾先后出现10次以上，可见其具有异乎寻常的重要性。

众所周知，国际上为实现教育信息化的目标（即通过教育信息化带动教育现代化，以达到促进各级各类教育变革与创新），传统的途径与方法是实施"信息技术与课程整合"（也称"信息技术与学科教学整合"）。现在《规划》放弃这一传统观念与做法，进而提出信息技术应与教育、教学"深度融合"的全新观念，并认为这才是实现教育信息化目标的有效途径与方法，其根据何在？这只有从"信息技术与学科教学深度融合"的内涵、实质去探寻，才有可能弄明白。

为此，我们需要先来考察信息技术与学科教学"深度融合"观念与做法提出的背景，它与传统的信息技术与学科教学"整合"的观念与做法有哪些不同？在此基础上，方可顺理成章地理解和把握信息技术与学科教学"深度融合"的确切内涵。

著名的乔布斯之问，提出了这样的问题：为什么计算机改变了几乎所有领域，却唯独对学校教育的影响小得令人吃惊？

20世纪90年代以来，国际上曾有许多专家学者对上述问题进行过研究与探讨，都无功而返。只有2010年11月发布的《美国2010国家教育技术计划》(National Educational Technology Plan2010，简称 NETP/2010)，通过认真回顾和总结近30年来企业部门应用技术的经验与教训，并与教育领域应用技术的现状做对比，才发现问题的症结所在，从而引出一个全新命题，这一命题的具体表述是："教育部门可以从企业部门学习的经验是，如果想要看到教育生产力的显著提高，就需要进行由技术支持的重大结构性变革(Fundamental Structural Changes)，而不是渐进式的修修补补(Evolutionary Tinkering)。"

由于这一命题与信息技术能否对教育发展产生革命性影响密切相关——事实上，能否运用信息技术实现教育系统的重大结构性变革，正是信息技术能否对教育发展产生"革命性影响"的关键所在，所以这一命题应当引起我们的高度关注。

从历次发布的美国国家教育技术计划的内容看，它是关于教育系统中的各个领域(包括基础教育、高等教育、职业教育、远程教育)、并涉及教育系统中各种组成要素的最全面、最系统的教育发展计划。这样的全国性教育发展计划，其丰富内涵、重大意义与深远影响，在我国只有《国家中长期教育改革和发展规划纲要(2010—2020年)》能与之相比。

迄今为止，从国际范围来看，以美国为代表的西方学术界，对于信息技术在教育领域的应用，或"信息技术与学科教学的整合"，历来都是只从改变"教与学环境"或改变"教与学方式"的角度去阐述信息技术在教育领域的意义与作用，因而都未能抓住问题的本质与关键。只有NETP/2010通过回顾和总结近30年来企业部门应用信息技术的经验与教训，并与教育领域应用技术的现状做对比，才最终认识到，信息技术在教育领域的应用之所以成效不显，其问题主要在于：教育系统没有实现用信息技术支持的重大结构性变革——只是将信息技术应用于改进教学手段、方法这类"渐进式的修修补补"上，或者是只关注了如何运用技术去改善"教与学环境"或"教与学方式"。总之，都没有触及到教育系统的结构性变革。

这正是《教育信息化十年发展规划（2011—2020 年）》放弃传统的"信息技术与课程整合"的观念与做法，进而倡导信息技术应与学科教学"深度融合"全新观念与做法的特定背景——希望找到一种全新的、能实现教育信息化宏伟目标的有效途径与方法，也就是能够实现"教育系统结构性变革"的途径与方法，以解决长期以来信息技术在教育领域的应用一直成效不显，即信息技术对教育发展始终未能真正产生出革命性影响这一重大问题。

了解这一特定背景以后，我们再来看看"深度融合"的观念与做法，和传统的"整合"观念与做法到底有哪些不同？

既然用"深度融合"观念与做法取代"整合"观念与做法的目的是想要真正触及到教育系统的结构性变革（而不是只用于改进教学手段、方法这类"渐进式修修补补"），可见"深度融合"的观念与做法和传统"整合"观念与做法的 根本区别就在于："深度融合"要求实现教育系统的结构性变革，而"整合"不要求，也不关注这种变革。那么，教育系统的结构性变革又是指什么呢？换句话说，"深度融合"的本质及其确切内涵应是怎样的呢？

本次修订的宗旨与出发点，就是要阐明如何变革传统的课堂教学结构——将教师主宰课堂的"以教师为中心"的传统课堂教学结构，改变为既充分发挥教师主导作用、又能突出体现学生认知主体地位的"主导—主体相结合"教学结构。这正是"教育系统结构性变革"的最重要、最核心的内容，是信息技术与学科教学深层次整合的实质与落脚点，也是"深度融合"的确切涵义所在。

国内外的经验表明，教育信息化若不紧紧抓住"改变传统课堂教学结构和建构新型课堂教学结构"这个中心，是不会有成效的，是要付出代价的。这是一条铁的定律，也是中国学者在教育信息化领域发现的一条重要规律。要是忽视或违背了这一规律，都要付出代价，有时候是非常沉重、高昂的代价。

是为序。

何克抗

2019 年 4 月 26 日

第 1 版序

PREFACE

　　《信息技术与课程深层次整合理论》①这本专著，是何克抗教授一项长期进行教改实践，深刻思考，理论探索的成果。

　　信息技术与课程整合（Integrating Information Technology into the Curriculum）是当今国际教育界，尤其是教育技术界共同关注的研究课题，我国许多学者也进行了大量的探索实践，从不同的角度发表了一批论文，逐渐形成一套具有中国特色的理论与方法。

　　何克抗教授是我国最早对信息技术与课程整合的理论与实践进行深入探索的学者。早在 1993 年的冬天，我和何克抗教授一同参加全国中小学计算机课程审定会议，一天，他约我晚上到他下榻的宾馆，想与我深入探讨一些问题。当晚，他提出：在我国，个人计算机已开始陆续进入学校，面对的一个现实问题是如何输入中文使个人计算机能成为办公和学习工具，当时国内出现"万码奔腾"的局面，出现许多类型的汉字输入法，主要有"形码"和"音码"两大类。当时他想到了"能否把计算机汉字输入法与小学生学习汉字结合起来"，为此，他自己设计了形声结合的"认知码"，这种编码方式与汉字识字规律相一致，在学习计算机汉字输入法的同时，可学会并理解汉字的形、音、义；在此基础上他提出了适合于小学语文低年级段教学的"识字、查字、编码、打字"四结合思想。他希望与我合作在广东珠江三角洲地区的小学开展试验研究。我认为，这就是我国最早提出信息技术与语文课程整合的理念与方法之一。

　　1994 年年初，我们选定了 18 所小学开展信息技术与语文课程识字教学进行整合的教改试验，取得显著效果。随着这批学生的成长，语文

<hr />

　　①　本书系国家社会科学基金"十一五"规划教育学重点课题"以教育技术促进学校教育创新研究"成果（课题编号：ACA07004）．

学习也从识字阶段，进入阅读理解、作文训练阶段。**1995** 年，我们将原来小学低年级段的"四结合"内涵拓展为"识字教学、阅读理解、作文训练与电脑运用"的四结合，并作为小学中高年级段实施信息技术与语文课程整合的基本内容。从 **1998** 年 **9** 月开始"四结合"试验范围向初中和高中扩展，其相应的试验研究内容进一步拓展为"词语教学、阅读理解、作文训练与电脑运用"的四结合。几年的试验探索经验证明，全国语文"四结合"教改试验所构建的新型教学模式对于改变传统教育思想、教学观念和培养创新型人才具有重要意义。**2000** 年，为贯彻第三次全国教育工作会议的精神——"素质教育要以培养学生的创新精神和实践能力为重点"，在许多试验学校的积极参与下，我们把"四结合"的教改思想运用于其他学科的教学中，与此同时，把"四结合"的内涵及研究内容拓展为："学科教学改革、创新精神培养、实践能力训练与信息技术运用"的四结合。这样，随着"四结合"内涵及研究内容的不断丰富与拓展，基于"四结合"思想的信息技术与课程整合教改试验研究先后历时七八年，参与语文及其他学科四结合教改试验活动的中小学校共有 **600** 多所，覆盖全国 **22** 个省、市、自治区。

在此基础上，从 **2000** 年 **9** 月开始，为了更深入地推进信息技术与各学科教学的整合，何克抗教授又在全国教育科学规划办的支持下开展了"基于网络环境的基础教育跨越式发展创新试验研究"项目，其目的是要研究在多媒体和网络支撑环境下，如何通过创新教学理论、模式与方法的有效运用来达到信息技术与各学科教学的深层次整合，从而大幅度提升各学科的教学质量与学生的综合素质，实现基础教育在质量方面的跨越式发展。这项试验不仅在国内许多地区（包括城市郊区和农村地区）取得成功，还把良好影响扩展到海外。到 **2008** 年 **6** 月底，"跨越式发展创新试验"已在海内外建立了 **14** 个试验区，试验校总数已超过 **200** 所（其中包括中国香港和新加坡两个海外试验区的 **11** 所中小学）。

简单的历史回顾表明，何克抗教授通过主持上述两项关于信息技术与课程整合的项目，长期进行基础教育领域的大规模教学改革试验研究探索。在实践中，何克抗教授不断进行思考、批判，在不同时期都提出创新的理论观点，并以此指导实践。《信息技术与课程深层次整合理论》这本专著就是何克抗教授长期从事教改实践和理论探索的成果。这些成果并不是一蹴而就，而是长期沿着"发现问题—理论借鉴—试验实践—理论创新—实践检验"这一条主线进行研究实践的结果。这条主线在这本专著中得到了充分的反映。

问题是理论研究的起点，只有发现问题、提出问题、探究问题、解决问题才能建立明确的理论探索目标。例如，何克抗教授在书中提到，在国内，"有少数教师至今还把信息技术与课程整合看作是一种时尚，不清楚实施信息技术与课程整合是为了什么目的"，"不了解信息技术与课程整合的内涵实质"。目前，"关于信息技术与课程整合的定义与内涵一直缺乏较有深度的研究，因而至今在这方面没有一个公认的权威说法"。在国外，"有关信息技术与课程整合的文章、论著在国际会议和有关文献上不胜枚举，但是真正具有一定理论深度的研究却不多见"。"当前美国（乃至整个西方）的信息技术与课程整合主要关注的还是课前与课后，在课堂教学过程中虽然也有少数教师进行整合的探索，但从他们最常用的两类整合方式看，显然还停留在比较低的层次"。许多事实证明西方（包括美国）的"信息技术与课程整合理论还有较大的缺陷，还未能真正解决实际问题"。正是从这些问题出发，何克抗教授试图在实践中探索具有中国特色的信息技术与课程深层次整合的理论。

我认为，我国信息技术应用具有起步较晚，发展快，规模大的特点，因此，我们应该重视吸收西方发达国家的先进经验；对西方的先进经验要借鉴，但又不能采取拿来主义的态度，应该批判、吸收，路还要靠我们自己走。在书中，何克抗教授重视国外理论的借鉴与批判吸收。他认为，通过广泛的文献调研，发现在众多进行信息技术与课程整合的研究论文中，"美国教育技术 CEO 论坛的第 3 个年度（2000 年）报告比较系统、完整地从三个方面论述了信息技术与课程整合的理论与方法，而且就其撰写人的研究水准与资历来看，在美国乃至国际上都称得上是一流，因此最具有权威性与代表性，可以作为我们研究的借鉴"。

进入 21 世纪以后，随着教育信息化的深入发展，西方国家（特别是美国）的学者关于信息技术与课程整合"途径与方法"的认识，有了较大程度的提高。这主要表现在：他们开始重视整合的指导思想（理论基础）、整合中的教学设计和相关软件及工具（教学资源）的运用与开发问题；而不仅停留在上述 CEO 论坛年度报告所开处方的具体操作层面。何克抗教授介绍了 2003 年于美国出版的有关整合的、颇有影响的专著 "*Integrating Educational Technology into Teaching*"（教育技术整合于教学，作者罗布耶（Roblyer, M. D），书中关于如何有效实施信息技术与课程整合，就是首先强调各种教与学理论对信息技术与各学科教学相整合的意义与作用；接着介绍并分析不同教育思想指引下的三种主要整合模式（以教师讲授为主的"主导型模式"、以学生自主探究为主的"建构型模式"以及教师讲授与学生探究相结合的"混合型模式"）。这些理论观点值得借鉴。但是，何克抗教授以批判的眼光，分析了该书还存在以下三方面的问题：在"主导型"整合模式所设计的各种实施原则与策略中缺少奥苏贝尔学与教理论的指导；在"建构型"整合模式所设计的实施原则与策略中缺少相关教学设计方法的支持；而"混合型"整合模式的研究则还很薄弱、更不深入。这些缺陷与不足为进一步深入探索信息技术与课程整合的深层次理论提供更广阔的空间。

在这本专著中，作者指出，信息技术与课程整合的过程绝不仅仅是现代信息技术手段的运用过程，更是一个教育深化改革的过程，既然是改革，就必须要有先进的理论作指导，没有理论指导的实践是盲目的实践，将会事倍功半甚至徒劳无功。这里所说的先进教育理论包括支持教师讲授为主的教与学理论（其中又以奥苏贝尔的理论为代表），也包括支持学生自主探究为主的教与学理论（其中又以建构主义理论为代表）。不过，考虑到中国的国情，应当特别强调建构主义理论；之所以这样做，并非因为建构主义十全十美，而是因为它对于我国教育界的现状特别有针对性——它所强调的"以学为主"、学生主要通过自主建构获取知识的教育思想和教学观念，对于多年来统治我国各级各类学校的、以教师为中心的传统教学结构是极大的冲击；除此以外，还因为建构主义的学习理论与教学理论以及建构主义学习环境下的教学设计方法可以为信息技术环境下的教学，也就是信息技术与各学科教学的整合，提供最强有力的理论支持。但对于建构主义理论，也应作深刻的反思，作者提出至少应该考虑以下三个方面的问题：建构主义的教育思想到底应该是"以学生为中心"还是"主导—主体相结合"？建构主义的认识论到底是"纯主观主义"还是"主客观相统一"？以及当前是否还应该将建构主义作为我国教育深化改革的一种重要指导思想？这些问题的提出，表明作者在理论借鉴方面不是完全照搬，而是采取批判地吸收的态度，这也是一个学者进行理论探索所应具备的科学态度。

理论探索与创新是本书的一大特色。理论创新有填补性创新，发展性创新，批判性创新和流派性创新等不同类型，笔者认为，在这本专著中，有三个方面是值得我们关注的：

第一，作者针对至今在信息技术与课程整合方面没有一个公认的权威说法，作者给出一个定义："所谓信息技术与课程整合(或信息技术与学科教学整合)，就是通过将信息技术有效地融合于各学科的教学过程来营造一种信息化教学环境，实现一种既能发挥教师主导作用又能充分体现学生主体地位的以'自主、探究、合作'为特征的教与学方式，从而把学生的主动性、积极性、创造性较充分地发挥出来，使传统的以教师为中心的课堂教学结构发生根本性变革——由教师为中心的教学结构转变为'主导—主体相结合'的教学结构。"这个定义明确了信息技术与课程整合的三个基本属性：营造信息化教学环境、实现新型教与学方式、变革传统教学结构。

第二，作者通过对建构主义理论的反思，提出了自己的主张，"我们应该倡导的不是乔纳森鼓吹的那种建立在纯主观主义认识论和片面的以学生为中心教育思想基础上的极端建构主义，而是建立在'主客观统一'认识论和'主导—主体相结合'教育思想基础上的新型建构主义。"

第三，作者对教学结构的定义、特性、类型及理论基础等有关教学结构的理论问题作了较深入的阐述。其中包含许多新颖的观点，这对广大教师了解信息技术与课程整合的内涵和把握信息技术与课程整合的实施方法起着关键性的作用。

作者认为，实施信息技术与课程整合的教学设计方法应当采用"学教并重"教学设计。书中对这种教学设计的步骤、方法，以及通过这种教学设计所形成的信息技术与课程整合的教学模式(包括课内整合模式与课外整合模式)都作了详细介绍，这些都是作者本人长期实践经验的总结。尤其值得注意的是，书中引用的大多数案例都是作者的试验校教师在教改实践中积累的，因而具有针对性与实用性。

我在这里引述何克抗教授在本专著中的部分论述，目的是为广大读者提供一个导读索引。笔者认为，这部专著不仅是关于信息技术与课程深层次整合的理论学习与实践指导的一本好教材，也是我们从事理论探索、理论创新在方法论上的典范。这部专著的出版，无论是对广大中小学教师，或是高校教育技术专业教师和研究生都是一本极好的读物。也会给青年研究工作者一点有益启示，期望读者能在其中得到丰富的收益。

华南师范大学　李克东

2008 年 7 月 1 日

目 录

CONTENTS

第一章　信息技术与课程整合概论

第一节　当前我国信息技术与
课程整合存在的主要问题

信息技术与课程整合(也称信息技术与各学科教学的整合)尽管在我国已开展多年,但迄今为止,在广大中小学教师中(乃至整个教育界)仍对"信息技术与课程整合"存在种种片面甚至是错误的认识。例如,有少数教师至今还把信息技术与课程整合看做一种时尚,不清楚实施信息技术与课程整合是为了什么目的,只是因为大家都在应用信息技术,或者是上级号召应用信息技术而不得不应用。还有不少教师只把信息技术与课程整合仅仅看做现代化教学的一种工具、手段或是更有效地学习信息技术的一种方式。比如,有这样一种观点(这种观点在中学计算机教师中颇为流行,甚至在一些信息技术教育专家中也不鲜见),认为"信息技术与课程整合就是要把信息技术课程与其他学科课程融合在一起(即要实现两门课程之间的融合),以便在学习其他学科课程的同时能更有效地学习信息技术",这个典型例子就是把信息技术与课程整合看做有效学习信息技术的一种方式,这种观点显然是不了解信息技术与课程整合的内涵实质。更多的教师则是把信息技术与课程整合与计算机辅助教学(CAI)完全等同起来,认为只要在课堂上运用了多媒体或是课件就是在进行信息技术与课程的整合,这种看法不仅反映出广大教师对信息技术与课程整合的内涵实质缺乏了解,也表明他们对于实施信息技术与课程整合的途径与方法还只是一知半解,甚至根本没有掌握。凡此种种,都是关于信息技术与课程整合的错误或是片面的认识。归纳起来,这些错误或片面的认识涉及以下三个方面:

(1)对"信息技术与课程整合"的目标(意义)不清楚——不清楚为什

么要整合？

（2）对"信息技术与课程整合"的内涵（实质）不了解——不了解什么是整合？

（3）对"信息技术与课程整合"的方法（途径）不掌握——不知道如何进行整合？

任何一种关于信息技术与课程整合的理论都必须能够对上述三个方面的问题作出科学的回答，并要能够通得过各级各类学校教学实践的检验，尤其是想要达到深层次整合的要求，就更要能够经得起这种检验。本章第二、第三、第四、第五节的内容就是力图从这三个方面，对信息技术与学科课程如何实现深层次整合的理论与方法作一全面、扼要的阐述；以后各章的内容则是对其中各个部分的深入与拓展。

第二节　信息技术与课程整合的目标

为了阐明信息技术与课程整合的目标（意义），需要先了解国际上有关信息技术教育应用的发展状况。

一、信息技术教育应用发展概况

众所周知，自 1959 年美国 IBM 公司研究出第一个计算机辅助教学系统以来，信息技术教育应用在发达国家大体经历了三个发展阶段：

1. CAI（Computer Assisted Instruction 计算机辅助教学）阶段

这一阶段大约是从 20 世纪 60 年代初至 80 年代中期。主要是利用计算机的快速运算、图形动画和仿真等功能辅助教师解决教学中的某些重点、难点问题，这些 CAI 课件大多以演示为主，这是信息技术教育应用的第一个发展阶段。在这一阶段，一般只提计算机教育（或计算机文化），还没有提出信息技术教育的概念。

2. CAL（Computer Assisted Learning 计算机辅助学习）阶段

这一阶段大约是从 20 世纪 80 年代中期至 90 年代中期。在此阶段中，计算机的教育应用逐步从辅助教为主转向辅助学为主，也就是强调如何利用计算机作为辅助学生自主学习的工具，例如，让学生利用计算机帮助收集资料、辅导答疑、自我测试，以及帮助安排学习计划等，即不仅用计算机辅助教师的教，更强调用计算机辅助学生自主地学。这是信息技术教育应用的第二个发展阶段。在这一阶段，计算机教育和信息技术教育两种概念同时并存。

应当指出的是，在我国由于信息技术教育应用起步较晚——20 世纪 80 年代初才开始进行计算机辅助教学的试验研究（1982 年有 4 所中学成为首批试点校），比美国落后了整整 20 年；加上我国教育界历来受"以教为主"的传统教育思想影响，往往只重视教师的教，而忽视学生自主地学，所以尽管国际上自 20 世纪 80 年代中期以后信息技术教育应用的主要模式逐渐由 CAI 转向 CAL，但是在我们中国似乎并没有感受到这种变化——不仅从 20 世纪 80 年代初期到 90 年代中期是如此，甚至到了今天，我国绝大多数学校的信息技术教育应用模式仍然停留在 CAI 阶段。

3. IITC（Integrating Information Technology into the Curriculum 信息技术与课程整合）阶段

信息技术与课程整合（信息技术与各学科教学的整合）是 20 世纪 90 年代中期以来，国际教育界非常关注、非常重视的一个研究课题，也是信息技术教育应用进入第三个发展阶段（大约从 20 世纪 90 年代中期开始至今）后信息技术应用于教学过程的主要模式。在这一阶段，原来的计算机教育与计算机文化的概念已完全被信息技术教育与信息文化的概念所取代。

二、信息技术与课程整合的目标（意义）

信息技术与课程整合，不是把信息技术仅仅作为辅助教或辅助学的工具，而是强调要利用信息技术来营造一种信息化的教学环境，该环境应能支持情境创设、启发思考、信息获取、资源共享、多重交互、自主探究、协作学习等多方面要求的教学方式与学习方式——也就是实现一种既能发挥教师主导作用又能充分体现学生主体地位的以"自主、探究、合作"为特征的教与学方式（这正是我国基础教育新课程改革所要求的教与学方式），这样就可以把学生的主动性、积极性乃至创造性较充分地发挥出来，使传统的以教师为中心的课堂教学结构发生根本性变革。所谓教学结构，是指在一定的教育思想和教学理论、学习理论指导下、在一定的环境中展开的教学活动进程的稳定结构形式，是教学系统四个要素（教师、学生、教学媒体、教学内容）相互联系相互作用的具体体现。显然，教学结构变革的主要标志是师生关系与师生地位作用的改变，只有发生有利于体现学生主体地位的这种改变，才能使学生的创新精神与实践能力的培养真正落到实处，这正是我们的素质教育目标所要求的（1999年第三次全教会明确指出，我们必须贯彻"以培养学生的创新精神与实践能力为重点的素质教育"）。西方发达国家，尤其是美国则把信息技术与课程整合看成培养21世纪人才的根本措施①，而21世纪人才的核心素质则是创新精神与合作精神②。这说明不论在我国还是在西方发达国家，都是把信息技术与课程整合看做培养创新人才的重要途径乃至根本措施。可见，信息技术与课程整合所要达到的目标，就是要落实大批创新人才的培养。这既是我们国家素质教育的主要目标，也是当今世界各国进行新一轮教育改革的主要目标，这正是西方发达国家之所以大力倡导与推进信息技术与课程整合的原因所在。我们只有站在这样的高度来认识信息技术与课程整合的目标，才有可能深刻领会信息技术与课程整合的重大意义与深远影响，才能真正弄清楚为什么要开展信息技术与学科教学的整合。

第三节　信息技术与课程整合的内涵（实质）

目前有关论述信息技术与课程整合的文章与论著汗牛充栋，但是关于信息技术与课程整合的定义与内涵却一直缺乏较有深度的研究，因而至今在这方面没有一个公认的权威说法。由于信息技术与课程整合涉及成千上万教师的教学实践，长此下去必将使广大教师无所适从，不知道该如何来认识与理解信息技术与学科教学的整合；对于整合的内涵实质尚且缺乏了解，又怎么可能找到实施整合的有效方法（更不用说深层次的整合了）！由此造成的严重后果及损失可想而知。为了尽快结束这种局面，显然需要有一个关于信息技术与课程整合（即信息技术与学科教学整合）的科学认识。通过以上对"信息技术与课程整合的目标"的分析过程可以看到，我们对整合目标的确定，是首先从分析信息技术与课程

① 上海市教科院智力开发研究所. 美国教育部教育技术白皮书, 2001.

② Richard W. Riley. E-Learning: putting a World-Class Education at the Fingertips of All Children (The National Educational Technology Plan). Dec. 2000 U. S. Department of Education, Office of Educational Technology.

整合的性质、功能入手，在把握信息技术与课程整合本质特征的基础上再自然地（而非人为地）导出其目标。因此只要稍加提炼与加工，我们就完全有可能从上述关于整合目标的分析过程中，引申出关于信息技术与课程整合的定义或内涵。经过认真地研究，我们认为这一定义或内涵可以表述为：**所谓信息技术与课程整合（或信息技术与学科教学整合），就是通过将信息技术有效地融合于各学科的教学过程来营造一种信息化教学环境，实现一种既能发挥教师主导作用又能充分体现学生主体地位的以"自主、探究、合作"为特征的教与学方式，从而把学生的主动性、积极性、创造性较充分地发挥出来，使传统的以教师为中心的课堂教学结构发生根本性变革——由教师为中心的教学结构转变为"主导—主体相结合"的教学结构。**

由这一定义可见，它包含三个基本属性：营造信息化教学环境、实现新型教与学方式、变革传统教学结构。应当指出，这三个属性并非平行并列的关系，而是逐步递进的关系——信息化教学环境的营造是为了支持新型教与学方式，新型教与学方式是为了变革传统教学结构（所谓教学结构，是指在一定的教育思想、教学理论、学习理论指导下的、在某种环境中展开的教学活动进程的稳定结构形式；是教师、学生、教学内容、教学媒体四个教学系统要素①相互联系、相互作用的具体体现）；变革传统教学结构则是为了最终达到创新精神与实践能力培养的目标（即创新人才培养的目标）。可见，"整合"的实质与落脚点是要变革传统的教学结构——改变"以教师为中心"的教学结构，创建新型的、既能发挥教师主导作用又能充分体现学生主体地位的"主导—主体相结合"教学结构。笔者认为，只有从这三个基本属性，特别是从变革传统教学结构这一属性去理解"整合"的内涵，才能真正把握信息技术与课程整合的实质。

由于"环境"这一概念含义较广（凡是教学过程主体以外的一切人力因素与非人力因素都属于教学环境的范畴），所以上述定义的内涵，就信息技术在教育领域的应用而言，和把计算机为核心的信息技术仅仅看成工具、手段的 CAI 或 CAL 相比，显然要更深、更广，其实际意义也要重大得多。

众所周知，CAI 主要是对教学方法与教学手段的改变（涉及教学环

---

① 顾明远. 教育技术学与二十一世纪的教育[J]. 中国电化教育，1995(8).

境和教学方式），但它基本上没有体现新的学习方式，更没有改变教学结构（例如 CAI 对师生之间的关系、师生之间的地位与作用基本没有影响）。所以它和信息技术与课程整合二者之间绝不能画等号。当然，在课程整合过程中，有时候也要用到 CAI——不仅用于辅助教师的教，也可能用于促进学生的自主学习，所以"整合"并不排斥 CAI。不过，整合过程中运用 CAI 课件更多的是把它作为促进学生自主学习的认知工具与协作交流工具，即把它作为创建"主导—主体相结合"教学结构的一种手段，并且这种场合的 CAI 只是整合过程（即信息技术应用于教学的全过程）中的一个环节、一个局部；而传统的以教师为中心的计算机辅助教学，其唯一的目的就是把 CAI 课件作为辅助教师突破教学中重点与难点的直观教具、演示教具，并且这种场合的 CAI 就是信息技术应用于教学的全部内容（而不是其中的一个局部或环节）。可见，这两种场合的 CAI 课件运用，不论从其应用的目的，还是从其应用的方式上看，都是不一样的。

笔者认为，必须依据上述三个基本属性来认识与理解信息技术与课程整合的内涵与实质才是比较科学的、全面的；而且也只有这样，才有可能在此基础上形成真正有效的、能实现深层次整合的具体途径与方法。

从目前全球的发展趋势看，信息技术教育应用正在日渐深入地进入第三个发展阶段，即信息技术与课程整合的阶段。由以上分析可见，在进入这个阶段以后，实际上信息技术就不再仅仅是辅助教或辅助学的工具、手段，而是要通过信息化教学环境的营造和新型教与学方式的创设，使传统的以教师为中心的教学结构，转变为"主导—主体相结合"的教学结构，从而使培养创新精神与实践能力的目标（即培养大批创新人才的目标）真正落到实处。正因为如此，大力倡导与推进信息技术与课程整合，在当前已经成为全球教育改革的总趋势与不可逆转的潮流。

第四节　信息技术与课程整合的理论与方法
——国外的经验

为了阐明信息技术与课程整合的途径、方法问题，需要先弄清楚当前教育信息化发展进程中的"瓶颈"究竟在哪里，以及解决这一"瓶颈"问题的出路何在。

一、教育信息化深入发展进程中的"瓶颈"问题

1. 教育信息化发展现状

自 2000 年 10 月召开第一次全国中小学信息技术教育工作会议(在我国教育信息化进程中这是一次具有里程碑意义的重要会议)以来,由于政府的大力推动,我国教育信息化有了长足的进展。就基础教育领域而言,教育信息化的硬件设施与 7 年前相比,增长了近 20 倍。例如,中小学已经建立的校园网数量,在 2000 年 10 月召开那次会议的时候只有 3 000 个左右;2003 年 3 月基础教育司的统计已达 26 500 多个;到 2005 年年底教育部有关部门的统计数字表明,全国中小学校园网数量是 38 000 多个(若加上中等职业学校则达到 44 000 个);到 2008 年年初,虽未看到官方的正式统计数字,但据部分教育信息化专家估计,目前这一数字应在 55 000~60 000。不仅中小学校园网的数量有了极大的增长,校园网络的带宽与传输速率也有大幅提升——在 21 世纪初,校园网络的普遍情况是百兆主干、十兆到桌面;而现在虽说千兆主干、百兆到桌面的情况还不能算普及,但正以很快的速度扩展,与 7 年前的情况不可同日而语。

教育信息化硬件设施的大幅增长,本来是件令人鼓舞的事,但是花费了几百亿元建设起来的几万个中小学校园网,目前却绝大部分未能充分发挥作用,造成资源的极大浪费。这又着实让人为校园网的应用状况担忧。据我们对南方局部地区的抽样调查统计,目前我国中小学校园网的应用状况大致如下:

(1)80%以上只用于开设"信息技术教育"必修课,没有其他的教育教学应用。

(2)在其余不到 20%已开展"信息技术教育"必修课以外应用的学校中,有一部分用于教育行政管理(如校长办公系统、电子图书馆、财务报表、学生成绩统计等);另有一部分则用于辅助教学(大多停留在多媒体加 PowerPoint 的应用水平)。

(3)真正能在各个学科的教学中,通过开展信息技术与课程的有效整合实现教育深化改革的学校(即能够真正围绕改变传统的"以教师为中心"的教学结构、形成"主导—主体相结合"新型教学结构这一目标来进行整合的学校)不到 5%。

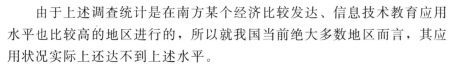
由于上述调查统计是在南方某个经济比较发达、信息技术教育应用水平也比较高的地区进行的，所以就我国当前绝大多数地区而言，其应用状况实际上还达不到上述水平。

2. 制约教育信息化发展的"瓶颈"

校园网建设需要很大投入（少的几十万，中档的一百多万，高档的二三百万以上，有些学校投入更多）。"大投入应有大产出，高投资应有高效益。"学校的产出是高素质人才，学校的效益应体现在各学科教学质量与学生综合素质的提升。而目前的实际状况与这一目标有较大的距离："大投入没有大产出，高投资未能体现高效益。"很多学校的信息技术环境（尤其是网络环境）只用于开设信息技术必修课，而没有能促进教育的深化改革，没有能导致中小学各学科教学质量的提升（更不用说大幅度的提升）——这是当前教育信息化进程中普遍存在的问题，也是制约我国教育信息化深入发展的"瓶颈"（关键所在）。

当然，信息技术课作为必修课开设，无疑对提高学生的信息素养、信息能力是大有好处的，但是校园网工程的大量投资若仅仅体现在"信息技术教育"这一门课的效益上，那样的效益与投入相比就太不相称了（如果只是开设信息技术教育课，每所学校建一两个联网的计算机教室就够了，不必花上百万甚至几百万的资金去搞校园网）。

所以，能否运用信息技术环境（尤其是网络环境）来促进教育深化改革，大幅提升各级各类学校的学科教学质量与学生的综合素质，是当前教育信息化健康、深入发展的关键所在——信息技术与课程整合必须在提升各学科教学质量与学生综合素质方面狠下功夫。

如何运用信息技术环境（尤其是网络环境）来促进教育深化改革、优化教与学过程、显著提升各级各类学校的学科教学质量与学生综合素质的问题，不仅是中国教育信息化健康、深入发展的关键问题，也是当今世界各国教育信息化健康、深入发展的关键问题；是当今世界各国教育界（尤其是教育技术界）关注的焦点。下面的例子可以为此提供佐证：

（1）2003 年 12 月召开的 ICCE 国际会议的主题是"ICT 教育应用的第二浪潮（Second Wave）——从辅助教与学到促进教育改革"。

（2）微软于 2004 年 11 月在新加坡举办国际信息化论坛，其教育分论坛强调要运用信息技术来促进教育改革并实现教育质量的蛙跳式发展（Leapfrogging Development）。

（3）2005 年 11 月于日本东京召开 E-Learning 国际研讨会，其主题是"如何建立 E-Learning 的质量保障机制"，把质量看做 E-Learning 的生命。

怎么办——解决上述问题的办法、出路究竟在哪里？

3. 敢问路在何方

目前国际上普遍认为只有通过信息技术与课程的有效整合才有可能解决上述问题，但是，有效的整合又该如何实施？整合的途径方法（尤其是深层次整合的途径方法）又在哪里？在本章的开头部分曾经指出：任何一种关于信息技术与课程整合的理论（如果称得上是科学理论的话）都必须能够对信息技术与课程整合的目标、内涵、方法三方面的问题作出科学的回答。在前面的第二、第三节我们已经对前两方面的问题（即信息技术与课程整合的目标与内涵）作了较全面的阐述，下面再来寻求第三方面问题（即整合途径与方法）的答案。显然，这是信息技术与课程整合理论中最核心、最关键、最难以解决的问题，也是广大教师最为关注的问题。下面不妨从国外和国内两个方向来探索这一问题的解决办法。

二、发达国家关于信息技术与课程整合的理论研究

有关信息技术与课程整合的文章、论著在国际会议和国外有关文献上不胜枚举，但是真正具有一定理论深度的研究却不多，能对上述三方面问题给出全面而深刻论述的文章就更是凤毛麟角。通过广泛的文献调研，可以发现在众多进行信息技术与课程整合的研究论文中，美国教育技术 CEO 论坛的第三个年度（2000 年）报告比较系统、完整地从上述 3 个方面论述了信息技术与课程整合的理论与方法，而且就其撰写人的研究水准与资历来看，在美国乃至国际上都称得上是一流，因此最具有权威性与代表性，可以作为我们研究的借鉴。该报告指出[①]：

"数字化学习的关键是将数字化内容整合的范围日益增加，直至整合于全课程，并应用于课堂教学。当具有明确教育目标且训练有素的教师把具有动态性质的数字内容运用于教学的时候，它将提高学生探索与研究的水平，从而有可能达到数字化学习的目标。……为了创造生动的数字化学习环境，培养学生 21 世纪的能力素质，学校必须将数字化内容与各学科课程相整合。"

---

① www.ceoforum.org.

　　这里所说的"将数字化内容与学科课程相整合"，就是我们通常所说的"信息技术与学科教学相整合"（在国际上这两种说法是完全等价的——因为数字化内容不论就其产生、存储、加工、传输或应用的哪一个环节而言，都离不开信息技术）。这是迄今为止国际上关于"信息技术与学科教学相整合"最为系统而权威的论述。它阐明了整合的目标——培养具有 21 世纪能力素质的创新人才，也揭示了整合的内涵——创造生动的数字化学习环境。能从培养具有 21 世纪能力素质的创新人才的高度来认识信息技术与课程整合的目标及意义（而不是像传统观念那样，把信息技术教育应用的意义局限于改进教与学过程的某个环节或者只是为了提高信息素养），这种观点是很有见地的，表明作者对整合的目标具有科学而客观的认识；能从创建数字化学习环境的角度来界定整合的内涵（而不是像传统 CAI 或 CAL 那样，只是把计算机为核心的信息技术看做辅助教或辅助学的工具、手段），这种看法也非常正确，并且难能可贵。

　　众所周知，在 20 世纪 80 年代初，著名的计算机教育应用学者罗伯特·泰勒（Rbert Taylor）曾把计算机应用于教育的基本形式概括为三种：Tutor（计算机作为辅导教师）、Tutee（计算机作为学习者）和 Tool（计算机作为工具），简称 3T 模式。由于在 20 世纪 80 年代初，计算机程序设计语言曾被推崇为人类的第二语言和第二文化（不少学者主张把计算机程序设计语言作为中小学的必修课），所以计算机作为程序设计语言学习者的 Tutee 模式在当时占据了主导地位。但随着计算机教育应用的深入，过分夸大程序设计语言作用的观点很快被否定，计算机教育应用的主要模式也就随之转向 Tutor 和 Tool 模式。到了 20 世纪 90 年代，随着多媒体计算机和网络通信技术的普及，传统的计算机教育逐渐被含义更广的信息技术教育所取代（信息技术是以多媒体计算机和网络通信为标志的技术）。与此同时，建构主义开始广泛流行；强调通过自主学习、自主探究达到意义建构的思想日益深入人心，加上网络教学环境具有很强的交互性（便于人机交互、师生交互、生生交互），并有丰富的信息资源可以共享，所以到 20 世纪 90 年代以后，信息技术应用于教育的基本形式，在国际上普遍是采用 Tutor 和 Tool（尤其是 Tool）——特别强调要把以多媒体和网络为标志的信息技术作为学习者自主学习、自主探究的认知工具。换句话说，到 20 世纪 90 年代以后，信息技术与学科教学相整合的基本形式，或者说整合的主要内涵，国际上的绝大多数学者都是从"工具论"去论述，而不是从"环境论"（创设数字化的学习环境或数字化的教学环境）去论述。例如，2003年在美国出版了一本有关整合的颇有影响的专著《教育技术整合于教学》，（*Integrating Educational Technology into Teaching*，但从全书的内容看，把这本专著的名称更改为《信息技术整合于教学》似乎更确切些）[①]，其全书的基本观点（即作者对整合内涵的理解）仍然是基本按照 Tool 模式去描述信息技术与学科教学相整合的过程及作用（作者在关于整合原理和策略的论述中，虽然对各种计算机软件和多媒体技术应用于学科教学既谈到了 Tool 也谈到了 Tutor，但是从该书的总体论述及其倾向来看，作者是更为强调 Tool 模式）。

而美国教育技术 CEO 论坛的第 3 个年度（2000 年）报告，却能够在国际上首次从创建数字化学习环境的角度去界定整合的内涵（而不是像传统观念那样，只是从工具角度去认识其内涵），确实非常难能可贵。如前所述，由于"环境"这一概念含义较广（凡是主体以外的一切人力因素与非人力因素都属于环境的范畴），所以 CEO 论坛第 3 年度报告所定义的上述整合内涵，就信息技术在教育领域的应用而言，和把多媒体计算机和网络通信为核心的信息技术仅仅看成工具的传统观念相比，显然要更深、更广，其实际意义也要重大得多。

不过，上述 CEO 论坛第 3 年度报告关于整合内涵的论述还显得比较笼统、尚未展开，更谈不上全面、深刻；尽管如此，该报告还是非常值得借鉴。事实上，在上面第二节关于信息技术与课程整合目标的阐述中我们已经直接引用了上述 CEO 论坛第 3 年度报告的观点；而上面第三节关于信息技术与课程整合内涵的界定，则是在上述年度报告看法的基础上，结合我国的国情和我们自己多年的教改实践经验，加以补充、深化与拓展而形成。

为了帮助广大教师解决如何有效实施信息技术与学科教学整合的问题，美国教育技术 CEO 论坛的第 3 年度（2000 年）报告还为此开出了"处方"——提出了进行有效整合的步骤方法如下：

步骤 1：确定教育目标，并将数字化内容与该目标联系起来；

[①] Margaret D. Roblyer. Integrating Educational Technology into Teaching. PEARSON EDUCATION ASIA LIMITED and SHAANXI NORMAL UNIVERSITY PRESS，2005.

步骤 2：确定课程整合应当达到的、可以被测量与评价的结果和标准；

步骤 3：依据步骤 2 所确定的标准进行测量与评价，然后按评价结果对整合的方式作出相应的调整，以便更有效地达到目标。

通过上面的介绍可以看出，美国教育技术 CEO 论坛第 3 个年度报告，对信息技术与课程整合理论所面对的三大问题（整合的目标、整合的内涵、整合的方法）都作出了明确的回答。其中，对第一个问题（整合目标）的回答相当中肯，甚至切中要害；对第二个问题（整合内涵）的论述也基本正确，但比较笼统、尚未展开、更谈不上全面、深刻；最令人遗憾的是对第三个问题的回答（整合的步骤方法）似乎还缺乏深入的研究。因为这样的步骤方法既不涉及"整合"的指导思想，又不涉及"整合"的教学设计、教学资源与教学模式，就事论事，我们觉得对教师可能没多大帮助（事实上，我们也曾经将上述整合"处方"，拿到我们的一些试验学校去让教师试用，结果不出所料，效果并不理想）。

应该说，进入 21 世纪以后，随着教育信息化的深入发展，西方国家（特别是美国）的学者关于信息技术与课程整合"途径与方法"的认识，和上述 CEO 论坛第 3 年度报告所开出的"处方"相比，有了较大程度的提高。这主要表现在：他们开始重视整合的指导思想（理论基础）、整合中的教学设计和相关软件及工具（即教学资源）的运用与开发问题；而不仅停留在上述 CEO 论坛年度报告所开"处方"的具体操作层面。例如，在上述 2003 年于美国出版的有关整合的、颇有影响的专著《教育技术整合于教学》中，关于如何有效实施信息技术与课程整合，作者罗布耶（Roblyer，M. D）就是首先强调各种教与学理论对信息技术与各学科教学相整合的意义与作用；接着介绍并分析不同教育思想指导下的三种主要整合模式（以教师讲授为主的"主导型模式"、以学生自主探究为主的"建构型模式"，以及教师讲授与学生探究相结合的"混合型模式"）所使用的原则与策略；最后再给出不同学科运用各种原则与策略实施有效整合的具体案例。由此可见，在罗布耶的专著中，对于信息技术与课程整合"途径与方法"的认识，与 CEO 论坛第 3 年度报告所开出的"处方"相比，确实有了实质性的提高与发展（罗布耶的这部专著已于 2005 年被我国教育部高教司作为优秀原版教材引进，让高校有关专业直接采用）。但是存在以下三方面的问题。

（1）罗布耶专著中专门针对以教师讲授为主的"主导型"整合模式所

设计的各种实施原则与策略有较大的缺陷(缺乏奥苏贝尔学与教理论的指导)

在罗布耶的专著中,在强调各种教与学理论对信息技术与各学科教学相整合的意义与作用时,列举了斯金纳(B. F. Skinner)的行为主义学习理论、认知的信息加工理论,加涅(Gagne)的基于行为主义和信息加工学习理论基础上的教学理论、系统方法与教学设计理论,杜威(John Dewey)的强调学校与社会、教育与生活密切联系的哲学思想、建构主义理论,维果茨基(Lev Vygotsky)的"最邻近发展区理论",皮亚杰(Jean Piaget)的儿童认知发展阶段论,布鲁纳(Jerome Bruner)的发现式学习理论,佩柏特(Seymour Papert)的 LOGO 语言及微世界概念,伽德纳(Gardner)的多元智能理论,以及范德比尔特大学(Vanderbilt University)的情境认知教学等多种学习理论与教学理论。乍一看,这些理论似乎罗列得很全面:既有支持以教师讲授为主的教与学理论(如行为主义学习理论、信息加工理论、加涅的教学理论,以及系统方法与教学设计理论等),又有支持以学生自主探究为主的教与学理论(如建构主义理论、最邻近发展区理论、皮亚杰的认知发展理论、发现式学习理论、佩柏特的理论,以及范德比尔特大学的情境教学理论等)。但是若仔细深究即可发现,作者有一个重要的疏忽:在所列的几种支持以教师讲授为主的教与学理论中恰恰把最重要的一种理论——奥苏贝尔的理论漏掉了。一般研究教学理论的学者都公认,奥苏贝尔的"有意义接受学习理论""动机理论"和"先行组织者策略"等学与教理论,为以教师讲授为主的教学方式提供了最强有力、也最为有效的支持(既涉及认知,又涉及情感;既研究学与教理论,又提供可操作的教学策略。古往今来,能像奥苏贝尔那样,对认知、情感、学与教理论以及教学策略这四个方面都做了较深入研究的教育家是极为罕见的)。

当然,加涅的基于行为主义和信息加工的教学理论对于讲授为主教学方式的支持也有不可忽视的重要作用;不过,就"有意义接受学习"的本质和"学习动机理论"这两个研究领域的深入探讨而言(奥苏贝尔首次指出,学习动机是由认知内驱力、附属内驱力、自我提高内驱力三种内驱力组成),迄今为止,国际教育界尚未有人能望其项背。事实上,众多的教学实践已经证明,不管是哪一个学科,也不论是传统教学环境还是信息化教学环境,若是缺乏上述奥苏贝尔学与教理论的指导,要想在以教师讲授为主的教学方式下,取得比较理想的教学效果是不切实际的。这就表明，罗布耶专著中专门为以教师讲授为主的"主导型"整合模式所设计的各种实施原则与策略必定有较大的缺陷，将难以取得理想的效果——因为它们缺乏奥苏贝尔学与教理论的指导。

（2）罗布耶专著中专门针对以学生自主探究为主的"建构型"整合模式所设计的实施原则与策略尚存在明显的不足（缺乏相关教学设计方法的支持）

教学设计是教育技术学科中最核心、最重要的一门课程，这是因为教学设计是紧密联系教学理论、学习理论与教学实践的桥梁科学，它在教与学理论的指导下，运用系统论方法，对各个教学环节（教学目标分析、学习者特征分析、教学策略、教学媒体、形成性评价等）进行具体的设计与计划，从而可为广大教师提供一套有效的、可操作的教学模式与方法。所以在信息技术与学科教学整合过程中，对于不同类型整合模式所提供的实施原则与策略，必须包括如何进行教学设计的指导在内。但令人遗憾的是，在罗布耶的专著中，在为三种主要整合模式（以教师讲授为主的"主导型模式"、以学生自主探究为主的"建构型模式"，以及教师讲授与学生探究相结合的"混合型模式"）所提供的原则与策略中，只有"主导型模式"涉及教学设计方法——该书中给出了布拉登斯（Bradens）于 1996 年提出的、面向教师讲授的教学设计过程模型；而其他两种整合模式（"建构型模式"和"混合型模式"）均未能给出相应整合模式下的教学设计方法。在罗布耶的专著中，原本就比较强调以学生自主探究为主的"建构型整合模式"，书中所列举的教与学理论也更侧重于对这种整合模式的支持（如建构主义理论、最邻近发展区理论、皮亚杰的认知发展理论、发现式学习理论、佩柏特的理论，以及范德比尔特大学的情境教学理论等）。但是由于针对这种整合模式所设计的相关实施原则与策略中，未能把相应整合模式下的教学设计方法包括在内，因而广大教师将难以把支持"建构型整合模式"的教与学理论转化为有效的、可操作的教学模式与方法。即便在罗布耶专著中，提供了大量不同学科实施建构型整合模式的实际案例可供观摩借鉴，由于缺乏相关教学设计理论与方法的指导，大多数教师还只能停留在模仿性学习阶段，只是知其然，而不知其所以然（难以转化为广大教师自觉的创新行为）。这表明，罗布耶专著中专门针对以学生自主探究为主的"建构型"整合模式所设计的实施原则与策略尚存在明显的不足，也就难以取得良好的效果——因为它们缺少相关教学设计方法的支持。

（3）罗布耶的专著对于最为重要、最为关键的"混合型整合模式"的研究（尤其是混合型整合模式实施原则与策略的研究）还很薄弱、更不深入

众所周知，自 20 世纪 90 年代 E-Learning 逐渐流行以来，国际教育界占统治地位的教育思想是以学生为中心；主要的教学观念是强调学生的自主探究与合作学习，教师的主导作用则被视为束缚学生主动性、积极性的消极因素而遭到排斥。然而，经过 90 年代将近十年的网络教育实践，人们逐渐认识到 E-Learning（数字化或网络化学习）由于具有无限丰富的信息资源，可实现不受时空限制的资源共享，并有很强的交互性（便于人机交互、师生交互、生生交互），有利于学生的自主学习与合作探究，因而对于培养创新型人才具有无可比拟的优越性；传统教学方式尽管存在种种缺陷，但是教师的言传身教、优秀教师的人格魅力、传统校园的人文氛围等优势，也是 E-Learning 以及其他学习方式所无法取代的。因此，进入 21 世纪以后，一种新的、被称为 Blending Learning（或 Blended Learning，一般简称 B-Learning）的概念逐渐流行。严格来说 B-Learning 不能算是一个新概念，因为这种说法多年以前就已经有了。Blending 一词的意义是混合或结合，B-Learning 的原有含义是"混合式学习"或"结合式学习"，即各种学习方式的结合。例如，运用视听媒体（幻灯投影、录音录像）与运用粉笔黑板的传统方式相结合；计算机辅助学习方式与传统学习方式相结合；自主学习与协作学习相结合等。不过，近年来它之所以受到关注并日益流行，是因为被赋予了一种新的内涵。这一新内涵是指：要把传统教学方式的优势和 E-Learning（即数字化或网络化学习）的优势结合起来；也就是说，既要发挥教师引导、启发、监控教学过程的主导作用，又要充分发挥学生作为学习过程主体的主动性、积极性与创造性。目前国际教育界的共识是，只有将这二者结合起来，使二者优势互补，才能获得最佳的学习效果。

应该说，在罗布耶的专著中已经注意到了国际教育界在教育思想、观念上的这种转变，并且也想在该书中加以贯彻。如上所述，该书着重论述的关于不同教育思想指导下的三种主要整合模式是：以教师讲授为主的"主导型模式"、以学生自主探究为主的"建构型模式"，以及教师讲授与学生探究相结合的"混合型模式"。显然，主导型模式体现的是传统教学方式的优势，建构型模式体现的是 E-Learning 的优势，而混合型模式正是上述二者的有机结合与优势互补。但令人惋惜的是，罗布耶本人

尚未能对 B-Learning 思想和与此相关的、至关重要的混合型模式作出认真、深入的研究。诚如罗布耶（2005）自己所坦露的："关于如何将主导型模式和建构型模式的方法、策略结合起来，并整合于同一门课程，目前教师们在这方面还很难找到有效的指导方针；要将这两种模式完全结合起来，在当前仍处于探索阶段。尽管全国的教师们或许正在课堂教学活动中进行这种结合，但有关这类整合模式有效应用的正式文献还很稀少，也不详细。在本书中给出了一些有关这类整合模式的指导方针及案例，是为了表明，这种有可能发生的整合课程开发，是如何通过教师们的著述、讨论和文献中的某些例子而得到的。"从作者自己所说的这段话可以清楚地看出：目前在美国（乃至整个西方）对于"混合型整合模式"的研究（特别是混合型整合模式实施原则与策略的研究）还很薄弱、更不深入（相关的"文献还很稀少，也不详细"）；而是否贯彻 B-Learning 思想和实施混合型整合模式（即能否把传统教学方式的优势和 E-Learning 的优势结合起来），正是信息技术与课程整合能否取得实质性成效的关键所在（如上所述，只有将这二者结合起来，使其优势互补，才能获得最佳的学习效果）。这表明，罗布耶的书尽管是研究信息技术与学科教学整合的专著，但是并未能真正解决各个学科与信息技术的有效整合问题——因为该书对于最为重要、最为关键的"混合型整合模式"的研究（尤其是混合型整合模式实施原则与策略的研究）还很薄弱，更不深入。

以上分析说明，目前在美国（乃至整个西方）对于如何有效实施信息技术与课程整合的问题，迄今尚未找到正确的途径与方法——不管是 CEO 论坛第 3 年度报告开出的"处方"，还是罗布耶专著中为各种整合模式所提出的种种实施原则与策略，都没能有效地解决这个问题，这一点也为我们众多试验校教师的实际试用所证实。

三、发达国家实施信息技术与课程整合的现状及效果

其实，上述"处方"是否管用，不一定要让教师去实际试用，只需看看发达国家（特别是美国）开展信息技术与课程整合的实际状况及效果，就可以一清二楚。下面所举的几个例子，可以说明这一问题。

（1）美国从事信息技术教育应用的学者普遍认为，信息技术应用于教学主要是在课前与课后——包括资料查询以及在学生与教师之间、学生与学生之间进行交流与合作；而在课堂教学过程的几十分钟内，一般

难以发挥信息技术的作用，还是要依靠教师去言传身教。[①] 在这种主流观念的指引下，多年来美国（乃至整个西方）教育界关于信息技术与课程整合，一直是在课前及课后下功夫，而较少在课堂上（即课堂教学过程的几十分钟内）去进行认真的探索；我们中国则相反，历来比较重视信息技术在课堂上的有效运用。显然，在这方面难以从美国或西方找到现成的经验。

（2）从美国目前实施的信息技术与课程整合的主要教学模式上看，也确实可以看到上述主流观念所起的作用。自20世纪90年代中期以来，美国实施信息技术与课程整合的常用教学模式不外乎以下几种：Just-in-Time Teaching（适时教学模式，简称 JiTT）、WebQuest（基于网络的探究）、基于问题的学习（Ploblem-based Learning）、基于项目的学习（Project-based Learning）和基于资源的学习（Resources-based Learning）等。

其中 Just-in-Time Teaching 主要应用于课前与课后（教师利用 JiTT 这种模式在课前将讲授内容、相关资料、重点难点以及预习要求，事先通过网络发布，使学生在上课前能做好充分准备，并要求学生将预习情况与存在问题在上课前反馈给任课教师，以便教师及时调整下一节课的授课内容、方法及进度；JiTT 模式还要求教师布置疑难问题让学生在课后进行网上探究）。基于问题的学习、基于项目的学习与基于资源的学习，若从本质上看，则和 WebQuest 一样都是属于基于网络探究的同一类模式（这类模式都离不开网络的支持）。由于这类模式都是选择自然界或社会生活中的某个实际问题作为探究主题而展开，因而往往是多个学科的交叉，多种知识的综合运用（或是一个学科内若干知识点的综合运用），需要通过网络进行大量的文献调研和小组合作探究，要花费较多的课外活动时间，所以 WebQuest 一般不适宜作为课内（课堂教学的几十分钟内）的常规教学模式。在2003年12月由美国"Teaching & Learning"杂志评选出的全美十佳"教育技术应用项目"中，无一例外都是属于 WebQuest 模式，由此可以看出上述主流观念的深刻影响。

（3）据美国《教育媒体与技术》发布的2004年教育技术报告，信息技术对于绝大多数教师来说，只是用来作为查寻资料准备教案，或是与同

---

① 《中国电脑教育报》2004年8月16日的教育信息化专刊，其中有关于美国著名信息技术教育专家观点的报道.

事和家长沟通以及保存管理记录的工具(前者属于课前应用,后者属于课后应用),很少将信息技术直接应用于或整合于课堂教学;对于少数能将信息技术整合于课堂教学的教师来说,他们最常用的两类整合方式是:第一,利用技术提高学生的计算机操作技能和作为奖励的游戏活动;第二,利用技术进行巩固性操练、练习和文字处理。可见,这一报告也证实,当前美国(乃至整个西方)的信息技术与课程整合主要关注的还是课前与课后,在课堂教学过程中虽然也有少数教师进行整合的探索,但从他们最常用的两类整合方式看,显然还停留在比较低的层次。

(4)据美国"教育周刊网站"近年来就美国 11 051 所中学七至十二年级 600 多万名学生所做的问卷调查表明:就教师使用技术辅助学生学习而言,71%的学生说没有;教师布置给学生的任务仅仅是学习计算机的基础知识。而且 34%的学生认为计算机并没有使他们在学校的学习有所不同,甚至会使他们注意力从学习的内容上转移开。

(5)美国教育部一位高官在 2002 年 6 月曾对我国教育部的一个高级访美代表团坦率地谈出了他对当前美国教育的看法——"近几年美国基础教育质量没有提高反而下降"。当时该官员把质量下降的原因归结为受极端建构主义理论的影响(上述美高官看法是笔者根据我访美代表团团长讲话记录)。

(6)"美国亚洲协会"(该机构宗旨是专门研究美国与亚洲关系)的教育专家在 2006 年上半年发表的一项关于美国中学生 2001—2005 年数学与其他理科学习情况的研究报告显示,美国学生的数学与其他理科分数大大落后于亚太地区主要国家(如韩国、新加坡以及中国台湾地区)的学生。为此美国国内对美国中学的数学与其他理科教育水平深感担忧。

(7)2007 年 12 月 3 日国际 OECD(经济合作与发展组织)公布的 PISA(国际学生评估项目)关于数学与阅读测试结果表明,美国学生在这两方面均低于经济合作组织国家的平均水平,阅读方面更糟糕,连阅读能力排名榜都没能进。

以上种种事例表明,尽管美国早就在中小学建立了良好的信息技术环境(例如 1999 年就已经是美国中小学基本实现网络化的"网络年",到 2001 年美国中小学已有 99%联网,2003 年美国中小学生与电脑比例已达到 5:1),为实现信息技术与学科教学的整合创造了良好条件,但是他们的基础教育质量并未因此有明显的提高甚至还有所下降(极端建构主义理论固然难辞其咎,信息技术与学科教学未能在科学理论的指导下实现有效的整合，从而使信息技术环境未能真正发挥作用也是重要原因之一）——这就证明上面介绍的以教育技术 CEO 论坛第三年度报告和罗布耶的专著为代表的美国（乃至西方）的信息技术与课程整合理论还有较大的缺陷，还未能真正解决实际问题。总之，西方的先进经验要借鉴，但未必拿来就能用，路还要靠我们自己走。

第五节　美国信息技术与课程整合途径方法研究的新发展——TPACK 产生广泛影响

由于教育信息化的最终目标是要提升教育质量，也就是要通过促进各级各类教育的深化改革，来显著提升各学科的教学质量与学生的综合素质。显然，为实现这一目标，信息技术的教育应用一定要关注课堂教学过程，而且必须落实到课堂教学过程。这表明，"信息技术与课程整合"是实施教育信息化的核心与关键。正因为如此，西方发达国家（尤其是美国）历来重视对"信息技术与课程整合"的途径与方法的研究及探索。根据目前我们所查阅到的文献资料，自 20 世纪 90 年代中期以来，美国对"信息技术与课程整合"途径与方法的研究大致可划分为三个发展阶段。

第一阶段——WebQuest 阶段（大致从 20 世纪 90 年代中期至 2003 年）。

第二阶段——TELS 阶段（大致从 2003 年至 2008 年）。

第三阶段——TPACK 阶段（大致从 2008 年至今）。

下面先对上述前两个阶段作简要的介绍与回顾，然后对第三阶段（即近年来美国在这一领域的最新发展）作重点阐述。在此基础上，再对三个阶段进行比较、剖析与评价，以便从中吸取可供借鉴的有益经验与教训。

1. WebQuest 阶段

WebQuest 模式由美国圣地亚哥州立大学的伯尼·道奇（Bernie Dodge）和汤姆·马奇于 1995 年提出。在英语中，"Web"是指"网络"，"Quest"是指"寻求""探究"，组成"WebQuest"以后，可以理解为"基于网络的探究性活动"。这种整合模式可以有效激发学生到网上去查找相关资料并在此基础上开展自主探究活动的积极性。对于 WebQuest 的产生背景，伯尼·道奇教授作了以下说明。

"和学生学习需要支架一样，教师的教学设计能力的发展同样需要支架。在 WebQuest 中，我们给教师们提供了固定的结构、大量的规则和指导，教师们不需要从头开始设计，可操作性强，容易去做。我认为这是众多教师选择 WebQuest 的原因。"这也正是伯尼·道奇等人研究 WebQuest 的初衷与背景。

WebQuest 创始人伯尼·道奇等人为 WebQuest 给出的定义为："一种以探究为取向、利用互联网上的资源来开展课程单元的教学活动，在这种教学活动中，学习者交互过程所使用的全部或部分信息都是从互联网上获得的（可以选择视频会议资料作补充）。"

"在这类课程计划中，呈现给学生的是一个特定的情境或者一项任务（通常是一个需要解决的问题或者一个需要完成的项目）；课程计划中为学生提供了一些网上的信息资源，要求学生通过对信息的分析与综合来得出创造性的解决方案。为了便于开展这种教学活动，WebQuest 还要为教师提供固定的设计模板和有关的规则及指导，使教师们不需要从头学习实施这种整合模式的教学设计，因而可操作性强，容易实施。"

由以上定义可以看到 WebQuest 的内涵具有以下三个方面的特征：第一，WebQuest 的主题（这类课程计划的主题）是"一个需要解决的问题或者一个需要完成的项目"，即现实生活中的真实任务；第二，在 WebQuest 这类活动中，"学生使用的全部或大部分信息都是从网上获取"，所以 WebQuest 能有效激发学生上网查找相关资料的积极性，这也是 WebQuest 模式的主要特征之一；第三，由于 WebQuest 为教师提供有固定结构的教学设计流程模板和一系列的指导信息，这就为一线教师提供了一种便于实施这种整合课程教学设计的脚手架，从而使广大教师易于上手、易于操作。

伯尼·道奇认为 WebQuest 的实施应包含以下七个步骤。

①设计一个合适的课程单元

为设计这样的课程单元需要考虑四个方面：应与课程标准一致、能取代原来令人不满意的课、能有效地利用网络、能促进学生更深层次的理解。

②提出一个能促进高级认知发展的任务

按照伯尼·道奇的观点，促进高级认知发展的任务可以划分为：复述、汇编、神秘性任务、编写新闻、设计、创造性作品、达成一致、劝说、认识自我、分析、判断和科学任务等 12 种类型。任务（即探究的主题）是 WebQuest 模式中最重要的组成要素之一，它为学生的学习、研究活动提供基础。

③开始网页设计

为便于教师进行设计网页，自 1995 年开始 WebQuest 即向广大教师提供设计模板。为使用该模板可以从 WebQuest 网站下载。这种设计模板具有以下特点：包含 WebQuest 的基本结构，模板的每一部分都给出帮助你设计 WebQuest 的具体策略。例如，第一步是草拟任务和标题，并写出一份能引起学习者兴趣的引言。

④完成评价

在评价的设计环节中，教师应给出评价指标；这有助于厘清思路，同时在考虑评价指标时还有可能对任务作进一步修改。

⑤制定学习活动过程

⑥以文字形式记下所有活动内容

⑦检查并改进

除了伯尼·道奇提出的、包含上述七个实施步骤的 WebQuest 模式以外，在多年实际推广应用 WebQuest 的过程中，还形成了其他一些实施步骤或实施环节略有不同的 WebQuest 模式（如包含引言、任务、过程、资源、评价、总结六个步骤的 WebQuest 模式，以及包含引言、任务、过程、评价、结论五个环节的 WebQuest 模式）。

2. TELS 阶段

这个阶段的主要特征是："信息技术与课程整合"的模式，逐渐从原来全球一边倒地只推崇 WebQuest 这类课外整合模式，过渡到有越来越多的教师与学者开始关注各种行之有效的课内整合模式。

第二阶段之所以强调应从 2003 年前后开始，是因为在 2003 年秋天美国国家科学基金会启动了一项对于教育信息化具有标志性意义的重要项目"运用技术加强理科学习（Technology Enhanced Learning in Science，TELS 项目）"。该项目的目标是要通过理科课程设计、教师专业培训、评估和信息技术支持等四个环节的研究与实践，来促进信息技术与理科教学的有效整合，从而显著提高学生的理科学习成绩，最终达到"运用技术加强理科学习"的目的。为实现该项目的上述目标，美国国家科学基金会还为此建立了专门的研究中心，并吸纳 28 所学校的 14000 多名中学生和 200 多名中学教师参与试验研究。

应当特别指出的是，TELS项目十分重视课程的设计。为满足中学理科教学的需要，实现信息技术与理科教学的整合，TELS项目为初中的理科教学选择了三个主题学科：地球科学、生命科学、物理科学；为高中的理科教学也选择了三个主题学科：生物学、化学、物理学。在此基础上，TELS项目共形成了有信息技术环境支持的18个中学理科主题课程模块（初中和高中各有9个主题模块）——TELS项目的课程模块之所以设计成若干个主题，其目的就是想把类似WebQuest的、基于网络的探究性学习引入课堂教学，以便能更有效地实现信息技术与学科教学的"课内整合"。

该项目经过几年的试验研究探索，并通过实际测试与评估结果证实，在理解复杂科学概念方面，参与TELS项目的所有试验班学生与非试验班学生相比，确实都有比较明显的提高，从而使该项目在美国产生越来越大的影响。

TELS项目的实施是美国（乃至所有西方国家）从只关注课外整合模式开始转向重视课内整合模式的一个明显标志；也是以TELS项目为代表的"信息技术与课程整合"途径、方法具有日益增大影响力的一个明显标志。

尽管教育信息化可以在显著提升学科教学质量与学生能力素质方面，从理论上为我们描绘出一幅令人鼓舞的美好前景，但是，多年来国内外教育信息化领域的应用实践，却与这种理想境界之间有较大的落差，这种现象在基础教育信息化领域显得尤为明显。如上所述，"美国亚洲协会"的教育专家（亚洲协会的宗旨是专门对西方和亚洲文化作比较研究），在21世纪初发表的一项关于美国中学生数学与理科学习状况的研究报告显示，美国中学生的数学与理科成绩大大落后于亚太地区的韩国、新加坡以及我国台湾等地的学生。为此，美国国内对中学的数学和理科教育水平深感担忧。

这表明，能否通过教育信息化来显著提升学科的教学质量与学生的能力素质，正面临一场严峻的挑战。这场挑战的实质是要求对"教育信息化能否显著提升学科教学质量与学生的能力素质"这一问题作出明确的回答；并要为此找到相关的对策（也就是要找到实现"信息技术与课程整合"的有效途径与方法）。

美国为应对基础教育领域面临的这一挑战，由国家科学基金会出面，于2003年秋天建立了一个称之为"运用技术加强理科学习（Technology Enhanced Learning in Science，TELS)研究中心"。如上所述，该研究中心的任务是要通过对中学理科课程设计、教师专业培训、评估和信息技术支持四个环节的研究与实践，来促进信息技术与中学理科教学的有效整合，从而显著提高中学生的理科学习成绩，最终达到"运用技术加强理科学习"的目的。

下面结合 TELS 四个环节(即理科课程设计、教师专业培训、评估和信息技术支持等四环节)的贯彻落实，对 TESL 整合模式的实施方式作简要介绍。

①TELS 的理科课程设计

课程是教学实施的关键，为满足中学理科教学的需要，实现信息技术对理科教学的支持，TELS 项目为中学理科设计了有信息技术环境支持的 18 个主题课程模块(初中和高中各有 9 个主题模块)，如表 1.1 所示。

表 1.1　TELS 项目的中学理科主题课程模块

初级中学	高级中学
地球科学	生物学
主题 1——全球变暖：地球 主题 2——火成岩(Igneous Rocks)	主题 1——鸟翅膀的进化 主题 2——改善社区哮喘问题 主题 3——减数分裂(Meiosis)——下一代：多样化生存
生命科学	化学
主题 1——减数分裂(Meiosis)与细胞形成过程 主题 2——探索海底世界 主题 3——简单遗传	主题 1——化学反应 主题 2——我们如何循环利用旧轮胎 主题 3——事件的阶段与阶段的变化 主题 4——汽车使用汽油会成为历史吗
物理科学	物理学
主题 1——体验速度 主题 2——氢燃料小汽车 主题 3——热力学：探索身边环境 主题 4——狼的生态学与人口管理	主题 1——安全气囊 主题 2——模拟静电

②TELS 的教师培训

为了达到 TELS 项目的上述目标，需对参与项目的教师进行专业培训，以帮助教师理解和把握 TELS 的设计思想与课程要求。培训任务由TELS 项目的设计者和研究者承担；培训内容主要是如何运用信息化环境下的各种学习工具与教学资源来支持、促进中学生的理科学习，以达到有效提高中学理科教学质量的目标；培训方式是举办讲习班和个别辅导相结合。

③TELS 的评估

对 TELS 项目进行评估的目的，是想检验通过该项目的课程计划和信息化环境下学习工具与教学资源的支持，能否有效实现信息技术与理科教学的整合，从而提高中学生的理科学习成绩。

为了检验信息技术与理科教学整合的有效性，TELS 项目组结合各学科的主题模块制定了学生应达到的具体而详细的知识能力标准，在此基础上拟定了一套标准化的基准测试题。测试科目覆盖初中的地球科学、生命科学、物理科学，以及高中的生物学、化学、物理学。

④TELS 的信息技术支持

在 TELS 项目中的信息技术支持，主要体现在：为了项目的实施，项目研究组与有关企业合作，大力开发基于计算机软件的各种学习工具和信息化教学资源，以便为课堂教学创设、营造生动的信息化学习环境，使复杂、抽象的科学现象可视化，从而帮助和促进学生对科学知识、概念的理解与掌握。

在 TELS 项目中的信息化学习环境包括"基于网络的科学探究环境（Web-based Inquiry Science Environment，WISE）"和"互动学习升级系统（Scalable Architecture for Interactive Learning，SAIL）"两大部分。借助 WISE 和 SAIL 能有效地实现下列教与学的功能：

教师可方便地完成 TELS 课程内容的设计、修改、完善与上传。

学生可按事先拟定的"探究学习主题"（如关于地球气候变化、人类遗传学、汽车混合动力与循环等），在该信息化学习环境中，通过设计、实验、辩论、批判和解决问题等方式，让学生既能深入理解有关学科的知识、概念，又能运用这些知识、概念去解决实际问题。

便于学习小组之间的协作。

便于师生之间的互动。

3. TPACK 阶段

信息技术与课程整合在美国虽然开展较早(在 20 世纪 90 年代的美国中小学,信息技术即有较普遍的应用),但从上述第一、第二两个阶段的整合模式可见,它们的主要关注点是"技术"(强调"基于网络",也就是"信息技术环境下"的学习)和"学生"(强调学生的"自主学习、自主探究")。在第二阶段虽然也开始关注"课内的整合",但其目的只是想把基于网络的自主探究性学习引入课堂,也就是说,在前两个阶段的整合过程中都是特别强调"技术"和"学生"对技术的自主运用,而没有认真关注"教师所需的知识"和"教师在将信息技术整合于学科教学过程中的重要作用"。显然,这是美国大力推进教育信息化进程中存在的问题与缺陷,并将对其今后教育信息化能否健康、持续、深入发展产生直接的影响。

在美国,最早发现这类问题与缺陷,并力图加以纠正的学术机构是"全美教师教育学院协会创新与技术委员会"。"全美教师教育学院协会"(American Association of Colleges of Teacher Education,AACTE)是全美各大学的"教师教育学院"之间的联合团体;"创新与技术委员会"则是在该协会内、专门为促进教育中的技术创新而成立的一个领导机构。该委员会通过对美国自 20 世纪 90 年代以来实施信息技术与课程整合大量案例的回顾,又结合 AACTE 自身在各级各类学校中长期开展教师培训的实践经验,终于发现了上述问题与缺陷,并决心予以纠正。为此,该委员会在 2008 年编辑、出版了一本在美国几乎是每一位教师都必须认真学习的理论手册——《整合技术的学科教学知识:教育者手册》。诚如"创新与技术委员会"主席 Joel A. Colbert 博士和"教师教育领域杰出终身成就奖"获得者 Glen Bull 教授共同为该手册中文版撰写的序言中所言,这本"手册"不仅对于美国自 20 世纪 90 年代以来在推进教育信息化、实施信息技术与课程整合过程中,从过分强调"技术中心"的观点转向"真正的、针对每一个学科内容领域的技术整合非常关键",而且这本"手册"还会改变"教师的培养方式"和"技术在教育情境中的应用方式"。

由于"整合技术的学科教学知识"这一名称的英文首字母是 TPCK(后改为 TPACK),如上所述,关于"整合技术的学科教学知识"(即 TPACK)的学习与运用,不仅对"每一个学科内容领域的技术整合都非常关键",还会改变"教师的培养方式"和"技术在教育情境中的应用方式"。可见,TPACK 不仅是一种整合了技术的全新学科教学知识,还日渐发展成为一种能将信息技术整合于各学科教学过程的全新可操作模式；而且自 2008 年以后，随着上述 AACTE"创新与技术委员会"主编的"教育者手册"的日益广泛发行与应用，以 TPACK 为代表的整合模式正在对美国各级各类学校（特别是中小学）的学科教学产生越来越大的影响。

密歇根州立大学的 Matthew J. Koehler 和 Punya Mishra 为 TPACK 给出的定义是：这是一种"整合技术的教师知识的框架"，该框架建立在 Shulman 的学科教学知识（PCK）基础之上，并加入了技术知识；它是"学科内容、教学法和技术"这三种知识要素之间的复杂互动，是整合了这三种知识以后而形成的一种新知识形式。

三种知识要素之间的互动如图 1.1 所示。

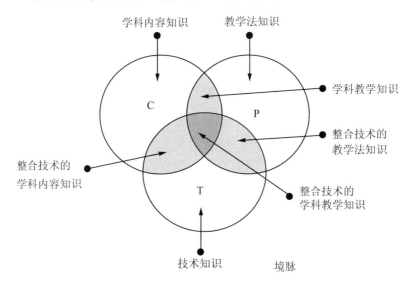

图 1.1　TPCK 框架及其知识要素

Matthew J. Koehler 和 Punya Mishra 强调，教学过程中不仅要同时关注学科内容、教学法和技术这三个知识要素，更要关注这三者之间的交互——这种交互将形成四种新知识：即学科教学知识（PCK）、整合技术的学科内容知识（TCK）、整合技术的教学法知识（TPK）和整合技术的学科教学知识（TPACK）。其中 TPACK 的内涵已如上述，另外三种知识的内涵则可简要说明如下：

学科教学知识（PCK）是指适用于具体学科内容教学的教学法知识。

整合技术的学科内容知识（TCK），按照 Matthew J. Koehler 和 Punya Mishra 的解释，这种知识涉及"在技术和学科内容之间彼此相互限制的方式"。

整合技术的教学法知识（TPK）是指当有具体技术应用于"教与学"过程的条件下，"教与学"应如何有效开展的知识（包括对相关技术工具可提供哪些教学功能，以及对这些功能的适用性及局限性的了解）。

由前面的 TPACK 定义可以看出其内涵具有以下三方面的特征。

第一，TPACK 是教师应当具备且必须具备的全新知识，它的贯彻、实施离不开教师，所以在推广、应用 TPACK 过程中，必须强调教师是教学改革的积极参与者，课堂教学的设计者、实施者；在教学过程中教师应起引导和监控作用。这种观点对教师教育和教师专业发展具有重要指导意义。

第二，TPACK 涉及学科内容、教学法和技术三种知识要素，但并非这三种知识的简单组合或叠加，而是要将技术"整合"（即"融入"）到具体学科内容教学的教学法知识当中去。这意味着：对 TPACK 的学习、应用，不能只是单纯地强调技术，而是应当更多地关注信息技术环境下的"教与学理论"及方法（即信息化"教与学"理论及方法）。

第三，TPACK 是整合了三种知识要素以后形成的新知识，由于涉及的条件、因素较多，且彼此交互作用，因此 Matthew J. Koehler 和 Punya Mishra 认为这是一种"结构不良"（ill-structured）知识；这种知识将要解决的问题（即信息技术整合于学科教学过程所遇到的问题），都属于"劣性问题"（Wicked Problem）——这种问题不存在一种适用于每一位教师、每一门课程或每一种教学观念的解决方案（即确定的解决方案）；相反，这种解决方案只能依赖每位教师的认知灵活性在三种知识的结合与交叉中去寻找。

TPACK 整合模式的实施，和其他"信息技术与课程整合"模式的实施相比，在许多方面都存在较大的区别，其中最重要的有两点：一是这种整合模式在贯彻、实施过程中特别强调要关注"境脉"（Contexts）；二是这种整合模式在贯彻、实施过程中特别强调教师应具备 TPACK 知识，并要充分发挥教师在整合过程中的重要作用。下面结合这两个特点，以及 TPACK 整合模式在中小学部分学科中应用，对 TPACK 模式的实施要求及有关案例作具体介绍。

①要理解"境脉"的内涵并努力探索不同境脉下的有效整合途径与方法

"境脉"是其他的整合模式不太关注，甚至完全没有提到的概念。由于 TPACK 的境脉和 TPACK 整合模式的贯彻、实施密切相关，为此，在全面阐述 TPACK 的理论手册（即《整合技术的学科教学知识：教育者手册》）中，在对 TPACK 内容作概括性介绍的第一章之后，即由 Mario Antonio Kelly 博士（AACTE 创新与技术委员会的成员之一）出面，在该书的第二章用了不少篇幅专门阐述了 TPACK 境脉这一概念的内涵及其对整合模式在贯彻、实施过程中的毋庸置疑的影响（也就是对整合的途径与方法的影响）。

按照 Mario Antonio Kelly 博士给出的定义，TPACK 的境脉是指，"学生和教师组成的一个具体班级中，由包括课堂的物理环境（软硬件基础设施）、学生的家庭背景、认知特点、心理素质和班级的精神面貌等诸多因素结合在一起的协同作用"。可见，境脉涉及"生理、心理、认知、语言、社会、文化"等方方面面。

由于境脉的复杂性，特别是由于构成境脉的多种因素之间的协同作用，境脉对于信息技术整合于教学过程既有潜在的障碍（如同一班级学生的知识基础与认知能力若有较大的差别，对课堂教学就会造成很大的障碍）；又提供了潜在的机会与支持（如在上述情况下，教师可选择适当的差异教学法来扫除相关的障碍）。这样的"挑战与机遇"并存的例子不胜枚举。总之，考虑到境脉及其复杂性，将进一步突出教师在信息技术整合于学科教学过程中的重要作用。在上述反映 TPACK 组成要素及基本内涵的图 1 的左下方，之所以专门标示出"境脉"这一术语，正是要提醒广大教师在运用 TPACK 知识进行整合的过程中，不仅要考虑"技术"（T）、"教学法"（P）和"学科内容"（C）三个要素，而且对相关的"境脉"也绝不能忽视。为此，今后的教师培训和教师的专业发展应当更多地引导广大教师关注境脉的复杂性（特别是要关注构成境脉的诸多因素之间的协同作用），并要努力探索各种不同境脉下的有效整合途径与方法。

②教师必须具备 TPACK 知识，并要在整合过程中努力加以贯彻

诚如上述 TPACK 内涵的第一方面特征所表明的：TPACK 是教师应当具备且必须具备的全新知识，它的贯彻、实施离不开教师，所以，在通过 TPACK 将信息技术整合于学科教学的过程中，必须强调教师是课堂教学的设计者、实施者，教学过程的引导者、监控者——教师必须在整合过程中起主导作用。换句话说，在通过 TPACK 模式实现信息技

术与课程整合的过程中，教师除了必须认真学习、掌握 TPACK 这种全新知识以外，最重要的是要在头脑中确立教师在信息技术整合于学科教学的过程中应当起"主导作用"的教育思想。这种认识和美国在前两个"整合"阶段(即 WebQuest 阶段和 TELS 阶段)中，只强调学生自主学习、自主探究而忽视(甚至排斥)教师主导作用的、"以学生为中心"的教育思想观念相比，是一个很大的冲击，也是很大的提高与进步。

其次，为了使广大教师(不管是哪个学科的教师)能更有效、深入地学习和掌握 TPACK 知识，必须让广大教师对 TPACK 第二个方面的内涵特征有正确的认识与理解——TPACK 涉及学科内容、教学法和技术三种知识要素，但并非这三种知识的简单组合或叠加，而是要将技术"整合"(即"融入")到具体学科内容教学的教学法知识当中去。这就意味着：对 TPACK 的学习、运用，不能只是单纯地强调技术，也不能孤立地强调教学法(更不是强调传统的教学法)，而是应当更多地关注信息技术环境下的"教与学理论"及方法(也称信息化"教与学理论"及方法)的学习与应用。

除此以外，考虑到 TPACK 是整合了三种知识要素以后形成的新知识，而且整合过程中涉及的条件、因素较多，这些因素又彼此交互作用，因此最终形成的是一种"结构不良"(ill-structured)知识。如上所述，这种知识将要解决的问题(即信息技术整合于学科教学过程所遇到的问题)，都属于没有确定的解决方案的"劣性问题"(Wicked Problem)——它们的解决方案只能依赖每位教师的认知灵活性在三种知识的结合与交叉中去寻找。为此，广大教师(不管是哪个学科的教师)在开展信息技术与课程整合的过程中，都必须结合各自的学科教学实际，进行深入的探索与思考，把理论与实践紧密结合起来，才有可能把 TPACK 知识在整合过程中有效地加以贯彻。

③TPACK 整合模式在中小学部分学科中的实施案例及要求

A)小学五年级的"读、写教学"案例

这是 Lander 女士所教的小学五年级一个班的"读、写教学"课。她通过"数字化说故事"形式来完成有关的教学要求。数字化说故事是"讲故事"这种古老方式的现代表达，它要求学生具有一定的词汇、阅读、写作、口头表达等方面的学科内容知识。

Lander 女士将这一教学内容的实施分成三个环节：一是先由教师仔细地为该班学生选择适合他们阅读水平的若干历史小说，例如"风儿不要来""莉莉的十字路口""数星星"和"我听说过一片土地"等；二是将全班学生分成5个学习小组（每组4～6名学生）；三是用4个星期的时间让各学习小组（每个小组相当于一个"文学圈"）对教师选定的小说，一起阅读、讨论和探究。

在传统教学中，每天都是由教师讲授一节课的内容，并复习、巩固这些教学内容。现在Lander女士通过"数字化说故事"形式将教学内容进行很大的拓展。为此，她在上述第三个环节中，运用TPACK模式按五个步骤加以实施。

步骤1——由教师先通过PPT电子文稿作一个如何进行数字化说故事的演示（主要阐明其要点）。

步骤2——由教师向各学习小组提出数字化说故事的"主题"要求（如希望各组应围绕"某个人的经历或某群人的历史事件"这类主题来创编）。

步骤3——由教师向学生用多媒体形式展示一个有关"美国印第安族裔学生在学校寄宿时，因有特殊生活习俗而产生的故事"（即由教师给出"数字化说故事"的案例）；该故事展示结束后，教师还将基于网络的、对本教学单元学习效果的在线评价标准及细则，明确告诉学生。

步骤4——学生分组进入"文学圈"，开始持续4个星期的阅读、讨论和探究活动；在经过一段时间的阅读、讨论后，即可围绕教师提出的"主题"要求开始创编故事，这包括：先设计故事框架，然后收集素材，再用软件工具（如iMovie、Windows、Movie、Maker等软件工具）写出故事情节等活动。

步骤5——在本教学单元的最后阶段（大致在第4个星期前后），各个"文学圈"（即各学习小组）应在组内讨论、探究的基础上，要求学生通过多媒体演示用"口头表述"方式，交流各组创编的故事（即用数字化方式"讲述"用数字化方式"创编"的故事）。

在这个案例中，实施TPACK模式的"境脉"涉及下列多种因素：教学内容是小学五年级的"读、写教学"，教师通过"数字化说故事"形式将教学内容作了拓展；全班学生被分成5个学习小组（每个小组相当于一个"文学圈"）对教师选定的小说，一起阅读、讨论和探究；学生们已具有相应的词汇、阅读、写作、口头表达等方面的学科内容知识；课堂有多媒体和网络设施的支持等。

在这个案例中，4个星期的教学过程，绝大部分时间是学生们在

"文学圈"内进行阅读、讨论和探究（即以学生的自主学习、自主探究为主），不过，教师的主导作用并未被忽视，而是发挥得相当充分。如上所述，本案例的教学内容实施共分三个环节，其中第一、第二环节皆由教师完成。第三环节虽以学生的自主学习、自主探究为主，但在实施这一环节的五个步骤中，前三个步骤都是教师在进行指导、点拨和做示范，而没有这三个步骤所起的指导和示范作用，后面两个步骤将很难实施，即便实施也难以达到预期的效果。这表明，在本案例中，教师对于只强调学生自主学习、自主探究而忽视（甚至排斥）教师主导作用的、建构主义的"以学生为中心"的教育思想有较深刻的认识——事实上，教师是否具有这种思想认识，对于 TPACK 模式的有效实施起着关键性的指导作用。

在这个案例中，TPACK 知识的运用，主要体现在上述教学过程第三环节的五个步骤当中——不仅在教师起主导作用的前三个步骤中有体现，在学生自主学习、自主探究为主的后面两个步骤中也一样有体现。

这是因为，步骤 1 和步骤 3 是教师直接运用信息技术（PPT 或多媒体）讲解或展示教学内容，步骤 2 则是由教师提出数字化说故事的"主题"，（即要求学生围绕某个主题，如何用数字化方式去"讲述"用数字化方式"创编"出的故事），显然，这三个教学步骤都涉及学科内容、教学法和技术这三个知识要素的"整合"，所以很自然就是 TPACK 知识的体现与运用。

再看以学生自主学习、自主探究为主的步骤 4 和步骤 5——在这两个步骤中，学生先设计故事框架、收集素材，再用软件工具编出故事情节，然后在各组内或各组之间用数字化方式进行交流，这些活动显然都离不开信息技术的支持，但又是与当前要教的学科内容以及任课教师为当前教学内容所选定的、通过"文学圈"来开展"数字化说故事"的教学法直接相关，即仍然要涉及学科内容、教学法和技术这三个知识要素的"整合"。这表明，在本案例中，即便是以学生自主学习、自主探究为主的教学步骤，其有效的学习活动（即能达到预定教学目标的学习活动）也离不开 TPACK 知识的指导与运用。

B)中学数学的"排列、组合问题"教学案例

国际《数学与计算机教育杂志》的评论编辑 Neal F. Grandgenett 教授认为，对于数学课堂的有效教学来说，教师必须拥有 TPACK 所体现的、将学科内容、教学法和技术这三种知识加以整合与交叉的技能。考

虑到数学的学科内容特点，Grandgenett 教授强调，数学教师对 TPACK 知识的学习和运用，应遵循下列顺序逐步深入。

第一，教师必须充分掌握数学的学科内容本身，才有可能认识并在实际教学中揭示并拓展该学科内容的深刻内涵。

第二，教师应当能够运用适当的教授该数学内容的教学法，以便有效地帮助学生系统地形成对相关数学原理、定律或概念的正确理解。

第三，由于当代的数学内容大多数都与各种技术错综复杂地交织在一起，教师必须能够了解并选择与当前所教学科内容相关的技术，并在教学过程中恰当地运用这些技术。

第四，正如 Matthew J. Koehler 和 Punya Mishra 所阐明的，TPACK 不仅仅是学科内容、教学法和技术这三种知识的体现，更是这三者的整合(或融合)；对于 TPACK 知识的掌握与运用(即 TPACK 模式的贯彻与实施)没有一成不变的、对各个知识点和不同境脉都适合的解决方案，相反，这种解决方案只能依赖教师的认知灵活性在三种知识的结合与交叉中、在不同的境脉中去寻找。

在数学教学中，能否创设密切联系生活实际的情境，对于完成当前内容主题的教学有至关重要的意义与作用——不仅对当前教学内容主题的自然而非强加、生动而不枯燥的引入有不可替代性(通过这种情境创设，可以高度集中学生的注意力，并引起学生的认知冲突，从而激发学生的学习动机)；而且对于帮助学生系统地形成对相关数学原理、定律或概念的正确理解也有毋庸置疑的重要作用。为阐明这个道理，Grandgenett 教授列举了利用"背包问题"来创设情境的例子。

"背包问题"是由 Caldwel 和 Masat 于 1991 年提出的一个现实生活中的问题。

"你将要进行一次为期两周的远足，并将背上你所需要的一切物品。你列了一张表，上面有 8 件可能需要的物品，共重 77 磅。在你表上还列出了每件物品的重量和它的价值，你可以用 1～5 来表示，5 表示重量最重或价值最高。如果你只能携带 30 磅的物品，你该携带哪些物品以达到价值数的最大值？"

这个问题初看起来很简单，利用电子表格并按照重量或价值数对物品进行排序，可能会得到某种结果，但你很快会发现这并非是上述"背包问题"的答案。为了实现能携带价值数为最大值物品的目的，你需要尝试 2 的 8 次方(即 256)种不同的组合。显然，在这种情况下，通过编写一个软件(电脑程序)来尝试所有可能的组合,是一种能在较短时间内解决问题的有效策略。

这种排列、组合及其优化选择问题,不仅在旅行背包应如何挑选必需物品时会遇到,而且在美国宇航局(NASA)试图决定在一次太空任务中能容纳哪几项实验时也一样会遇到——每项实验都有各自相关设施的重量与价值(就如同旅行时所带物品都有各自的重量与价值一样)。可见,通过创设"背包问题"这样的真实情境,对于完成"排列、组合"这一内容主题的数学教学来说,是再恰当不过的了——不仅可以将学生的注意力完全集中到"排列、组合"这一内容主题的学习上,并可引起学生强烈的认知冲突(因为在此情况下,每位学生都很想尽快找到解决问题的办法),从而有效地激发起学生的学习动机与学习兴趣;而且对于帮助学生形成对"排列、组合"概念的正确理解以及掌握对"排列、组合"问题的分析、处理方法也有毋庸置疑的重要作用。

本案例中的境脉是中学数学的"排列、组合问题"教学,学生沉浸在教师创设的、与当前教学内容密切相关的情境中,围绕"背包问题"进行自主学习和基于小组的合作探究,课堂应有电脑设施支持(以便学生通过编写电脑软件程序来尝试所有可能的组合)。

在这个利用"背包问题"来进行情境教学的案例中,"排列、组合"是这节数学课要教的主题,即学科内容。通过创设真实的生活情境来开展学生的自主学习和基于小组的合作探究是教师在本课中结合要教的主题内容而采用的教学法。为了使这种教学法真正取得成效,要让每位学生都有机会去尝试所有256种可能的组合,这就需要技术的支持(只有通过编写电脑软件程序才能做到),而且这种技术支持必须融入当前的学习过程中去,即要与当前的学科内容、采用的教学法整合在一起(学生现在要编写的电脑软件,不是一般的软件,而是要尝试256种不同组合的软件。也就是说,这是要让学生能更好地理解、掌握当前所教学科内容,使当前的教学法能真正有效而采用的一种技术)——这正是TPACK的具体内涵。上述情境教学的案例也正是在数学课中贯彻、实施TPACK整合模式的典型案例。

关于信息技术与中学阶段数学课程的整合,除了可通过情境教学方法来贯彻、实施TPACK模式以外,国际《数学与计算机教育杂志》的评论编辑Neal F. Grandgenett教授,还介绍了通过建构主义的"搭脚手架"策略、在几何学教学中实施TPACK整合模式,从而有效地发展学生

"演绎推理"能力的案例，以及通过几何画板中的"虚拟仿真"方法、在代数课中实施 TPACK 整合模式，从而显著地提高课堂教学质量与教学效率的案例。此处不再赘述。

4. 对上述三种"整合"模式的分析、比较

（1）三种"整合"模式所遵循的教育思想有区别

从前面介绍的第一种模式（WebQuest）的内涵与特征可见，它主要关注的是，学生基于网络的自主学习、自主探究。探究的主题是现实生活中的真实任务，学生在探究活动中使用的全部或大部分信息都是从网上获取。教师在 WebQuest 模式实施过程中无须进行课堂讲授，也不用释疑解难、启发引导，其主要任务只是结合本门课程要求提出适当的探究主题、进行网页设计、完成对整个学习活动过程的评价及总结。整个学习过程基本上都是自主学习、自主探究，所以能较充分地调动学生的主动性、积极性，乃至创造性，能有效地培养学生的创新精神与创新能力、合作精神与合作能力。迄今，学术界一般都公认，WebQuest 模式是"以学生为中心"教育思想的最典型体现。

第二种模式（TELS）虽然在其用来促进信息技术与理科教学有效整合的四个环节（即理科课程设计、教师专业培训、评估与信息技术支持）中，并没有提到"以学生为中心"，但是，如前所述，TELS 模式的提出，就是想把类似 WebQuest 的、基于网络的探究性学习引入课堂教学，因此其教育思想难免受到 WebQuest 模式的影响。例如，作为这一项目主要倡导者与推动者之一的 Jim Slotta 教授，在他介绍 TELS 实施经验的访谈中曾明确指出，"讲授和传统的教学模式是非常糟糕的模式，因此，我们需要探索更好的模式让学习者参与到学习过程中，如合作学习、基于设计的学习等先进的教学模式"。他还表示，"在整个课程中，教师并没有开展知识讲授。学生始终投入到创建和对材料进行批评的过程中，或从事解决问题"。由此可见，美国 TELS 模式也是彻底否定传统的讲授式教学，推崇基于合作、基于设计的自主学习，即也是强调"以学生为中心"的教育思想。

第三种模式（TPACK）则强调教师是教学改革的积极参与者，课堂教学的设计者、实施者，在教学过程中教师应起引导和监控作用。显然，这与"以学生为中心"的教育思想是不一样的。但是 TPACK 模式并不排斥学生的自主学习和自主探究。正如前面的"读、写教学"案例中所展示的，在 4 个星期的教学过程中，绝大部分时间是学生们在"文学圈"

内进行阅读、讨论和探究，即也是以学生的自主学习、自主探究为主。不过，在此过程中教师的主导作用并未被忽视，而是通过前面三个步骤得到非常充分的发挥。这表明，指导 TPACK 模式的教育思想既不是"以学生为中心"也不是"以教师为中心"。

众所周知，自进入 20 世纪 90 年代以来，随着以多媒体计算机和网络通信为代表的信息技术的迅猛发展，基于这类技术的 E-Learning（即数字化学习或网络化学习），以及为 E-Learning 提供理论支撑的建构主义在西方乃至全球广泛流行。与此同时，建构主义倡导的"以学生为中心"的教育思想也就逐渐成为国际教育界占统治地位的教育思想。不过，在经历 20 世纪 90 年代将近十年的网络教育实践以后，很多学者逐渐认识到 E-Learning 作为一种全新的教与学方式具有传统教与学方式所不具备的许多优点，但并非人类最佳的教与学方式。传统教与学方式尽管有许多缺陷，却也并非一无是处，而是也有自身的优势。换句话说，在以 E-Learning 为代表的全新教与学方式和传统教与学方式之间应该具有很强的互补性。

在这种背景下，自 21 世纪以来，在与 E-Learning 有关的国际会议及刊物上，一个被称作 Blended Learning（或 Blending Learning 其简称为 B-Learning，也有文献称作 Hybrid Learning）的新概念日渐流行。所谓 Blended Learning（或 Hybrid Learning）的愿意是"混合式学习"，但在当前形势下，这一概念之所以会广泛流行，是因为具有一种特定内涵——就是要把传统教与学方式的优势和 E-Learning 的优势结合起来。也就是说，既要发挥教师引导、启发、监控教学过程的主导作用，又要充分体现学生作为学习过程认知主体和情感体验主体的主体地位。目前国际教育界有越来越多的学者确认，只有将这二者结合起来（即主导—主体相结合），使二者优势互补，才能获得最佳的教学效果。

从 Blended Learning 的这一特定内涵可以看到，它绝不仅仅是指一种新的学习方式或教学方式，而是代表了一种既不是"以学生为中心"也不是"以教师为中心"的全新教育思想，即以 Blended Learning 为标志的教育思想，这正是 TPACK 模式所坚持的教育思想，也是第三种"整合"模式和前两种"整合"模式的主要不同之处。

（2）三种"整合"模式所秉承的教学观念有差异

教育思想是如何实施教育的根本指导思想，教学观念则是从观念形态上对"如何开展教与学"活动、做出的最高层次的抽象与概括。二者有密切联系，但在内涵及层次上有所不同。教育思想与教学观念是一切教育理论、教与学方式、教学方法与策略、教学设计、教学评价、教学管理和教学实践等方方面面赖以形成和发展的基础。

教学观念与教育思想一脉相承，有什么样的教育思想，就一定会有与之相适应的教学观念。例如，若坚持以教师为中心的教育思想，其教学观念就一定是强调"传递—接受"为标志的教与学活动（可称为"传递—接受"式教学观念）——教师主要通过"口授""板书"（在信息化教学环境下"板书"可由"PPT"文档取代）向学生讲解学科知识、释疑解难、帮助突破重点难点，从而达到传授知识与技能的目的；学生则要用心听讲，认真记笔记，并进行必要的提问、操练，以便理解、消化，最终接受、掌握教师讲授的内容。

若坚持以学生为中心的教育思想，其教学观念就必定是强调"自主—探究—合作"为标志的教与学活动（可称为"自主—探究"式教学观念）——在这种教学观念指引下，教师一般不进行课堂讲授，只是作为课堂教学的组织者、指导者，学生自主建构知识意义的帮助者、促进者，学习资源（包括学习资料与学习工具）的开发者、提供者。学生则通过自主学习达到对学科知识的初步认识与理解，通过自主探究进一步实现对所学知识的意义建构，然后在小组（或班级）的合作学习过程中，通过思想碰撞、协作交流、取长补短，以及教师的必要指导，来完成深层次的认知加工，达到对所学知识较深入的意义建构，从而最终理解并掌握所学的知识。在美国关于"整合"途径与方法研究的三个发展阶段中，第一、第二两个阶段所主张的教学观念就是这种"自主—探究"式观念，这和第一、第二两个阶段所坚持的教育思想都是"以学生为中心"是分不开的。

但在第三阶段则有所不同，如上所述，这个阶段所坚持的是 Blended Learning 为标志的教育思想（即"教师主导—学生主体相结合"的教育思想），在这种教育思想指引下的教学观念，是兼取"传递—接受"和"自主—探究"这二者之所长，而形成的一种全新观念（绝非原来两种教学观念的简单叠加或组合）。这种新型教学观念强调"有意义的传递和教师主导下的自主探究相结合"为标志的教与学活动（可称之为"有意义传递—主导下探究"相结合的教学观念）——这种观念不排斥教师的讲授（即"传递"）作用，不过，应该是符合奥苏贝尔"有意义学习理论"要求的"有意义传递"）。同时这种观念也很重视学生的自主学习与自主探究，但并非放任自流而是在教师启发、引导下的自主学习与自主探究，即"教师主导下的探究"。前面给出的、有关 TPACK 模式在小学"读、写教学"的实施案例中，对于教师在学生自主学习与自主探究过程中，如何发挥"启发、引导、监控"等主导作用，以保证教学目标的深入达成，已给出明确、具体的说明。而在中学数学的"排列、组合问题"教学案例中，则对教师如何通过创设真实的生活情境，把当前要教的"新知"和学生认知结构中原有的"旧知"联系起来，从而使学生真正实现"有意义学习"（对教师来说则是完成"有意义传递"）的过程，作出了非常形象生动的描绘。

前两种"整合"模式主张并实施"自主—探究"式教学观念，TPACK 模式则主张并实施"有意义传递—主导下探究"相结合的教学观念——这是第三种"整合"模式和前两种"整合"模式的另一不同之处。

（3）三种"整合"模式对教师职责的认识有分歧

由于三种"整合"模式所秉承的教育思想、教学观念有所不同，三者关于教师职责的认识肯定也会有分歧。

如上所述，在 WebQuest 模式实施过程中，教师无须进行课堂讲授，也不用释疑解难、启发引导。其主要任务是，结合本门课程要求提出适当的探究主题、进行网页设计、完成对整个学习活动过程的评价及总结。这表明，在 WebQuest 模式中，教师的职责完全不涉及"基于讲授的课堂教学"。

在 TELS 模式中教师的职责，则诚如 TELS 项目主持人之一的 Jim Slotta 教授所言，主要体现在以下三个方面。

①在课堂里来回走动以便更好地与学生进行互动，并了解学生是如何从事"探究性学习"与"协作式学习"的。

②作为一名参与者加入到学生的探究与协作活动中，或作为一名评论者对学生的探究与协作过程进行指导——这种新的交互形式有利于学生对新知识的深层次加工。

③为学生开展科学探究活动创设所需的学习环境——实施 TELS 模式所必需的"基于网络的科学探究环境（Web-based Inquiry Science Environment，WISE）"正是在这一要求的指引下设计并开发出来的。

显然，这三个方面也没有把"基于讲授的课堂教学"包括在内（Jim Slotta 甚至干脆认为"讲授和传统的教学模式是非常糟糕的模式"）。笔者认为，对教师职责作这样的理解是有偏颇的。在对这个问题的认识上，TPACK 整合模式和前两种模式有所不同——由于 TPACK 模式秉承的教学观念是"有意义传递—主导下探究"相结合的观念，所以它不会像前两种模式那样排斥"教师讲授"、即"传递"的作用（但应是符合奥苏贝尔"有意义学习理论"要求的"有意义传递"）。事实上，教师的职责是"教书育人"。育人涉及情感、态度、价值观、人生观的教育，就是要教会学生如何做人。教书则要求教师正确发挥教学过程中的主导作用，使学生能以最短的时间、最有效的方法学会并掌握必要的知识与技能。就教师在教学过程中的主导作用而言，教师不仅要发挥 TELS 模式中的上述三方面作用，而且还要会讲课，即应具有"基于讲授的课堂教学能力"——而不是像 Jim Slotta 那样把"讲授"看成"非常糟糕"的东西而扔掉。

众所周知，奥苏贝尔的学习理论将"学习"按其效果划分为"有意义学习"与"机械学习"两种类型；实现有意义学习有两种不同的方式："传递—接受学习"和"发现式学习"。奥苏贝尔认为这两种方式都可以有效地实现有意义学习，关键是要能够在新概念、新知识与学习者原有认知结构之间建立起非任意的实质性联系。反之，如不能建立起这种"联系"，不仅传递—接受教学方式将是机械的、无意义的，就是发现式学习也不可能实现有意义学习的目标。所以奥苏贝尔强调指出，能否建立起新、旧知识之间的这种非任意的实质性联系，是影响学习的唯一的最重要因素，是教育心理学中最基本、最核心的一条原理。我们赞同奥苏贝尔的这种观点，因为无数的教学实践与教学案例已经证明了这一原理的正确性。显然，奥苏贝尔实现有意义学习的上述思想为基于讲授的课堂教学提供了最强有力的理论支撑——基于讲授的课堂教学正是"传递—接受学习"方式的具体体现。既然"传递—接受学习"可以和"发现式学习"一样实现有意义学习（关键是要能够在新概念、新知识与学习者原有认知结构之间建立起非任意的实质性联系，否则，"发现式教学"也同样达不到学习目标），我们有什么理由把它当成糟粕（"非常糟糕"的东西）而扔掉呢？事实上，就建立"新概念、新知识与学习者原有认知结构之间的非任意实质性联系"而言，由于教师具有关于本学科较系统、深入的理论知识、洞悉本学科理论体系内各个知识点之间的内在联系，且了解学生当前的学习基础、知识水平与认知特点，因而在这种情况下（即纯粹就新概念、新知识的学习而言，而不涉及分析问题、解决问题能力和创新思维与创新能力培养的情况下），基于讲授的课堂教学（即"传递—接受学习"方式）肯定要比基于学生自主学习、自主探究的"发现式学习"有效得多。所以尽管"发现式学习""探究性学习"这一类学习方式，由于确实对培养学生的分析问题、解决问题能力和创新思维、创新能力很有成效，因而值得推崇，但我们绝不应该忽视基于讲授的课堂教学，绝不该忽视教师在课堂教学中的"有意义传递"作用。

可见，对于教师职责（即教师地位作用）的认识而言，TPACK 整合模式和前两种整合模式相比，显然有明显的进步与提高。

第六节　信息技术与课程整合的理论与方法
——国内的探索

在借鉴国外先进经验的基础上，结合国内多年的教改实践探索，中国学者对信息技术与课程整合也逐渐形成一套比较系统、完整且具有中国特色的理论与方法。这一理论力图全面地、科学地回答本文开头所提出的有关整合的三个基本问题（即整合的目标、内涵和方法问题）。如上所述，对第一个问题的回答我们是直接引用了美国教育技术 CEO 论坛第 3 个年度报告的观点；对第二个问题和第三个问题的回答则是在借鉴该年度报告的观点和吸纳罗布耶专著的经验与教训的基础上，结合我国的国情和我们自己多年从事教改实践的经验，加以补充、深化与拓展而形成。

有效整合的方法，必须在对整合的内涵有科学认识的基础上才有可能形成。我们对整合内涵与本质的认识尽管源于西方的观点（即从营造信息化教学环境的角度来理解整合），但我们又结合中国国情和自己多年的实践经验补充、深化并拓展了这一观点。换句话说，我们对于整合的内涵与实质有更为切合实际的深刻认识，因而完全有可能在此基础上提出我们自己的有效整合乃至深层次整合的独特途径与方法。

由于"教无定法"，谁也不可能提出一套适合所有学科的"包医百病"的整合方法。但是不同学科要实现与信息技术的整合都需要信息技术环境的支持，因而需要遵循共同的指导思想与实施原则。只要掌握了这种指导思想与实施原则，各学科的老师完全可以"八仙过海，各显神通"，在教学实践中结合相应的学科创造出多种多样、实用有效的整合模式与整合方法来。若从这个意义上说，各学科的整合都应遵循的共同指导思想与实施原则，也未尝不可以看做一种宏观的实施方法或途径。以下五条就是我们经过多年的整合实践和深入的理论思考而形成的、关于各学科的信息技术与课程整合都必须遵循的指导思想与实施原则，这也就是我们为广大教师开出的实施深层次整合的"处方"，即实现信息技术与课程深层次整合的基本途径与方法。本节是对这一"处方"的概括性介绍，后面的第二章至第八章则是对这一处方中各条内容的详细、深入的阐述。

一、要运用先进教育理论来指导"整合"

信息技术与课程整合的过程绝不仅仅是现代信息技术手段的运用过程，还必将伴随教育、教学领域的一场深刻变革。换句话说，整合的过程是教育深化改革的过程。既然是改革，就必须要有先进的理论作指导，没有理论指导的实践是盲目的实践，将会事倍功半甚至徒劳无功。这里之所以要特别强调建构主义理论，并非因为建构主义十全十美，而是因为它对于我国教育界的现状特别有针对性——它所强调的"以学为主"、学生主要通过自主建构获取知识的教育思想和教学观念，对于多年来统治我国各级各类学校的、以教师为中心的传统教学结构是极大的冲击；除此以外，还因为建构主义的学习理论与教学理论以及建构主义学习环境下的教学设计方法可以为信息技术环境下的教学，也就是信息技术与各学科教学的整合，提供最强有力的理论支持。

二、要紧紧围绕"主导—主体型教学结构"的创建来进行"整合"

在前面分析信息技术与课程整合定义与内涵的过程中，曾经指出："整合"的实质与落脚点是变革传统的教学结构——改变以教师为中心的教学结构，创建新型的、既能发挥教师主导作用又能充分体现学生主体地位的"主导—主体相结合"教学结构(也称"主导—主体型教学结构")。既然如此，信息技术与课程整合当然应该紧紧围绕新型教学结构的创建来进行，才有可能达到有效培养创新人才的目标，取得"整合"的实质性成效；否则将会迷失"整合"的方向——把一场深刻、复杂的教育革命(教学过程的深化改革)变成简单、机械的技术手段运用与操作。如果进行这样的整合，那是没有多大意义的。事实上，现在有许多被称作典型或示范的"整合课"，其实大多是信息技术能力学习课，或者只是运用了某种信息技术的课。尽管这类课对于突破教学中某些重点、难点确有一定的帮助，但是对于学生创新精神与创新能力的培养作用不大——因为这样的"整合课"完全没有触动课堂教学结构问题，传统的师生关系、师生地位作用无以改变，学生的主动性、积极性（更不用说创造性）也就难以充分发挥；所以这样的"整合课"充其量只能说是一种浅层次的整合，而非深层次的整合。

由于教学结构是教学系统四个要素（教师、教学媒体、学生、教学内容）相互联系相互作用的具体体现，所以如果想要围绕新型教学结构的创建这一实质来整合，就必须要求教师在进行信息技术与课程整合的过程中，应密切关注教学系统四个要素的地位与作用——看看通过自己进行的整合，能否使这四个要素的地位、作用和传统教学结构相比发生某种改变？改变的程度有多大？哪些要素改变了？哪些还没有？原因在哪里？只有紧紧围绕这些问题进行认真分析，并采取相应的措施，才能实现有效的、深层次的整合。事实上，这也正是衡量整合效果与整合层次深浅的主要依据。

三、要运用"学教并重"教学设计理论进行"整合"课的教学设计

新型教学结构的创建要通过相关的教学模式来实现，能实现新型教学结构的教学模式很多，而且因学科和教学单元而异，还与课堂上的技术支撑环境（多媒体、网络、仿真实验等）以及所选择的教学策略、方法有关。可见，采用什么样的教学模式来实现新型教学结构（即"主导—主体型教学结构"，或"主导—主体型"教学结构），绝不是一个简单的问题，其实质与关键是教学设计，而且是信息化环境下的教学设计，即涉及信息技术与课程整合课的教学设计。信息技术与课程整合的实质既然是新型教学结构的创建，"整合"课的教学设计（即相关教学模式的选择与设计）也必须紧紧围绕"创建新型教学结构"这一目标。那么，应当运用什么样的教学设计理论、方法才能更有效地达到这一目标？

目前流行的教学设计理论主要有"以教为主"的教学设计和"以学为主"的教学设计（也称建构主义学习环境下的教学设计）两大类。由于这两种教学设计理论均有其各自的优势与不足，所以最好是将二者结合起来，互相取长补短，形成优势互补的"学教并重"教学设计理论。这种理论正好能支持"既要发挥教师主导作用，又要充分体现学生主体地位的

新型教学结构"（即"主导—主体型教学结构"）的创建要求。在运用这种理论进行教学设计时，需要注意的是，对于计算机为核心的信息技术（不管是多媒体还是网络），在整合过程中都不能把它们仅仅看做辅助教师"教"的形象化教学工具，而应当同时强调，甚至更加强调要把它们作为促进学生自主学习的认知工具与协作交流工具。"学教并重"的教学设计，正好能在这方面发挥重要的作用。

四、要努力建设信息化教学资源

如上所述，信息技术与课程整合的实质是变革传统教学结构——将"教师为中心"的传统教学结构，改变为既充分发挥教师主导作用，又能充分体现学生主体地位的"主导—主体相结合"新型教学结构。教学结构变革的实现，有赖于信息化教学环境，这种环境能够支持真实的情境创设、启发思考、信息获取、资源共享、多重交互、自主探究、协作学习等多方面要求的教与学方式，从而能把学生的主动性、积极性、创造性较充分地发挥出来，使创新人才培养的目标能真正落到实处；而营造信息化教学环境的核心内容则是信息化教学资源的建设。所以，我们也可以说，没有信息化教学资源就没有真正意义上的"整合"。

事实上，形成"主导—主体相结合"新型教学结构的关键是要充分调动学生的主动性、积极性和创造性；而学生的主动性、积极性和创造性的发挥，不仅有赖教师正确地启发与引导，更要依靠学习者的自主学习、自主探究与合作学习、合作探究；这就需要有能够支持认知、探究的工具、环境和有利于协作交流的工具、环境，以便在学习过程中对学习者或学习小组提供必要的帮助与支持；而信息化教学资源的作用正是要为学习者个人的自主学习、自主探究提供必不可少的认知探究工具与环境，同时也为学习小组的合作学习、合作探究提供快捷方便的协作交流工具与环境。

信息化教学资源通常有以下四种类型：多媒体素材类、多媒体课件类、网络课程类和信息化学习工具类。前三种类型对于所有学科（包括文科、理科）都是适用的，即不管是文科类教学的信息技术与课程整合，还是理科类教学的信息技术与课程整合，前三种类型的信息化教学资源都可以很好地起到提供认知探究工具与环境以及协作交流工具与环境的作用。第四种资源（信息化学习工具类）则主要应用于理科类教学的信息技术与课程整合（在文科类教学的"整合"中很少采用）。

一般来说，第一种类型的信息化教学资源（多媒体素材类）只要通过网上收集、下载、整理即可获得；其余三种类型的信息化教学资源则要由教师自己设计、开发，尤其是信息化学习工具类的研发更为困难——必须要运用专门的（甚至是较复杂的）计算机软件技术才能完成。

这里应当指出的是，重视信息化教学资源的建设，并非要求教师们去搞多媒体课件或计算机软件开发；而是要求广大教师去努力收集、整理和充分利用互联网上的已有资源。只要是网站上有的，不管是国内的还是国外的（国外也有不少免费教学软件），都可以采取"拿来主义"（但"拿来"以后只能用于教学，而不能用于谋取商业利益）。只有在确实找不到与当前教学内容相关的信息化教学资源（或者找到的资源不够理想），而且教师本人又具备条件的情况下，才有必要由教师自己去进行开发。

五、要结合不同学科特点创建能支持新型教学结构的教学模式

新型教学结构的创建要通过相关的教学模式来实现。教学模式属于教学方法、教学策略的范畴，但又不等同于某一种教学方法或某一种教学策略；教学模式是指教学过程中两种或两种以上方法或策略的稳定组合与运用。在教学过程中，为了达到某种预期的效果或目标（例如创建新型教学结构）往往要综合运用多种不同的方法与策略，当这些教学方法与策略的联合运用总能达到预期的效果或目标时，就成为一种有效的教学模式。

能实现新型教学结构的教学模式很多，而且因学科和教学单元而异。每位教师都应结合各自学科的特点，并通过信息技术与课程的深层次整合去创建能支持"主导—主体相结合"新型教学结构的教学模式。

教学模式的类型是多种多样的、分层次的。基于信息技术与课程整合的教学模式也不例外。由于"信息技术与课程整合"实质上是"信息技术与学科教学整合"，而学科教学过程涉及 3 个阶段：一是与课堂教学环节直接相关的"课内阶段"（对于小学来说，这一阶段通常是 40 分钟；对于中学来说，这一阶段通常是 45 分钟），另外两个是"课前阶段"与"课后阶段"（"课前"与"课后"这两个阶段也可合称为一个"课外阶段"），所以从最高层次考虑，基于信息技术与课程整合的教学模式只有两种——即按照所涉及的教学阶段来划分的"课内整合模式"与"课外整合

模式"两种。

如前所述，目前西方发达国家比较关注信息技术与"课前""课后"教学过程的整合（即"课外整合模式"），多年来在这方面作了大量的研究与探索，并取得了许多成功的经验。其中影响最大、也最为有效的课外整合教学模式是 WebQuest 和 Just-in-Time Teaching 两种（尤其是 WebQuest 这种模式更是在全球范围内广为流传；在国内也相当盛行——WebQuest 大体上相当于我们通常所说的"研究性学习"）。

至于"课内整合教学模式"，由于课堂教学涉及不同学科、不同教学策略和不同技术支撑环境等多种因素，所以实现课内整合的教学模式分类要复杂一些。例如，若按起主要作用的学科划分，有数学、物理、化学、语文、历史、地理等不同学科的课内整合教学模式；若按教学策略划分，有自主探究、协作学习、演示、讲授、讨论、辩论、角色扮演等不同策略的课内整合教学模式；若按技术支撑环境划分，则有基于网络、基于多媒体、基于软件工具、基于仿真实验等不同技术支撑环境的课内整合教学模式。

上述种种实现课内整合的教学模式，都有各自不同的实施步骤与方法，如能掌握这些模式的实施步骤与方法并加以灵活运用，都能取得有效整合乃至深层次整合的理想效果。多年来试验学校的大量实践证明：只要真正理解、掌握了上述整合"途径、方法"的前 4 条，再结合自身的教学实践与学科特点，教师们都能"八仙过海，各显神通"，创造出能有效支持"主导—主体相结合"教学结构的各种新型教学模式来。

第七节　信息技术与课程整合对我国教育深化改革的重要意义

由前面给出的"信息技术与课程整合"的定义可见，整合的实质是通过信息化教学环境的营造来改变传统的以教师为中心的教学结构，创设新型的"主导—主体相结合"的教学结构，以便使创新人才培养的目标落到实处。笔者认为，深刻理解信息技术与课程整合的这一实质，不仅是形成深层次整合的有效途径与方法的必要前提；也是帮助我们认识信息技术与课程整合对教育深化改革具有何等重要意义的关键所在。换句话说，只有深刻理解这一实质，才有可能充分认识信息技术与课程整合对我国当前深化教育改革的重大现实意义。下面我们就来进一步分析这方面的问题。

一、通过"整合"可弥补多年来教学改革所存在的重要缺陷——忽视"教学结构"改革

自改革开放以来，我国各级各类学校进行了成百上千个教改试验研究项目，在教育、教学改革方面取得了不小的成绩。但是许多专家认为，直到 1999 年第三次全国教育工作会议之前，我国的教改并没有大的突破（甚至有人认为，不少的所谓改革，只不过是"穿新鞋，走老路"）。其原因在于，这些教改只注重了教学内容、手段和方法的改革，而忽视了教学结构的改革。教学内容、手段、方法的改革固然很重要，但却不一定会触动教育思想、教与学理论这类深层次的问题，只有教学结构改革才能触动这类问题。这种状况直到 2001 年国家在基础教育领域开始实施新课程改革以后，才开始认识到这方面的问题，也逐步着手解决这方面的问题。从目前来看，离彻底解决这方面的问题还需要走很长一段路程。但是，若能通过大力推进信息技术与课程的有效整合，则可以在很大程度上得到弥补这方面存在的缺陷。

如第三节所述，所谓"教学结构"，是指在一定的教育思想、教学理论和学习理论指导下，在一定的环境中展开的教学活动进程的稳定结构形式，是教学系统 4 个要素（教师、学生、教学媒体、教学内容）相互联系相互作用的具体体现。

多年来统治我们各级各类学校的传统教学结构，就是"以教师为中心"的教学结构。在这种结构下，教学系统中 4 个要素的关系是：教师是主动的施教者，是教学过程的绝对权威，教师通过口授、板书把知识传递给学生；作为学习过程主体的学生，在整个教学过程中主要是用耳朵听讲、用手记笔记，完全处于被动接受状态，是外部刺激的接受器（相当于收音机或电视机）；教学媒体在教学过程中主要是作为辅助教师教课即用于突破教学中重点、难点的演示教具、直观教具（传统 CAI 就是起这种作用）；教学内容（在传统教学中即是教材）是学生获取知识的唯一来源，老师讲这本教材，复习和考试都是依据这本教材。

这种教学结构的优点是有利于教师主导作用的发挥，有利于教师对课堂教学的组织、管理与控制；但是它存在一个很大的缺陷，就是忽视

学生的主动性与积极性的发挥，不能把学生的主体地位很好地体现出来。不难想象，作为学习过程主体的学生，如果在整个教学过程中均处于比较被动的地位，肯定难以达到理想的教学效果，更不可能培养出富有创造性的创新型人才。这正是传统的以教师为中心教学结构的最大弊病，也是忽视教学结构改革最为严重的后果。

如上所述，"整合"的实质正是要改变以教师为中心的教学结构，创建新型的、既能发挥教师主导作用又能充分体现学生主体地位的"主导—主体相结合"教学结构，以便激发学生的主动性、积极性与创造性，从而使创新人才培养的目标落到实处。由此可见，信息技术与课程整合对于我国教育的深化改革具有何等重要的现实意义。

二、通过"整合"和教育理论创新可实现基础教育的跨越式发展

信息技术的教育应用要在教育信息化的基础上才能实施。如前所述，教育信息化需要较大的投入，大投入要求大产出，高投资要求高效益。所以世界各国都非常关注"如何通过信息技术在教育领域的有效运用来实现各学科教育质量与学生综合素质的大幅度提升，即实现教育的跨越式发展"这一重大课题。在微软于 2004 年 11 月举办的信息化国际论坛中，关于教育信息化的主题就是强调要运用信息技术来促进教育改革并实现教育的蛙跳式发展（Leapfrogging Development），由此可以看出这种发展的趋势与潮流。但令人遗憾的是，在这次信息化国际论坛中，几个国家（包括澳大利亚与新加坡等）的典型例子虽有很好的经验，但都还谈不上实现蛙跳式发展。究其原因，很多人（包括西方学者）都未认识到实现蛙跳式发展必须要有两个先决条件：首先要有信息技术与课程整合的科学理论（尤其是深层次整合的理论）；其次，还要有相关学科的教学创新理论，两者缺一不可。例如：

"二年级小学生（7～8 岁儿童）能不能普遍看懂适合少年儿童的通俗读物？

大多数三年级小学生能不能写出几百字的结构完整、通顺流畅的文章？

小学阶段若不增加目前的课时（每周 3～4 学时）能不能基本解决英语的听、说问题？

中小学的其他学科能否在现有基础上让教学质量有较显著的提升？
……"

这些看似不切实际的跨越式发展目标，在网络时代都是有可能实现的，关键是看我们是否具备上述两个先决条件，即能否冲破传统教育思想、观念的束缚，实现教育、教学方面的理论创新，并坚持进行信息技术与课程的深层次整合。近年来，我们在160多所不同类型的学校中实施的"基础教育跨越式发展创新试验"，已基本证实上述跨越式发展目标是完全可以达到的。其原因在于：我们既坚持用科学的理论指导信息技术与课程的深层次整合，又坚持相关学科的教学理论创新——我们不仅提出了适合中国国情的科学的"整合"理论，还提出了与语文及英语的学科教学改革密切相关的、具有创新意义的"儿童思维发展新论"①和"语觉论"②。实践再一次印证了"教育创新的关键在于理论创新"这一朴素的真理。

本章参考资料

1. 上海市教科院智力开发研究所. 美国教育部教育技术白皮书. 2001.

2. Richard W. Riley. E-Learning：putting a World-Class Education at the Fingertips of All Children(The National Educational Technology Plan). Dec. 2000 U. S. Department of Education，Office of Educational Technology.

3. 顾明远. 教育技术学与二十一世纪的教育[J]. 中国电化教育，1995(8).

4. www. ceoforum. org.

5. M. D Roblyer. *Integrating Educational Technology into Teaching*. PEARSON EDUCATION ASIA LIMITED and SHAANXI NORMAL UNIVERSITY PRESS，2005.

6.《中国电脑教育报》2004 年 8 月 16 日的教育信息化专刊，其中有

---

① 何克抗. 儿童思维发展新论[M]. 北京：北京师范大学出版社，2007.
② 何克抗. 语觉论——儿童语言发展新论[M]. 北京：人民教育出版社，2004.

关于美国著名信息技术教育专家观点的报道.

7. 何克抗. 儿童思维发展新论［M］. 北京：北京师范大学出版社，2007.

8. 何克抗. 语觉论——儿童语言发展新论［M］. 北京：人民教育出版社，2004.

第二章 如何实现信息技术与学科教学的深度融合

第一节 信息技术与教学"深度融合"观念提出的背景

2012 年 3 月 13 日，我国教育部发布了《关于印发〈教育信息化十年发展规划(2011—2020 年)①的通知》，开头直接引用了《国家中长期教育改革和发展规划纲要(2010—2020 年)》中首次提出的重要命题——"信息技术对教育发展具有革命性影响，必须予以高度重视"，并作为统领本《规划》制定与实施的总纲。

《规划》在引用这一"命题"之后，是关于"教育信息化意义"和"实现教育信息化途径与方法"的阐述。

教育信息化的意义——是要"以教育信息化带动教育现代化，破解制约我国教育发展的难题，促进教育的变革与创新"(过去的提法是促进教育的"改革与发展"，现在提升为"变革与创新")，所以是"实现我国教育现代化宏伟目标不可或缺的动力与支撑"。

实现教育信息化的途径与方法——则是指"要充分利用和发挥现代信息技术优势，实现信息技术与教育、教学的深度融合"(事实上，这也正是能够让信息技术对教育发展真正产生出革命性影响的途径与方法)。信息技术应与教育、教学"深度融合"，这是《规划》中首次提出的全新观念，在《规划》全文中，曾先后出现 10 次以上，可见其具有异乎寻常的重要性。

众所周知，国际上为实现教育信息化的目标(即通过教育信息化带

---

① 以下简称《规划》.

动教育现代化，以达到促进各级各类教育变革与创新的目标），传统的途径与方法是实施"信息技术与课程整合"（也称"信息技术与学科教学整合"）。现在《规划》放弃这一传统观念与做法，而提出信息技术应与教育、教学"深度融合"的全新观念，并认为这才是实现教育信息化目标的有效途径与方法，其根据何在？这只有从"信息技术与学科教学深度融合"的内涵、实质去探寻，才有可能弄明白。

为此，首先，我们需要考察信息技术与学科教学"深度融合"观念与做法提出的背景，它与传统的信息技术与学科教学"整合"观念与做法有哪些不同？在此基础上，方可顺理成章地理解和把握信息技术与学科教学"深度融合"的确切内涵。

人类社会自 20 世纪 90 年代开始进入信息时代以来，随着以多媒体计算机与网络通信为标志的信息技术日益广泛地应用于人们的工作、学习与生活的方方面面，并在经济、军事、医疗等领域显著提高了生产力，从而在这些领域产生了重大的革命性影响。但令人遗憾的是，在信息技术应用于其他领域或部门（尤其是在经济领域的企业）取得重大成效的同时，信息技术在教育领域的应用却成效不明显：一般都是停留在手段、方法的应用，对于教育生产力的提升（即大批创新人才的培养），信息技术似乎成了可有可无、锦上添花的东西（而非必不可少的因素，更谈不上对教育发展产生革命性影响）。原因在哪里呢？

著名的乔布斯之问，提出的也是这样的问题——"为什么计算机改变了几乎所有领域，却唯独对学校教育的影响小得令人吃惊！[①]"

自 20 世纪 90 年代以来，国际上曾有许多专家学者对此进行过研究与探讨，都无功而返。只有 2010 年 11 月发布的《美国 2010 国家教育技术计划》（*National Educational Technology Plan* 2010[②]，简称 NETP/2010），通过认真回顾和总结近 30 年来企业部门应用技术的经验与教训，并与教育领域应用技术的现状做比较，才发现问题的症结所在，从而引出一个全新命题，这一命题的具体表述如下。

教育部门可以从企业部门学习的经验是，如果想要看到教育生产力

---

① 桑新民，李曙华，谢阳斌. "乔布斯之问"的文化战略解读——在线课程新潮流的深层思考[J]. 开放教育研究，2013，19(3)：30-41.

② National Education Technology Plan 2010. [DB/OL] [2010-11-9]. http://www.ed.gov/technology/netp-2010.

的显著提高，就需要进行由技术支持的重大结构性变革（Fundamental Structural Changes），而不是渐进式的修修补补（Evolutionary Tinkering）。（简称为"教育系统结构性变革"命题）

由于这一命题与信息技术能否对教育发展产生革命性影响密切相关——事实上，能否运用信息技术实现教育系统的重大结构性变革，正是信息技术能否对教育发展产生"革命性影响"的关键所在（NETP/2010所说的"教育生产力的显著提高"，正是信息技术能够对教育发展真正产生出"革命性影响"的具体体现），所以这一命题应引起我们的高度重视。

这里应当说明的是，从历次发布的美国国家教育技术计划的内容看，它是关于教育系统中的各个领域并涉及教育系统中所有组成要素的最全面、最系统的教育发展计划。这样的全国性教育发展计划，其丰富内涵、重大意义与深远影响，在我国只有《国家中长期教育改革和发展规划纲要（2010—2020年）》能与之相比（美国自1996年发布第一轮NETP以来，已先后发布过五轮，其中2010年发布的是第四轮）。

迄今为止，从国际范围来看，以美国为代表的西方学术界，对于信息技术在教育领域的应用，或"信息技术与学科教学的整合"，历来都是只从改变"教与学环境"或改变"教与学方式"的角度（最多也只是同时从改变"教与学环境"和"教与学方式"的角度）去阐述信息技术在教育领域的意义与作用（或者去定义"信息技术与课程整合"的内涵、实质），因而都未能抓住问题的本质与关键。

只有NETP/2010通过回顾和总结近30年来企业部门应用信息技术的经验与教训，并与教育领域应用技术的现状做对比，才最终认识到，信息技术在教育领域的应用之所以成效不显（或者说，信息技术对教育发展未能真正产生出革命性影响），其问题是出在以下方面。

教育系统没有实现用信息技术支持的重大结构性变革——只是将信息技术应用于改进教学手段、方法这类"渐进式的修修补补"上，或者是只关注了如何运用技术去改善"教与学环境"或"教与学方式"。总之，都没有触及教育系统的结构性变革。

这正是《教育信息化十年发展规划（2011—2020年）》放弃传统的"信息技术与课程整合"的观念与做法，而倡导信息技术应与学科教学"深度融合"全新观念与做法的特定背景——希望找到一种全新的、能实现教育信息化宏伟目标的有效途径与方法，也就是能实现"教育系统结构性变革"的途径与方法，以解决长期以来信息技术在教育领域的应用一直成效不明显，即信息技术对教育发展始终未能真正产生出革命性影响这一重大问题。

了解这一特定背景以后，我们再来看看"深度融合"的观念与做法，和传统的"整合"观念与做法到底有哪些不同？

既然用"深度融合"观念与做法取代"整合"观念与做法的目的是想要真正触及教育系统的结构性变革（而不是用于改进教学手段、方法这类"渐进式修修补补"），可见"深度融合"的观念与做法和传统"整合"观念与做法的根本区别在于："深度融合"要求实现教育系统的结构性变革，而"整合"不要求，也不关注这种变革。

第二节　"教育系统结构性变革"的确切内涵

那么，教育系统的结构性变革又是指什么呢？

教育系统包含"学校教育""家庭教育""社会教育""终身教育"等多个组成部分，但其最重要、最核心的是"学校教育"——因为广大青少年的知识技能基础与良好的思想品德主要靠学校培养；而青少年是我们国家的未来、民族的希望。既然学校教育系统是整个教育系统的主体与核心，所以"教育系统结构性变革"的关键及主要内容，就应当是"学校教育系统的结构性变革"。

为了认识和理解"学校教育系统结构性变革"的确切内涵，我们先来看看下面的简单逻辑推理：

由于"课堂教学"是学校教育的主阵地（也是除远程教育以外，各级各类教育的主阵地），所以"课堂教学"应是"学校教育"最重要、最核心的内容；

既然"课堂教学"是"学校教育系统"的主体与核心，那么"课堂教学结构"自然应当是"学校教育系统的主要结构"；

既然"课堂教学结构"是"学校教育系统的主要结构"，那么，实现了"课堂教学结构的变革"自然等同于实现了学校教育系统最主要的"结构性变革"——这应当是合乎逻辑的结论。

上述简单逻辑推理表明，"学校教育系统结构性变革"的基本内涵是要实现课堂教学结构的根本变革。而"课堂教学结构的变革"是指什么呢？在我们中国学者提出的"信息技术与课程深层次整合理论"（即"深度融合"理论)中，为"信息技术与课程深层次整合(即信息技术与学科教学的深度融合)"给出的定义为①：

所谓信息技术与课程深层次整合，就是通过将信息技术有效地融合于各学科的教学过程来营造一种信息化教学环境，实现一种既能充分发挥教师主导作用又能突出体现学生主体地位的以"自主、探究、合作"为特征的新型教与学方式，从而把学生的主动性、积极性、创造性较充分地发挥出来，使传统的课堂教学结构发生根本性变革——由"以教师为中心"的教学结构转变为"主导—主体相结合"的教学结构。

这一定义包含三个基本属性：营造信息化教学环境；实现新型教与学方式；变革传统的课堂教学结构。

只有紧紧抓住这三个基本属性才有可能正确理解信息技术与学科教学深层次整合(即深度融合)的内涵，才能真正把握信息技术与课程深层次整合的实质。

这一定义所包含的三个基本属性并非是平行、并列的。

营造信息化教学环境是信息技术与课程整合的基本内容。所谓信息化教学环境，是指能够支持真实的情境创设、启发思考、信息获取、资源共享、多重交互、自主探究、协作学习等多方面教与学要求的教学环境——也就是能支持下述新型教与学方式的教学环境。

实现以"自主、探究、合作"为特征的新型教与学方式是一节"整合"课要达到的部分目标(有了新型的教与学方式，再加上正确教育思想观念的指导和相关学习资源的支持，才有可能最终实现下述"深层次整合"的整体目标)。

"信息技术与课程深层次整合"的整体目标是要变革传统的课堂教学结构：将教师主宰课堂的"以教师为中心"的传统课堂教学结构，改变为既充分发挥教师主导作用，又能突出体现学生主体地位的"主导—主体相结合"教学结构。而课堂教学结构的变革是"教育系统结构性变革"的最重要、最核心的内容——这是信息技术与学科教学深层次整合"(即深度融合)的实质与落脚点，也是"教育系统结构性变革"的确切内涵。

国内外的经验告诉我们，教育信息化若不紧紧抓住"改变传统课堂教学结构和建构新型教学结构"这个中心，是不会有成效的，是要付出

---

① 何克抗. 信息技术与课程深层次整合理论[M]. 北京：北京师范大学出版社，2008.

代价的——这是一条铁的定律，这也是中国学者在教育信息化领域发现的一条重要规律。

不管是个人、是社会、是国家，谁要是忽视了或违背了这一规律，都要付出非常沉重、高昂的代价。

第三节　实施"教育系统结构性变革"的基本思路——根本变革课堂教学结构

如前所述，"课堂教学"是"学校教育系统"的主体与核心，而"学校教育系统"又是整个"教育系统"的主体与核心。所以实施整个"教育系统结构性变革"的基本思路应当是变革课堂教学结构。

对于中国的国情来说，这种结构性变革的具体内容是——将教师主宰课堂的"以教师为中心"的传统课堂教学结构，改变为既充分发挥教师主导作用，又能突出体现学生主体地位的"主导—主体相结合"教学结构。

对于美国的国情来说，这种结构性变革的具体内容略有不同——要将原来片面强调"以学生为中心"而忽视教师主导作用的课堂教学结构，改变为既充分发挥教师主导作用，又能突出体现学生主体地位的"主导—主体相结合"教学结构。

这才是问题的本质与关键所在，也是美国"2010 国家教育技术计划（NETP/2010）"最为关注且迫切希望实施的"教育系统结构性变革"、却又尚未能找到如何去实施这种"结构性变革"的答案所在。

第四节　实施"教育系统结构性变革"的应对举措——开展"深度融合"的途径方法

在对"教育系统结构性变革"的确切内涵有了正确的认识与理解，并且厘清实施"教育系统结构性变革"的基本思路以后，就能顺理成章地找到实施"教育系统结构性变革"的应对举措（也就是使信息技术能够对教育发展真正产生出革命性影响的应对举措）。

这个应对举措就是要"根本变革传统课堂教学结构，并在此基础上实现学科教学质量的显著提升"——事实上，贯彻实施这个应对举措的过程，正是信息技术与学科教学实现深度融合的过程。

而实现信息技术与学科教学深度融合的途径与方法，涉及以下三个环节：一是"要深刻认识课堂教学结构变革的具体内容"；二是要实施能有效变革课堂教学结构的创新"教学模式"；三是要开发出相关学科的丰富学习资源(以便作为学生的认知探究工具和情感体验与内化工具)。下面是对这三个环节的具体内容及实施方式(即"深度融合"的内容及实施方式)进行科学论证与阐述。

1. 要深刻认识课堂教学结构变革的具体内容

课堂教学结构是教学系统四个要素(教师、学生、教学内容、教学媒体)相互联系、相互作用的具体体现，教学结构的变革不是抽象的、空洞的，它要落实到课堂教学系统四个要素地位和作用的改变上，包括：

教师要由课堂教学的主宰和知识的灌输者，转变为课堂教学的组织者、指导者；学生建构意义的帮助者、促进者，学生良好情操的培育者；

学生要由知识灌输的对象和外部刺激的被动接受者，转变为信息加工的主体、知识意义的主动建构者，和情感体验与内化的主体；

教学内容要由只是依赖一本教材，转变为以教材为主，并有丰富的信息化教学资源(如学科专题网站、资源库、案例库、光盘等)相配合；

教学媒体要由只是辅助教师突破重点、难点的形象化教学工具，转变为既能辅助教师的"教"，又能促进学生自主地"学"——成为学习者的认知工具、协作交流工具与情感体验与内化的工具。

2. 要实施能有效变革课堂教学结构的创新教学模式——以"翻转课堂"为例

要想将"课堂教学结构变革"(即课堂教学系统四个要素地位、作用的改变)这一目标真正落到实处，只有通过任课教师在课堂教学中设计并实施有效的教学模式才有可能实现。为此，应在不同学科中采用能实现课堂教学结构变革要求的创新"教学模式"。例如，近年来受到全球教师热烈追捧的"翻转课堂"模式，就是这样一种教学模式。下面从三个方面对翻转课堂作一简要介绍与说明。

(1)翻转课堂的起源

近年来翻转课堂(Flipping Classroom)成为全球教育界关注的热点，

其起源归功于美国科罗拉多州落基山林地公园高中的两位化学老师——乔纳森·伯尔曼(Jon Bergmann)和亚伦·萨姆斯(Aaron Sams)。

在 2007 年前后，他们受到当地一个实际情况的困扰：有些学生由于生病，无法按时前来上课，这样就导致一些学生缺课而跟不上教学进度。为了解决这一问题，开始时，他们是使用录屏软件去录制 PPT 演示文稿和教师的实时讲解，然后再把这种视频上传到网络，以帮助课堂缺席的学生进行补课。由于这些在线教学视频也被其他无须补课的学生所观看，这样，通过事先听看教学视频，学生们普遍对将要学习的新教学内容有了初步了解；于是经过一段时间后，两位教师就逐渐以学生在家看视频、听讲解为基础，腾出课堂上的时间指导学生做作业或做实验，而教师在此过程中可对有困难的学生提供更多的辅导和帮助。

这使原来"课堂上听教师讲解，课后回家做作业"的传统教学模式发生了"翻转"或"颠倒"，变成"课前在家里听看教师的视频讲解，课堂上在教师指导下做作业(或实验)"。

这是"翻转课堂"的由来或起源。

(2)翻转课堂的两个发展阶段

翻转课堂虽然在 2007 年前后已开始出现，但它真正能把自身影响力扩展至全美，乃至受到全球教师的热捧，还是几年以后的事情，这中间经历了两个发展阶段。

如上所述，在 2007 年以后，翻转课堂这种全新的教学模式已在美国科罗拉多州的部分地区逐渐流行，但是尚未能在更大范围推广。其原因是：很多教师虽然认可翻转课堂，原意参与这种形式的教学试验，而要真正实施这种教学模式，还需要克服一个重要障碍——制作教学视频(并非每一位教师都能制作出具有较高质量的教学视频)。正是在这个关口，美国出现了"可汗学院"，从而使这一困难得到解决。

"可汗学院"是在 2009 年由孟加拉裔美国人萨尔曼·可汗(Salman. Khan)创立。一年以后(2010 年秋天)可汗学院得到了比尔·盖茨的关注，并相继收到"比尔和梅林达·盖茨基金会"以及"谷歌公司"的数百万美元资助。有了资金支持，可汗学院的人力、物力大大增强，从而使可汗学院所提供的教学视频质量和学习支持工具性能进一步提升。

有了"可汗学院"免费提供的优质教学视频，克服了实施"翻转课堂"的重要障碍，这就大大降低了广大教师进入"翻转课堂"的门槛，从而推动了翻转课堂的普及。这是翻转课堂的第一个发展阶段——体现在应用区域和受众的扩展，使"翻转课堂"进入北美，乃至全球教育工作者的视野。

翻转课堂的第二个发展阶段，则是体现在教学内容与教学方式的拓展上。早期的翻转课堂，课前在家里只有"观看教师的视频讲解"（即利用"教学视频"）这种单一的形式。但2011年以后，随着全球教育领域另一个重大事件"MOOCs"（"慕课"）的崛起，使翻转课堂在课前家中实施的教学内容与教学方式，也发生了很大的改变。

"慕课"的全称是"大规模开放在线课程"（Massive Open Online Courses，MOOCs）。它与以往的网络开放课程有较大区别的地方主要有两点：一是强调"交流、互动与反馈"；二是倡导建立"在线学习社区"。

在以往的视频授课录像（如早期的"教学视频"）中，学生往往处于被动接受状态，教师与学生之间、学生与学生之间、缺少交流与互动，所以没有参与感。而MOOCs通过在授课视频中穿插提问、随堂测验和开展专题讨论，并鼓励学习者利用QQ、社交网站及其他个性化学习工具进行主动浏览、获取相关信息与学习资源等方式，来大大增强课程实施过程中的交流、互动与反馈。与此同时，MOOCs还积极鼓励、倡导学习者在参与慕课的过程中，形成各种"在线学习社区"。

通过上述两种方式（加强"交流、互动与反馈"和形成各种"在线学习社区"），就使学习者能产生"沉浸感"和"全程参与感"，这正是翻转课堂在与"慕课"相结合（即课前学生在家中不再是上网观看传统的教学视频，而是进行符合MOOCs要求的在线学习）以后，体现在教学内容与教学方式上的变化与拓展——这样就使翻转课堂迈入了第二个发展阶段。

（3）翻转课堂的本质特征

随着近年来翻转课堂在国际教育界日益走红，对于翻转课堂的本质特征，国内外学术界纷纷进行探讨。其中，比较有影响的观点涉及以下四个方面：

①翻转课堂能体现"混合式学习"的优势

认为翻转课堂是一种全新的"混合式学习"方式——是以"B-Learning"为标志的教育思想指引下，对课堂教学模式实施重大变革所产生的成果。

事实上，翻转课堂从一开始就是"课前在家里听、看教师的视频讲解，课堂上在教师指导下做作业（或实验）"这两种学习方式的混合。后来翻转课堂在吸纳了 MOOCs 的特点与长处以后，更进一步发展成为"在线开放学习"与"课堂面授"方式的混合。

这是从混合式学习方式的角度来观察"翻转课堂"本质特征的第一种代表性观点。

②翻转课堂更符合人类认知规律

英特尔(INTEL)全球教育总监冈萨雷斯(Brian Gonzalez)在 2011 年度英特尔一对一数字化学习年会上声称：

"翻转课堂"是指教育者赋予学生更多的自由，把知识传授的过程(浅层认知)放在教室外，让学生选择最适合自己的方式接受新知识，而把知识内化(深层认知)的过程放在教室内，以便同学之间、学生和教师之间有更多的沟通和交流，因而更有利于学生的认知发展。

这是从人类认知规律角度来分析"翻转课堂"本质特征的第二种代表性观点。

这种观点得到国内不少学者的响应。如华东师大的田爱丽教授就认为，翻转课堂更加符合学生的学习规律，是先学后教的一种形式；学生最需要教师帮助的时候，是做作业遇到困难或感到迷惑的时候，翻转课堂更能体现这一点。

③翻转课堂有助于构建新型师生关系

传统的面对面教学过程中，不管是教师讲授还是与学生对话，都是"以教师为中心"的一对多的形式，而翻转课堂则完全改变了这种形式。不管是学生在家观看教学视频，还是在课堂上师生面对面地互动交流，都是围绕着学生的需求展开；学生可以掌控自己观看教学视频的进度，可以提出自己的问题与想法和教师或同伴交流，从而使学生获得了学习上的主动权；与此同时，教师的主导作用也得到了更充分的发挥。

④翻转课堂能促进教学资源的利用与研发

学术界普遍认为，翻转课堂对于促进教学资源的有效利用与研发是非常有利的，因为它，既是利用教学资源的理想平台，又是推动教学资源研究与开发的强大动力。

就以教学视频为例，传统教学视频一般是以一节课的内容作为一个知识单元进行讲授，时长在 40 分钟以上。由于视频包含图像、文字、声音，传递的信息极为丰富，冗余信息较多，若时间过长，学生注意力将难以集中。而在翻转课堂中则将一课时的内容细化为若干个知识点，对每个知识点用一个微视频来进行讲解，去掉各种冗余信息，并配有相应的针对性练习来加以巩固。这些微视频的时长，一般是在 5～10 分钟（最多不超过 20 分钟）。

这是从教学资源的利用与研发角度来探讨"翻转课堂"本质特征的第四种代表性观点。

仔细分析当前国内外关于翻转课堂本质特征的上述四种不同代表性观点，应该说都有各自的依据和道理，不足之处是，这些观点都是只从某一个角度，或某一个方面去考虑问题，而未能从这些不同角度（或不同方面）的相互联系和相互作用去全面地分析与认识翻转课堂的意义与作用，因而都未能抓住翻转课堂的本质特征。

如果能真正比较全面、深入地来观察翻转课堂的作用与效果，就会发现：事实上翻转课堂同时关注课堂教学系统的四个要素（即教师、学生、教学内容、教学媒体这四个要素），并力图实现课堂教学系统四个要素地位与作用的改变，而四个要素的地位与作用到底应如何改变？这正是前面强调的、实施"深度融合"途径方法的第一个环节——"要深刻认识课堂教学结构变革的具体内容"。这就充分说明变革传统课堂教学结构，正是翻转课堂的本质特征所在。正因为如此，翻转课堂才能成为实现课堂教学结构变革的有效教学模式。

当然，翻转课堂并非实现课堂教学结构变革的唯一模式，我们之所以引用翻转课堂作为主要范例，除了它确实有效以外，还因为它受到全世界教师们的欢迎。不过，能够有效实现课堂教学结构变革的教学模式虽然不多，但绝非只有翻转课堂这一种。就国内而言，我们多年以来一直在中小学实施的"跨越式教学"模式，其目标和宗旨就是要实现传统课堂教学结构的根本变革，并且已取得显著成效——在完全不增加课时与学生课业负担的前提条件下，让 30 个试验区（其中有 16 个是包括偏远、贫困山区的农村试验区）、390 多所试验校、近 20 万中小学生大幅提升综合素质并在语文、英语等学科取得优异成绩。目前"跨越式教学"已在我国某些地方被称为"中国式翻转课堂"。事实上，西方的翻转课堂最早是 2007 年出现在美国科罗拉多州落基山林地公园高中的化学课上，而我们的"跨越式教学"于 2000 年 9 月就已在深圳的一所小学开始（比西方翻转课堂整整早了 7 年）。而且西方翻转课堂在我国还要受两个条件的限制：一是小学阶段由于学生的知识能力基础和学习自觉性还较弱，对实施翻转课堂不太适宜[①]；二是目前家庭还不能上网的西部农村地区，也无法实施翻转课堂。而"跨越式教学"则在这两个方面完全没有障碍，"跨越式教学"取得的最大成功恰恰是在小学阶段。中西部的广大农村正是推广"跨越式教学"的广阔天地，目前跨越式的最大试验区正是在甘肃、宁夏、新疆、贵州等偏远、贫困的农村地区，包括山区。

关于"跨越式教学"，已有不少报刊、杂志作过详细报道，这里就不再赘述。

3. 要开发出相关学科的丰富学习资源，以作为学生的认知探究工具和情感体验与内化工具

要根本改变传统的课堂教学结构，除了需要有效的教学模式以外，还应开发出相关学科的丰富学习资源，以作为学生自主学习、自主探究的认知工具、协作交流工具以及情感体验与内化的工具。不同学科应开发的不同学习资源为：

人文与社会科学类——应是各种扩展阅读材料，其内容涉及相关论文、专著、调研报告和相关的实际案例。

自然科学类——应是建模软件、仿真实验、制表工具、各种 VR 与 AR 软件，以及交互性课件等。

外语学科——则是与社会现实及大自然相关的扩展听、读材料。

在信息化教学创新理论指引下，必须将创新教学模式与学习资源，通过必要的教师培训，使之切实运用于课堂教学过程。只有这几个环节都落实了，才有可能真正实现课堂教学结构的根本变革，从而实现各学科教学在质量方面的显著提升。

可见，能否实现"信息技术与学科教学的深度融合"（即能否让信息技术对教育发展真正产生出"革命性影响"）的唯一衡量标准，就是传统的课堂教学结构变革了没有（即教学系统四个要素的地位、作用改变了没有）？变革的程度有多大？除此以外，没有任何其他的衡量标准。

而具体实施深度融合的途径与方法（即变革课堂教学结构的途径与方法），则涉及上面所述的三个重要环节，除此之外，别无他途。

---

① 王晓波，牟艳娜. 慕课——多元在线教育形态的创新与发展[J]. 中小学信息技术教育，2014(2)：27-30.

本章参考资料

1. 教育部关于印发《教育信息化十年发展规划（2011—2020 年）》的通知，教技〔2012〕5 号.

2. 中华人民共和国教育部. 国家中长期教育改革和发展规划纲要（2010—2020 年）.

3. 桑新民，李曙华，谢阳斌. "乔布斯之问"的文化战略解读——在线课程新潮流的深层思考[J]. 开放教育研究，2013，19(3)：30-41.

4. National Education Technology Plan 2010. [DB/OL][2010-11-9]. http://www.ed.gov/technology/netp－2010.

5. 何克抗. 信息技术与课程深层次整合理论[M]. 北京：北京师范大学出版社，2008.

6. 王晓波，牟艳娜. 慕课——多元在线教育形态的创新与发展[J]. 中小学信息技术教育，2014(2)：27-30.

第三章　信息技术与课程整合的理论基础之一——建构主义理论

第一节　建构主义的由来与发展①②③

自 20 世纪 80 年代以来，在学习理论的研究与应用领域，强调刺激—反应，并把学习者看做对外部刺激作出被动反应，即作为知识灌输对象的行为主义，已经让位给强调认知主体的内部心理过程，并把学习者看做信息加工主体的认知主义。随着心理学家对人类学习过程认知规律研究的不断深入，近年来，认知学习理论的一个重要分支——建构主义学习理论在西方逐渐流行。由于多媒体计算机和基于 Internet 的网络通信技术所具有的多种特性特别适合于实现建构主义学习环境，换句话说，多媒体计算机与网络通信技术可以作为建构主义学习环境下的理想认知工具，能有效地促进学生的认知发展，所以随着多媒体计算机与 Internet 网络教育应用的飞速发展，建构主义学习理论正显示出越来越强大的生命力，并在世界范围内日益扩大其影响。

建构主义（Constructivism）也译作结构主义，其最早提出者可追溯至瑞士的皮亚杰（J. Piaget）。他是认知发展领域最有影响的一位心理学家，他所创立的关于儿童认知发展的学派被人们称为日内瓦学派。皮亚杰的理论充满唯物辩证法，他坚持从内因和外因相互作用的观点来研究儿童的认知发展。他认为，儿童是在与周围环境相互作用的过程中，逐

---

① David Jonassen et al.. Constructivism and Computer-Mediated Communication in Distance Education[J]. The American Journal of Distance Education，1995，9(2).

② 彭聃龄. 认知心理学[M]. 哈尔滨：黑龙江教育出版社，1990.

③ ［日］山内光哉. 学习与教学心理学[M]. 北京：教育科学出版社，1986.

步建构起关于外部世界的知识，从而使自身的认知结构逐步形成与发展。儿童与环境的相互作用涉及两个基本过程："同化"与"顺应"。同化是指把外部环境中的有关信息吸收进来并结合到儿童已有的认知结构（也称"图式"）中，即个体把外界刺激所提供的信息整合到自己原有认知结构内的过程；顺应是指外部环境发生变化，而原有认知结构无法同化新环境提供的信息时所引起的、儿童认知结构发生重组与改造的过程，即个体的认知结构因外部刺激的影响而发生改变的过程。可见，同化是认知结构数量的扩充（图式扩充），而顺应则是认知结构性质的改变（图式改变）。认知个体（儿童）就是通过同化与顺应这两种形式来达到与周围环境的平衡：当儿童能用现有图式去同化新信息时，他是处于一种平衡的认知状态；而当现有图式不能同化新信息时，平衡即被破坏，而修改或创造新图式（即顺应）的过程就是寻找新的平衡的过程。儿童的认知结构就是通过同化与顺应过程逐步建构起来，并在"平衡—不平衡—新的平衡"的循环中得到不断的丰富、提高和发展。这就是皮亚杰关于建构主义的基本观点。

在皮亚杰的上述理论的基础上，科尔伯格在认知结构的性质与认知结构的发展条件等方面作了进一步的研究；斯腾伯格和卡茨等人则强调个体的主动性在建构认知结构过程中的关键作用，并对认知过程中如何发挥个体的主动性作了认真的探索；维果茨基创立的"文化历史发展理论"则强调认知过程中学习者所处社会文化历史背景的作用，在此基础上以维果茨基为首的维列鲁学派深入地研究了"活动"和"社会交往"在人类高级心理机能发展中的重要作用。所有这些研究都使建构主义理论得到进一步的丰富和完善，为实际应用于教学过程创造了条件。经过半个多世纪的发展，建构主义已形成包含"个体建构"和"社会建构"两大流派的完整理论体系。其中个体建构流派的代表人物是皮亚杰，社会建构流派的代表人物则是苏联的维果茨基。

在 20 世纪 90 年代之前，建构主义基本上是一种由心理学家在大学的研究所或实验室里进行研究的纯粹"学习理论"。建构主义真正走出"象牙塔"（摆脱纯理论研究范畴）开始进入广大中小学课堂，是多媒体和网络技术逐渐普及以后（20 世纪 90 年代以后）才出现的事情。这是因为，多媒体计算机和网络通信技术可以为建构主义倡导的学习环境提供强大的技术支持——使这种学习环境真正得以在各级各类学校的课堂中实现；而建构主义则可以为多媒体教学和网络教学（即为信息技术与课程的整合)提供最有效的理论指导。随着建构主义在各级各类学校(尤其是在中小学)应用的日益普及,不仅使其原有的学习理论得到深化与扩展,还在广泛的教学实践的基础上,逐渐形成了一套适合建构主义学习环境的教学理论与教学设计方法。所以,自20世纪90年代中期以来,国际上一般都认为建构主义既是信息时代的一种全新的学习理论也是一种全新的教学理论。

第二节　建构主义学习理论简介

如上所述,建构主义是源自关于儿童认知发展的理论,由于个体的认知发展与学习过程密切相关,因此利用建构主义可以比较好地说明人类学习过程的认知规律,即能较好地说明学习如何发生、意义如何建构、概念如何形成,以及理想的学习环境应包含哪些主要因素等。总之,在建构主义思想指导下可以形成一套新的比较有效的认知学习理论,并在此基础上实现比较理想的建构主义学习环境。下面我们就从"什么是学习"(即"关于学习的含义")与"如何进行学习"(即"关于学习的方法")这两个方面简要说明建构主义学习理论的基本内容。

一、关于学习的含义 [1][2][3]

建构主义认为,学习是获取知识的过程,但知识不是通过教师传授得到,而是学习者在一定的情境即社会文化背景下,借助其他人(包括教师和学习伙伴)的帮助,利用必要的学习资料,通过意义建构的方式而获得。由于学习是在一定的情境即社会文化背景下,借助其他人的帮助即通过人际间的协作、交流(会话)活动而实现的意义建构过程,因此建构主义学习理论认为"情境""协作""会话""意义建构"是学习环境中的四大要素或四大属性。

---

[1]　David Jonassen et al.. Constructivism and Computer-Mediated Communication in Distance Education[J]. The American Journal of Distance Education,1995,9(2).

[2]　Brent G. Wilson. Metaphors for Instruction:Why We Talk About Learning Environments[J]. Educational Technology,Sept-Oct 1995.

[3]　Chris Dede. The Evolution of Constructivist Learning Environments:Immersion in Distributed Virtual Worlds[J]. Educational Technology,Sept-Oct 1995.

(1)"情境"：学习环境中的情境必须有利于学生对所学知识内容的意义建构。这就对教学设计提出了新的要求，也就是说，在建构主义学习环境下，教学设计不仅要考虑教学目标分析，还要考虑有利于学生建构意义的情境创设问题，并把情境创设看做教学设计的最重要内容之一。

(2)"协作"：协作发生在学习过程的始终。协作对学习资料的收集与分析、假设的提出与验证、学习成果的评价直至意义的最终建构均有重要作用。

(3)"会话"：会话交流是协作过程中的不可缺少环节。学习小组成员之间必须通过会话商讨如何完成规定的学习任务计划；此外，协作学习过程也是会话交流过程，在此过程中，每个学习者的思维成果(智慧)为整个学习群体所共享，因此会话是达到意义建构的重要手段之一。

(4)"意义建构"：这是整个学习过程的最终目标。所要建构的意义是指：事物的性质、规律以及事物之间的内在联系。在学习过程中帮助学生建构意义就是要帮助学生对当前学习内容所反映的事物的性质、规律以及该事物与其他事物之间的内在联系达到较深刻的理解。这种理解在大脑中的长期存储形式就是前面提到的"图式"，也就是关于当前所学内容的认知结构。由以上所述的"学习"的含义可知，学习的质量是学习者建构意义能力的函数，而不是学习者重现教师思维过程能力的函数。换句话说，获得知识的多少取决于学习者根据自身经验去建构有关知识的意义的能力，而不取决于学习者记忆和背诵教师讲授内容的能力。

二、关于学习的方法[①②③]

建构主义提倡在教师指导下的、以学习者为中心的学习，也就是说，既强调学习者是认知过程的主体，又不忽视教师的指导作用，教师是意义建构的帮助者、促进者，而不是知识的传授者与灌输者。学生是信息加工的主体，是意义的主动建构者，而不是外部刺激的被动接受者

---

① David Griffiths. Environmental Challenges：Making a Difference in the Classroom. Proceedings of CAL 97，pp. 95-99，1997.

② R. E. Calza and J. T. Meade. GenTechnique：Learning Molecular Biology withina Networked Environment. Proceeding of CAL 97，pp. 165-168，1997.

③ 何克抗. 建构主义学习理论与建构主义学习环境[J]. 教育传播与技术，1996(3).

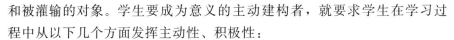

和被灌输的对象。学生要成为意义的主动建构者，就要求学生在学习过程中从以下几个方面发挥主动性、积极性：

（1）要用探索法、发现法去建构知识的意义。

（2）在建构意义过程中要求学生主动去收集并分析有关的信息和资料，对所学习的问题要提出各种假设并努力加以验证。

（3）要把当前学习内容所反映的事物尽量和自己已经知道的事物相联系，并对这种联系加以认真的思考。"联系"与"思考"是意义构建的关键。如果能把联系与思考的过程与合作学习中的协商过程（即交流、讨论的过程）结合起来，则学生建构意义的效率会更高、质量会更好。协商有"自我协商"与"相互协商"（也叫"内部协商"与"社会协商"）两种，自我协商是指自己和自己争辩什么是正确的；相互协商是指学习小组内部相互之间的讨论与辩论。

教师要成为学生建构意义的帮助者、促进者，就要求教师在教学过程中从以下几个方面发挥指导作用：

（1）激发学生的学习兴趣，帮助学生形成学习动机。

（2）通过创设符合教学内容要求的情境和提示新旧知识之间联系的线索，帮助学生建构当前所学知识的意义。

（3）为了使意义建构更有效，教师应在可能的条件下组织协作学习（开展讨论与交流），并对协作学习过程进行正确引导使之朝有利于意义建构的方向发展。引导的方法包括：提出适当的初始问题以引起学生的思考和讨论；然后教师要通过精心设计的后续问题，设法把讨论一步步引向深入，以加深学生对所学内容的理解；最后还要启发诱导学生自己去发现规律、自己去纠正错误的或片面的认识。

第三节　建构主义教学策略的内容及实施

经过 20 世纪 90 年代以来的教学实践所形成的、比较成熟的建构主义教学策略主要有支架式教学、抛锚式教学策略和随机进入式教学策略。下面是对这几种教学策略的基本内容及实施环节的简要介绍。

一、支架式教学(Scaffolding Instruction)策略[①②③]

根据欧共体"远距离教育与训练项目"(DGXⅢ)的有关文件，支架式教学被定义为："支架式教学应当为学习者建构对知识的理解提供一种概念框架(Conceptual Framework)。这种框架中的概念是为发展学习者对问题的进一步理解所需要的，为此，事先要把复杂的学习任务加以分解，以便于把学习者的理解逐步引向深入。"很显然，这种教学思想是来源于维果茨基的"最邻近发展区"理论。维果茨基认为，在儿童智力活动中，对于所要解决的问题和原有能力之间可能存在差异，通过教学，儿童在教师帮助下可以消除这种差异，这个差异就是"最邻近发展区"。换句话说，最邻近发展区定义为，儿童独立解决问题时的实际发展水平(第一个发展水平)和教师指导下解决问题时的潜在发展水平(第二个发展水平)之间的距离。可见儿童的第一个发展水平与第二个发展水平之间的状态是由教学决定的，即教学可以创造最邻近发展区。因此教学绝不应消极地适应儿童智力发展的已有水平，而应当走在发展的前面，不停顿地把儿童的智力从一个水平引导到另一个新的更高的水平。建构主义者正是从维果茨基的思想出发，借用建筑行业中使用的"脚手架"(Scaffolding)作为上述概念框架的形象化比喻，其实质是利用上述概念框架作为学习过程中的脚手架。如上所述，这种框架中的概念是为发展学生对问题的进一步理解所需要的，也就是说，该框架应按照学生智力的"最邻近发展区"来建立，因而可通过这种脚手架的支撑作用(或曰"支架作用")不停顿地把学生的智力从一个水平提升到另一个新的更高水平，真正做到使教学走在发展的前面。支架式教学策略的实施由以下几个环节组成：

(1)搭脚手架——围绕当前学习主题，按"最邻近发展区"的要求建立概念框架。

(2)进入情境——将学生引入一定的问题情境(概念框架中的某个节点)。

---

① David Jonassen et al.. Constructivism and Computer-Mediated Communication in Distance Education[J]. The American Journal of Distance Education，1995，9(2).

② David Griffiths. Environmental Challenges：Making a Difference in the Classroom. Proceedings of CAL 97，pp.95-99，1997.

③ 朱智贤，林崇德. 思维发展心理学[M]. 北京：北京师范大学出版社，1986.

（3）独立探索——让学生独立探索。探索内容包括：确定与给定概念有关的各种属性，并将各种属性按其重要性大小顺序排列。探索开始时要先由教师启发引导（例如演示或介绍理解类似概念的过程），然后让学生自己去分析；探索过程中教师要适时提示，帮助学生沿概念框架逐步攀升。起初的引导、帮助可以多一些，以后逐渐减少——越来越多地放手让学生自己探索；最后要争取做到无须教师引导，学生自己能在概念框架中继续攀升。

（4）协作学习——进行小组协商、讨论。讨论的结果有可能使原来确定的、与当前所学概念有关的属性增加或减少，各种属性的排列次序也可能有所调整，并使原来多种意见相互矛盾，且态度纷呈的复杂局面逐渐变得明朗、一致起来。在共享集体思维成果的基础上达到对当前所学概念比较全面、正确的理解，即最终完成对所学知识的意义建构。

（5）效果评价——对学习效果的评价包括学生个人的自我评价和学习小组对个人的学习评价，评价内容包括：①自主学习能力；②对小组协作学习所作出的贡献；③是否完成对所学知识的意义建构。

二、抛锚式教学（Anchored Instruction）策略[1][2]

抛锚式教学要求建立在有感染力的真实事件或真实问题的基础上。确定这类真实事件或问题的过程被形象地比喻为"抛锚"，因为一旦这类事件或问题被确定，整个教学内容和教学进程也就被确定了（就像轮船被锚固定一样）。建构主义认为，学习者要想完成对所学知识的意义建构，即达到对该知识所反映事物的性质、规律以及该事物与其他事物之间联系的正确理解，最好的办法是让学习者到现实世界的真实环境中去感受、去体验（即通过获取直接经验来学习），而不是仅仅聆听别人（如教师）关于这种经验的介绍和讲解。由于抛锚式教学要以真实事例或问题为基础（作为"锚"），所以有时也被称为"实例式教学"或"基于问题的教学"。抛锚式教学策略的实施由以下几个环节组成：

---

[1]　David Jonassen et al.．Constructivism and Computer-Mediated Communication in Distance Education[J]．The American Journal of Distance Education，1995，9(2).

[2]　张建伟，陈琦．从认知主义到建构主义[J]．北京师范大学学报（社会科学版），1996(4)。

（1）创设情境——使学习过程能够在与现实情况基本一致或相类似的情境中发生。

（2）确定问题（抛锚）——在上述情境下，选择出与当前学习主题密切相关的真实性事件或问题作为学习的中心内容（让学生面临一个需要立即去解决的现实问题）。选出的事件或问题就是"锚"，这一环节的作用就是"抛锚"。

（3）自主学习——不是由教师直接告诉学生应当如何去解决面临的问题，而是由教师向学生提供解决该问题的有关线索（如需要收集哪一类资料、从何处获取有关的信息资料以及现实中专家解决类似问题的探索过程等），并要特别注意发展学生的"自主学习"能力。自主学习能力包括：①确定学习内容表的能力（学习内容表是指，为完成与给定问题有关的学习任务所需要的知识点清单）；②获取有关信息与资料的能力（知道从何处获取以及如何去获取所需的信息与资料）；③利用、评价有关信息与资料的能力。

（4）协作学习——开展小组讨论、交流，通过不同观点的交锋，补充、修正、加深每个学生对当前问题的理解。

（5）效果评价——由于抛锚式教学要求学生解决面临的现实问题，学习过程就是解决问题的过程，即由该过程可以直接反映出学生的学习效果。因此对这种教学效果的评价往往不需要进行独立于教学过程的专门测验，只需在学习过程中随时观察并记录学生的表现即可。

三、随机进入式教学（Random Access Instruction）策略[1][2]

由于事物的复杂性和问题的多面性，要做到对事物内在性质、规律和事物之间相互联系的全面了解和把握，即真正达到对所学知识的正确而全面的意义建构是很困难的。往往从不同的角度考虑可以得出不同的理解。为克服这方面的弊病，在教学中就要注意对同一教学内容，要在不同的情境下、为不同的教学目的、用不同的方式加以呈现。换句话

---

① Spior，R. J. et al. . "Cognitive Flexibility, Constructivism, and Hypertext: Random Access Instruction for Advanced Knowledge Acquisition for Ill-structured Domain" in T. M. Duffy and D. H. Jonassen(Eds.). "Constructivism and the Technology of Instruction: A Conversation", Lawrence Erlbaum Associates, Inc. 1991.

② 张建伟，陈琦. 从认知主义到建构主义[J]. 北京师范大学学报（社会科学版），1996(4).

说，学习者可以随意通过不同途径、不同方式进入同样的教学内容进行学习，从而获得对同一事物或同一问题的多方面的认识与理解，这就是所谓"随机进入教学"（也称"随机通达教学"）。显然，学习者通过多次"进入"同一教学内容将能达到对该知识内容比较全面而深入的理解与掌握。这种多次进入，绝不是像传统教学中那样，只是为巩固一般的知识、技能而实施的简单重复；这里的每次进入都有不同的学习目的，都有不同的问题侧重点。因此多次进入的结果，绝不仅仅是对同一知识内容的简单重复和巩固，而是使学习者获得对事物全貌的了解与认识上的飞跃。

随机进入式教学的基本思想源自建构主义学习理论的一个新分支——"弹性认知理论"（Cognitive Flexibility Theory）。这种理论的宗旨是要提高学习者的知识理解能力与知识迁移能力（即灵活运用所学知识的能力）。不难看出，随机进入教学对同一教学内容，在不同情境下、为不同的目的、用不同的方式加以呈现的要求，正是针对促进和发展学习者的知识理解与知识迁移能力而提出的，也就是根据弹性认知理论的要求而提出的。随机进入式教学策略的实施由以下几个环节组成：

（1）呈现基本情境——向学生呈现与当前学习主题的基本内容相关的情境。

（2）随机进入学习——根据学生"随机进入"学习时所选择的内容（与当前学习主题的某一个侧面相关的内容），调整当前呈现的情境，使之能够与当前学生所选择的侧面特性相关联。在此过程中教师应注意发展学生的自主学习能力（自主学习能力的内容可参看抛锚式教学策略的"自主学习"环节说明），使学生逐步学会自己学习。

（3）思维发展训练——由于随机进入学习的内容通常比较复杂，所研究的问题往往涉及许多方面，因此在运用这类教学策略时，教师应特别注意发展学生的思维能力。其方法是：①教师与学生之间的交互应在"元认知"级进行（即教师向学生提出的问题，应有利于促进学生认知能力的发展而非纯知识性提问）；②要注意掌握学生的思维模型，即要了解学生思维的特点（如教师可通过这样一些问题来建立学生的思维模型："你的意思是指……""你怎么知道这是正确的？""这是为什么？"等）；③注意培养学生的发散性思维（这可通过提出这样一些问题来实现："还有没有其他的含义？""请对 A 与 B 之间作出比较""请评价某种观点"等）。

（4）小组协作学习——让学生们围绕呈现不同侧面的情境所获得的

不同认识展开小组或全班讨论。在讨论中，每一个学生的观点都在社会协商环境中受到考察、评论（这种社会协商环境是由全体学生以及教师一起营造的），同时每个学生也对别人的观点、看法进行思考并作出反应。

（5）学习效果评价——包括自我评价与小组评价，评价内容与支架式教学中相同。

由以上介绍可见，建构主义的教学策略尽管有多种不同的形式，但是又有其共性，即它们的教学环节中都包含情境创设、协作学习（在讨论、交流过程中当然还包含"对话"），并在此基础上由学习者自身最终完成对所学知识的意义建构。这是由建构主义的学习环境所决定的。如前所述，建构主义的学习环境包含情境、协作、会话和意义建构四大要素。既然上述各种教学策略都是在建构主义学习环境下实施的，那就不能不受到这些要素的制约，否则将不成其为建构主义理论指导下的教学过程。

第四节　建构主义学习环境下的教学设计特点

由于建构主义学习理论强调以学生为中心，认为学生是认知的主体，是知识意义的主动建构者；教师只对学生的意义建构起帮助和促进作用，并不要求教师直接向学生传授和灌输知识。可见在建构主义学习环境下，教师和学生的地位、作用和传统教学相比已发生很大的变化。在这种情况下，如果仍然沿用传统的教学设计理论与方法来指导、设计建构主义学习环境下的教与学过程，显然是不适宜的。为此，近年来教育技术领域的专家们进行了大量的研究与探索，力图建立一套能与建构主义学习理论以及建构主义学习环境相适应的全新的教学设计理论与方法体系。尽管这种理论体系的建立是一项艰巨的任务，并非短期内能够完成。但是其基本指导思想及实施原则已逐渐明朗，并已开始实际应用于基于多媒体和互联网的建构主义学习环境的教学设计。综观近年来在国外主要教育技术刊物和国际会议上发表的有关文献，笔者认为，目前建构主义学习环境中的教学设计，若从指导思想与实施原则上看，具有以下几个特点：

一、强调以学生为中心[①]

明确"以学生为中心",这一点对于建构主义学习环境的教学设计至关重要。因为从"以学生为中心"出发还是从"以教师为中心"出发将得出两种全然不同的设计结果。至于如何体现以学生为中心,建构主义认为可以从三个方面努力:

(1)要在学习过程中充分发挥学生的主动性、积极性,特别是要能够体现出学生的首创精神。

(2)要让学生有多种机会在不同的情境下去应用他们所学的知识(将知识"外化")。

(3)要让学生能根据自身行动的反馈信息来形成对客观事物的认识和解决实际问题的方案(实现自我反馈)。

以上三点,即发挥首创精神、将知识外化和实现自我反馈可以说是体现以学生为中心的 3 个要素。

二、强调"情境创设"对意义建构的促进作用[②③]

建构主义认为,学习活动总是与一定的社会文化背景即"情境"相联系,在实际情境下进行学习,可以帮助和促进学习者利用自己原有认知结构中的有关知识与经验去同化和引领当前学习到的新知识,从而赋予新知识以某种意义;如果原有经验不能同化新知识,则要引起"顺应"过程,即对原有认知结构进行改造与重组。总之,通过"同化"与"顺应"才能达到对新知识意义的建构,而"情境创设"显然对这一建构过程有明显促进作用。在传统的课堂教学中,由于没有信息技术环境的支持,难以创设真实情境,不能提供实际情境所具有的生动性、丰富性,因而将使学习者对知识的意义建构发生困难。

---

① David Griffiths. Environmental Challenges:Making a Difference in the Classroom. Proceedings of CAL 97, pp. 95-99, 1997.

② David Jonassen et al.. Constructivism and Computer-Mediated Communication in Distance Education[J]. The American Journal of Distance Education, 1995, 9(2).

③ Chris Dede. The Evolution of Constructivist Learning Environments:Immersion in Distributed Virtual Worlds[J]. Educational Technology, Sept-Oct 1995.

三、强调"合作学习"对意义建构的深化作用①②③

建构主义认为，学习者与周围环境的交互作用，对于学习内容的理解（即对知识意义的建构）起着关键性的作用，这是建构主义的核心概念之一。学生们在教师的组织和引导下进行合作学习，一起讨论和交流，共同建立起学习群体并成为其中的一员。在这样的合作学习群体中，共同批判地考察各种理论、观点、信仰和假说；进行协商和辩论，先内部协商（即和自身争辩到底哪一种观点正确），然后再相互协商（即对当前问题摆出各自的看法、论据及有关材料并对别人的观点作出分析和评论）。通过这样的合作学习环境，学习者群体（包括教师和每位学生）的思维与智慧就可以被整个群体所共享，即整个学习群体共同完成对所学知识的意义建构，而不是其中的某一位或某几位学生完成的意义建构。显然，通过这样的思想碰撞与集思广益而建构的关于所学知识的意义，和完全靠学习者个体自主建构的意义要深刻得多、全面得多。

四、强调对学习环境（而非教学环境）的设计④

建构主义认为，学习环境是学习者可以在其中进行自由探索和自主学习的场所。在此环境中学生可以利用各种学习工具和信息资源（如文字材料、书籍、音像资料、CAI 与多媒体课件以及 Internet 上的信息等）来达到自己的学习目标。在这一过程中学生不仅能得到教师的帮助和指导，而且学生之间也可以相互协作与支持。按照这种观念，学习应当被促进、被激励，而不应受到严格的控制与支配；学习环境则是一个激励和促进学习的场所。可见，在建构主义学习理论指导下的教学设计应当是针对学习环境的设计，而非针对教学环境的设计。这是因为，教学意味着更多的控制与支配，而学习则意味着更多的主动与自由。

---

① David Jonassen et al.. Constructivism and Computer-Mediated Communication in Distance Education[J]. The American Journal of Distance Education，1995，9(2).

② David Griffiths. Environmental Challenges：Making a Difference in the Classroom. Proceedings of CAL 97，pp. 95-99，1997.

③ Ron Toomey and Kim Ketterer. Using MultiMedia as a Cognitive Tool[J]. Journal of Research on Computing in Education，1995，27(4).

④ Brent G. Wilson. Metaphors for Instruction：Why We Talk About Learning Environments[J]. Educational Technology，Sept-Oct 1995.

五、强调利用各种信息资源来支持"学"(而非支持"教")①

为了支持学习者的主动探究和完成对所学知识的意义建构，在学习过程中要为学习者提供各种信息资源(包括各种类型的教学媒体和信息化教学资料)。但是必须明确：这里之所以利用这些媒体和资料，并非用于辅助教师的讲解和演示，而是用于支持学生的自主学习和协作式探究。因此对传统教学设计中有关"教学媒体的选择与设计"这一部分，将有全新的处理方式。例如在传统教学设计中，对媒体的呈现要根据学生的认知心理和年龄特征作精心的安排。现在由于把媒体的选择、使用与控制的权力交给了学生，这种设计就显得没有必要了。反之，对于信息资源应如何获取、从哪里获取，以及如何有效地加以利用等问题，则成为主动探究过程中迫切需要教师提供指导与帮助的内容。显然，这些问题在传统教学设计中是不会碰到或是极少碰到的，而在建构主义学习环境下，则成为亟待解决的普遍性问题。

六、强调学习过程最终目的是完成意义建构(而非达成教学目标)

在传统教学设计中，教学目标是高于一切的，它既是教学过程的出发点，又是教学过程的归宿。通过教学目标分析可以确定所需的教学内容(知识点)和教学内容的安排次序；教学目标还是检查最终教学效果和进行教学评估的依据。但是在建构主义学习环境中，由于强调学生是认知主体、是意义的主动建构者，所以是把学生对知识的意义建构作为整个学习过程的最终目的。在这样的学习环境中，教学设计通常不是从分析教学目标开始，而是从如何创设有利于学生建构意义的情境开始，整个教学设计过程紧紧围绕"意义建构"这个中心展开，不论是学生的自主探究、协作学习还是教师辅导，总之，学习过程中的一切活动都要从属于这一个中心，都要有利于完成和深化对所学知识的意义建构。

这里应当特别指出的是：在学习过程中强调对知识的意义建构，这一点无疑是正确的。但是，在当前有关的国内外文献中(特别是有关建构主义学习环境的教学设计文献中)，往往看不到教学目标分析这类字眼，"教学目标"被"意义建构"所取代，似乎在建构主义学习环境下完全

① John R. Savery and Thomas M. Duffy. Problem Based Learning：An Instruction Model and Its Constructivist Framework[J]. Educational Technology，Sept-Oct 1995.

没有必要进行教学目标分析。这种看法是非常片面的，是一种极端的建构主义思想，我们认为不应该把这二者对立起来。因为"意义建构"是指对当前所学知识的意义进行建构，而"当前所学知识"这一概念是含糊的、笼统的。某一节课文的内容显然是当前所要学习的知识，但是一节课总是由若干知识点组成的，而各个知识点的重要性是不相同的：有的属于基本概念、基本原理（是教学目标要求必须"掌握"的内容）；有的属于一般的事实性知识或当前学习阶段只需知道还无须掌握的知识（对这类知识，教学目标只要求"了解"就可以）。可见，对当前所学内容不加区分一律要求对其完成"意义建构"（即达到较深入、全面的理解与掌握）是不适当的。正确的做法应该是：先对"当前所学知识"进行教学目标分析，在分析教学目标的基础上选出当前所学知识中的基本概念、基本原理或基本方法作为当前所学知识的"主题"，然后再围绕这个主题进行意义建构。这样建构的"意义"才是真正有意义的、符合教学要求的。

第五节 建构主义理论和"信息技术与课程整合"

一、以多媒体和网络为标志的信息技术是建构主义理论应用于教学过程的前提条件

如前所述，建构主义学习理论是认知学习理论的一个重要分支，建构主义的起源可追溯至皮亚杰的儿童认知发展理论，可谓源远流长。但是自 20 世纪 80 年代初期以来，尽管认知心理学已逐渐取代行为主义心理学并占据统治地位，而建构主义学习理论在很长一段时期内并未产生明显的影响。直至进入 20 世纪 90 年代以来，随着以多媒体计算机和 Internet 为标志的信息技术的日益普及，建构主义学习理论才逐渐引起人们的广泛关注，按照建构主义理论进行教学改革试验研究的学校也日渐增多。个中缘由固然有学习理论的流行必然要滞后于作为其理论基础的相关心理学的流行这样一个因素，但是更重要的原因则是 20 世纪 90 年代以前社会上还普遍缺乏实现建构主义学习环境的物质条件。前已指出，建构主义学习环境包含四大属性或四大要素即"情境""协商""会话"和"意义建构"。显然，多媒体技术与 Internet 的网络特性与功能最有利于四大属性的充分体现，这是因为：

"情境"——建构主义学习理论强调要为学习者创设有利于意义建构的真实情境，把创设情境看做能有效促进对所学知识意义建构的必要前提，并作为教学设计的最重要内容之一。而多媒体技术正好是创设真实情境的最有效工具，如果再与仿真技术相结合，则更能产生身临其境的逼真效果。

"协商"与"会话"——协商与会话是合作学习的主要形式。协商与会话过程主要通过语言(少数场合用文字)作媒介，这就要求在信息技术与课程整合过程中所运用的计算机系统最好具有语音功能(即最好是多媒体计算机)。与此同时，基于 Internet 的网络环境，为超越时空和地域的合作学习创造了良好的条件。如前所述，合作学习对于促进学习群体更好地实现对当前所学知识的意义建构——使之更全面、更深刻，是一个不可或缺的重要条件。

"意义建构"——建构主义学习理论认为，意义建构是学习的目的，它要靠学生自觉、主动去完成。教师和外界环境的作用都是为了帮助和促进学生的意义建构。多媒体技术由于能提供界面友好、形象直观的交互式学习环境(有利于学生的主动探究、主动发现)，能提供图文声并茂的多重感官综合刺激(有利于学生更多更好地获取关于客观事物性质与事物之间内在联系规律的知识)，还能按超文本方式组织与管理各种教学信息和学科知识(有利于发展联想思维和建立新旧概念之间的联系)，因而对于深化学生关于当前所学知识的意义建构，即促进学生认知结构的形成与发展是非常有利的，也是其他媒体或其他教学环境无法比拟的。

正是由于上述缘故，自 20 世纪 90 年代以来，建构主义理论在西方尤其是在美国有较大的发展，加上 Hot Java 的出现使多媒体技术与互联网进一步融合，这样使建构主义学习环境的营造更为便利，也更趋完善，将建构主义理论实际应用于教学过程的条件也日趋成熟。

二、建构主义是"信息技术与课程整合"的重要理论基础

如本章第一节所述，在 20 世纪 90 年代之前，建构主义基本上是一种由心理学家在大学的研究所或实验室里进行研究的纯粹"学习理论"。建构主义真正走出"象牙塔"(摆脱纯理论研究范畴)开始进入广大中小学课堂，是多媒体和网络技术逐渐普及以后(即 90 年代以后)才出现的事情。多媒体和网络技术为建构主义倡导的学习环境提供了强大的技术支

持——使这种学习环境真正得以在各级各类学校的课堂中实现；而建构主义则为多媒体教学和网络教学，也为信息技术与课程的整合提供了最有效的理论指导——多媒体和网络教学的主要优点（也是信息技术与课程整合的主要优点）是具有交互性、共享性、探究性、协作性、自主性，而建构主义所主张的建立在基于情境的学习、基于资源的学习、基于探究的学习、基于协作的学习、基于问题的学习等新型学习方式基础上的自主建构理论正好能使多媒体教学和网络教学（即信息技术与学科教学整合）的上述优势得到最全面的体现和最充分的发挥。正因为如此，随着建构主义在各级各类学校（尤其是在中小学）应用的日益普及，不仅使其原有的学习理论得到深化与扩展，而且还在广泛的教学实践的基础上，逐渐形成了一套适合建构主义学习环境的教学理论与教学设计方法。所以自 20 世纪 90 年代中期以来，国际上一般都认为建构主义是适应信息时代的一种全新学习理论也是一种全新的教学理论。尽管建构主义自身仍存在不少缺陷（有些缺陷还比较严重），但是它对于多媒体教学和网络教学的指导作用是其他任何一种教学理论与学习理论都无法取代的，这一点则毋庸置疑。换句话说，建构主义可作为信息技术与课程整合的重要理论基础之一，这一点也应当是确定无疑的。

三、建构主义理论指导下的"信息技术与课程整合"课例

在建构主义学习环境下可以采用不同的教学策略，如上所述，目前比较成熟的建构主义教学策略主要是支架式策略、抛锚式策略和随机进入式策略。在实际教学中，往往不是采用某种单一的方法策略，而是将两种以上的方法策略结合在一起（以某种方法策略为主，其他的为辅）加以灵活运用。在下面介绍的课例中，课例 1 主要运用抛锚式策略，课例 2 主要运用支架式策略，课例 3 则主要运用随机进入式策略。

课例 1：澳大利亚的门尼·彭兹中心小学所作的"整合"试验（抛锚式教学）①

试验班为小学六年级，有 30 名学生，教师名字叫安德莉亚，当前要进行的教学内容是关于奥林匹克运动会。首先，安德莉亚鼓励她的学生围绕这一教学内容拟订若干题目，例如奥运会的历史和澳大利亚在历

①　Ron Toomey and Kim Ketterer. Using MultiMedia as a Cognitive Tool. Journal of Research on Computing in Education，Vol. 27，No. 4，1995.

次奥运会中的成绩等问题(确定与主题密切相关的真实性事件或问题作为学习的中心内容——这是"抛锚"),然后要确定媒体在解决这些问题的过程中所起的作用,并要求学生用多媒体形式直观、形象地把自己选定的问题表现出来。

经过一段时间在图书馆和Internet上查阅资料以后,其中米彻尔和沙拉两位小朋友合作制作了一个关于奥运会历史的多媒体演示软件。在这个软件向全班同学播放以前,教师提醒大家注意观察和分析软件表现的内容及其特点。播放后立即进行讨论。一位学生说,从奥运会举办的时间轴线,他注意到奥运会是每4年召开一次。另一位学生则提出不同的看法,他认为并不总是这样,例如1904年、1906年和1908年这几次是每两年举行一次。还有一些学生则注意到在时间轴线的1916年、1940年和1944年这几个年份没有举行奥运会,这时教师提出问题:"为什么这些年份没有举办奥运会?"有的学生回答,可能是这些年份发生了一些重大事情,有的学生则回答发生了战争,有的则更确切地指出1916年停办是由于第一次世界大战,1940年和1944年停办是由于第二次世界大战。经过大家的讨论和协商,认为有必要对米彻尔和沙拉开发的多媒体软件作两点补充:①说明第一、第二次世界大战对举办奥运会的影响;②对奥运会历史初期的几次过渡性(两年一次)奥运会作出特别的解释。这时候有位小朋友提出要把希特勒的照片通过扫描放到时间轴上的1940年这点上,以此说明是他发动了第二次世界大战。教师询问全班其他同学:"有无不同意见?"沙拉举起手,高声回答说:"我不同意用希特勒照片,我们应当使用一张能真实反映第二次世界大战给人民带来巨大灾难(例如大规模轰炸或集体屠杀犹太人)的照片,以激起人们对希特勒的痛恨。"教师对沙拉的发言表示赞许。

从以上课例可以看到,教师为这个教学单元进行的教学设计主要是让学生用多媒体计算机建立一个有关奥运会某个专题的情境,并以奥运会历史或澳大利亚在历次奥运会中的成绩这类真实性事件或问题作为"锚"(学习的中心内容),用以激发学生的学习兴趣和主动探究精神,再通过讨论,把对有关教学内容的理解逐步引向深入。在这个课例中,学生始终处于主动探究、主动思考、主动建构意义的认知主体地位,但是又离不开教师事先所作的、精心的教学设计和在合作学习过程中画龙点睛的引导。教师在整个教学过程中说的话很少,但是对学生建构意义的帮助却很大,充分体现了教师主导作用与学生主体地位的结合。整个教学过程围绕建构主义的情境、协作、会话和意义建构这几个认知环节自然展开，而自始至终又是在多媒体计算机环境下进行（同时运用 Internet 实现资料查询），所以上述例子是以多媒体计算机和 Internet 作为认知工具实现建构主义抛锚式教学的一个优秀课例。

课例 2：澳大利亚的伟治·柏克小学所作的"整合"试验（支架式教学）①

试验班由小学三年级和四年级的学生混合组成，主持试验的教师叫玛莉，要进行的教学内容是自然课中的动物。玛莉为这一教学单元进行的教学设计主要是：让学生自己用多媒体计算机设计一个关于本地动物园的电子导游，从而建立起有利于建构"动物"概念框架的情境（如前所述，概念框架是实现支架式教学的基础，它是帮助学生向上发展智力的"脚手架"）。玛莉认为这种情境对于学生非常有吸引力，因而能有效地激发起他们的学习兴趣。

她把试验班分成若干小组，每个小组负责开发动物园中某一个展馆的多媒体演示。玛莉让孩子们自己选择——愿意开发哪一个展馆和选哪一种动物；是愿意收集有关的动物图片资料还是愿意为图片资料写出相应的文字说明；或是直接用多媒体工具去制作软件，都由孩子们自己选择。然后在此基础上组成不同的学习小组。这样，每个展馆就成为学生的研究对象，孩子们都围绕自己的任务努力去收集材料。例如，他们到动物园的相应展馆去实地观察动物的习性、生态，到图书馆和 Internet 去查询有关资料，以获取动物图片和撰写说明（将学生引入一定的问题情境，使学生处于概念框架中的某个节点）。在各小组完成分配的任务后，对于如何到图书馆和 Internet 上去收集素材，玛莉要适时给予学生必要的帮助；对于所收集到的各种素材如何按重要性大小进行分析比较，玛莉也要给学生以适当的指导（帮助学生沿概念框架攀升）。在此基础上，玛莉再组织全班学生进行交流和讨论。这种围绕一定情境进行主动探究的学习方式，不仅大大促进了学生学习的自觉性、主动性，充分体现了学生的认知主体地位，而且通过在此过程中开展的合作学习，只要教师引导得法将能有效促进学生对概念的理解、深化学生对所学知识意义的建构。例如，在全班交流过程中，当演示到"袋鼠"这一动物时，

---

① Ron Toomey and Kim Ketterer. Using MultiMedia as a Cognitive Tool. Journal of Research on Computing in Education，Vol. 27，No. 4，1995.

玛莉向全班同学提出一个问题："什么是有袋动物？除了袋鼠有无其他的有袋动物？"有些学生举出"袋熊"和"卷尾袋鼠"。于是玛莉又问这三种有袋动物有何异同点？并让学生们围绕这些异同点展开讨论，从而在相关背景下，锻炼与发展了儿童对事物的辨别、对比能力。玛莉在这里连续向学生提出的几个问题，可看做按照维果茨基的"最邻近发展区"理论、用支架式教学策略将学生的概念理解从一个水平提升到另一个新水平的典型例证。

课例 3：美国华盛顿州立大学农学院所作的"整合"试验（随机进入教学）①

美国华盛顿州立大学农学院在 R. E. Calza 和 J. T. Meade 教授的领导下建立了一个"遗传技术"（GenTechnique）课程教学改革试验研究组，其目的是以建构主义学习理论为指导，在 Internet 网络环境下开发具有动画和超文本功能的交互式教学系统，所用教学策略主要是随机进入式。

该教学系统应满足以下要求：帮助学生形成学习动机，可用于学习分子遗传学和生物技术的有关内容。学习重点侧重基本概念、基本原理和变异过程。通过学习，学生不仅要能完成所学知识的意义建构还要能够实际验证。该系统的教学过程按以下步骤进行：

（1）确定主题——通过教学目标分析确定本课程的若干主题（即确定与基本概念、基本原理以及遗传变异过程有关的知识内容，例如：细胞结构、染色体的组成、DNA 的化学成分和遗传代码以及 DNA 的复制方式等）。

（2）创设情境——创设与分子遗传和生物技术有关的多样化的实际情境（为随机进入式教学创造条件）。

（3）自主探究——根据学生的意愿可选学下列不同主题，在学习某一主题过程中，学生可随意观看有关这一主题的不同演示，以便从不同侧面加深对该主题的认识与理解（"随机进入式学习"）。

①学习主题 1：阅读有关细胞知识及结构的课文，观看有关细胞结构的动画（动态演示）。

②学习主题 2：阅读有关染色体的组成成分及其相互作用的课文，

---

① R. E. Calza and J. T. Meade. GenTechnique：Learning Molecular Biology withina Networked Environment. Proceeding of CAL 97，pp. 165-168，1997.

观看相应的动态演示。

③学习主题3：阅读有关 DNA 的化学成分、结构和遗传代码的课文，并观看相应的动态演示(学生可在三维空间中，通过多种不同的变化形式，可多侧面地观察、了解、认识 DNA 的结构成分及遗传特性，即可以实施随机进入式学习)。

④学习主题4：阅读有关 DNA 复制(合成)机制、复制方式的课文，并以病毒、微生物和哺乳动物作为模型观看有关 DNA 复制机制、复制方式的动态演示(可通过随机进入式学习，加强对本主题的理解)。

(4)协作学习——在上述自主探究的基础上，开展基于 Internet 的网络专题讨论，在讨论过程中教师通过公告板或 E-mail 可对学生布置作业(对讨论中的观点加以评判)或是对学生进行个别辅导。

(5)自我评价——为检验对知识的建构与验证，学生在经过上述学习阶段后应进行自我评价，为此该系统设计了一套自我测试的练习题：练习内容均经过精心挑选，使之能有效地测试出学生对基本概念、基本原理和基本过程的理解。

(6)深化理解——根据自我测试结果，对薄弱环节做有针对性的补充学习与练习，以加强和深化对知识的理解与验证的能力。

第六节　进入 21 世纪以后对建构主义理论的反思

如前所述，建构主义的理论基础虽然是在半个世纪以前就已由皮亚杰和维果茨基等学者奠定，但是这种理论开始在世界范围流行，并产生日益扩大的影响，还是 20 世纪 90 年代以后的事情；而且一般都公认，建构主义之所以在当代兴起是与多媒体与网络技术(尤其是 Internet)的逐步普及密切相关。正是多媒体与网络技术为建构主义所倡导的理想学习环境提供强大的物质支持，使之得以实现，才使建构主义理论走出心理学家的"象牙塔"，开始进入各级各类学校的课堂，成为支持多媒体与网络教学以及"信息技术与学科课程相整合"的重要理论基础。可以说，建构主义之所以有今天的辉煌，离不开多媒体与网络技术(尤其是 Internet)的支持。反过来，当代的"网络教育"以及"信息技术与课程整合"之所以在全球范围有如此巨大的影响，也与建构主义理论的指导分不开。特别是在有信息技术支持的教学环境下(即有多媒体或网络技术支持的环境下，或是同时有这两种技术支持的环境下），通过建构主义理论的正确指导，确实可以有效地培养青少年的创新精神、创新能力与合作精神、合作能力；而创新精神、创新能力与合作精神、合作能力恰恰是 21 世纪所需人才应当具备的最重要、最核心的素质——这点已成为当前国际教育界的基本共识。正因为如此，所以，在 20 世纪 90 年代初到 90 年代中后期，即从建构主义开始兴起到它达到鼎盛时期，西方学者（包括国内部分学者）对建构主义一般都是积极倡导，广泛赞扬与大力支持。应该说，这种态度并没有错，至少出发点是为了使创新人才能够更多、更有效地得到培养。

但是，随着国际教育界近年来教育思想观念的转变和对 Blending Learning（混合式学习）新含义的认同，在西方（尤其是在美国）教育界，自 21 世纪以来，从教育行政部门的高层主管到一般学者乃至教师中间开始发出了一种关于建构主义的不和谐之音（而在此之前，对于建构主义，我们从西方，尤其是从美国听到的往往都是一片赞美之词）——开始时是有不同意见或颇有微词，以后则发展成越来越尖锐的批评。对于这种变化，我国学者也很快有所反应：表示赞同者有之，感到困惑者有之，而更多的学者则借此机会，对近十年来国内外教育技术的发展进行冷静的观察和深层次的思考。笔者认为这后一种态度是比较正确的，我们确实应该利用当前国内外教育思想观念大变革的时机，联系近年来教育技术理论与实践发展的现实，对建构主义作一番认真的反思。以便清醒头脑，提高认识，从而更自觉地投身于今后的教育改革实践，更积极、主动地去推进我国的教育信息化进程。

为了对建构主义进行反思，至少应该考虑以下三个方面的问题：建构主义的教育思想到底应该是"以学生为中心"还是"主导—主体相结合"？建构主义的认识论到底是"纯主观主义"的还是"主客观相统一"？以及当前是否还应该将建构主义作为我国教育深化改革的一种重要指导思想？

一、建构主义的教育思想应该是"以学生为中心"还是"主导—主体相结合"

西方建构主义者一贯标榜自己在教学过程中是"以学生为中心"，即与杜威的"以儿童为中心"的教育思想一脉相承。

在传统教学中，教师发挥主导作用的同时往往忽视了学生主体地位的体现，而且老师越主导，学生就越被动，这是一种"以教师为中心"的教育思想。西方建构主义则刚好相反——只强调以学生为中心，往往忽视教师的主导作用，走向另一个极端。笔者认为正确的教育思想应当是把这两者结合起来，既不是"以教师为中心"，也不是"以学生为中心"，而是既要充分发挥教师的主导作用，又要凸显学生在学习过程中的主体地位，即要"主导—主体相结合"。事实上，我们在引进西方建构主义的时候，在这个问题上并没有盲目照搬，而是结合我国的国情加以创造性地发展与应用。

2000 年，我到美国加州看了几所当地较好的中小学，其中一所小学二年级的四则运算，老师没怎么讲，主要让学生自己上机，学生用的都是苹果电脑，苹果电脑里有很多四则运算的例题，能自动判分，老师坐在一旁做自己的事。我认为这种课堂教学的模式不一定对学生的学习最有利，因为这样的以学生为中心，并没有把老师的主导作用发挥出来。

我曾多次指出，建构主义的教学设计有两大部分：一部分是学习环境的设计，另一部分是自主学习策略的设计。环境的设计实际上是要设计出能提供一种有利于学生自主建构知识的良好环境，例如创设与学习主题相关的情境、提供必要的信息资源以及组织合作学习等。可见，学习环境是促进学习的外部条件，是外因。另外，由于建构主义理论的核心是学习者的"自主建构"，这就要求学习者应具有高度的学习主动性、积极性。如何调动这种主动性与积极性呢？这就要靠自主学习策略，包括支架式、抛锚式、启发式、自我反馈等策略，这些自主学习策略可以有效地激发学生的主动性和积极性，是诱导学生自主学习、自主建构的内因。

建构主义的教学设计（也称以学生为中心或以学为主的教学设计），简单地说，就是要抓住内因和外因这两大块，事实上这两大块中的哪一个环节要落实，都离不开教师的主导作用。比如学习环境设计通常包括"情境创设""信息资源提供""合作学习的组织"等环节，以教学诗词为例，要求学生领会诗中的内涵、意境，这就需要创设和该诗词相关的环境、氛围，使学生有身临其境的感觉，才能与作者的心灵相沟通。这样的情境靠谁创设？不可能由学生自己创设，得由老师来完成。信息资源的提供也是这样，网上的信息浩如烟海，垃圾也很多，反动的、黄色的都有。老师如果不事先去仔细挑选，不去引导学生进入相关的学科网站，那肯定会浪费很多时间，而有用的东西却没有学到多少。又如合作式学习（建构主义很强调合作学习），合作学习有多种方法，有讨论、有辩论、有竞赛、有角色扮演等。以讨论为例，围绕什么主题来讨论，如何提出初始问题（以引起学生的思考和争论），以及怎样提出后续问题（以便把讨论一步步引向深入，不至于纠缠在枝节问题上浪费时间）等，都得靠老师去设计，即要发挥教师的主导作用。至于自主学习策略的设计，由于策略必须适合学生的认知特点与原有认知水平，即要考虑因材施教，所以更离不开教师的主导作用。

除此以外，建构主义环境下的教学设计要不要考虑教学目标分析和学习者特征分析也是当前学术界争论的焦点。西方建构主义者历来否定这两种分析的必要性，在他们的教学设计中，从来都不对教学目标和学习者特征这二者进行分析；笔者认为，不作教学目标分析将无法保证课标要求的达成（因为课程标准必须通过每一节课的教学目标来贯彻，不对每一节课作教学目标分析，课标要求就会完全落空）；不作学习者特征分析则不可能实现因材施教。所以是不符合教学规律的。而这两者（即教学目标分析和学习者特征分析）都离不开教师主导作用的发挥。

可见，尽管西方建构主义者标榜以学生为中心的教育思想，而建构主义教学设计的每一个环节要真正落到实处却都离不开教师的主导作用。事实上，教师主导作用的发挥和学生主体地位的体现二者并不矛盾，它们完全可以在建构主义学习环境下统一起来，这正是我们所主张的"主导—主体相结合"的教育思想。在这种教育思想的指引下，教师的主导作用发挥得怎么样，发挥得够不够，靠什么来检验？就靠学生主体地位的体现——由于现在教师的主导作用不仅是要进行教学目标分析、学习者特征分析以及对内容的讲解和启发，而且还要包括情境创设、信息资源提供、合作学习的组织和探究性或研究性学习的指导以及自主学习策略设计等方面，所以，在这种情况下，教师的主导作用如果发挥得越充分，学生的主体地位也就会体现得越充分；二者不但不会互相对立，而且相辅相成。这正是"主导—主体相结合"教育思想所要追求的理想境界。

二、建构主义的认识论是"纯主观主义"的还是"主客观统一"

西方极端建构主义者为了标新立异，历来宣称自己的认识论是纯粹主观主义的。众所周知，认知学习理论认为，人们的认识不单纯是外部刺激的产物，而是外部刺激与内部心理过程相互作用的结果；而内部心理过程是指认知主体的兴趣、爱好、态度、需要以及认知主体原有的认知结构。可见，认知主义的认识论是强调主观(内部心理过程)与客观(外部刺激)相统一的。而西方极端建构主义者为了将建构主义学习理论与认知主义学习理论划清界限，以便独树一帜，则明确宣称自己的认识论属于主观主义。例如，当代建构主义的主要代表人物乔纳森(Jonassen)在 1992 年曾绘出如图 3.1 所示的二维图①，用来说明各种不同教学方式或学习方式所赖以支撑的不同学习理论与认识论。

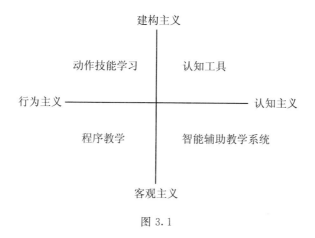

图 3.1

图中的横轴表示学习理论，认知主义与行为主义分别代表学习理论的两个极端(一个强调研究内部心理过程，另一个强调研究外显行为)；纵轴表示认识论，建构主义与客观主义则代表认识论的两个极端。

按照乔纳森的观点②，现实(Reality)不过是人们的心中之物，是学习者自身建构了现实或者至少是按照他自己的经验解释现实；每个人的世界都是由学习者自己建构的，不存在谁比谁的世界更真实的问题；人们的思维只是一种工具，其基本作用是解释事物和事件，而这些解释则构成认知个体各自不同的知识库。换句话说，知识是学习者与环境交互

① Jonassen D. H. What is cognitive tools? In：Kommers P，Jonssen D，Mayes J，eds. Cognitive Tools for Learning. Berlin：Springer-Verlag Publications，1992.

② Jonassen D. H. Objectivism Versus Constructivism：Do We Need a New Philosophical Paradigm? ETR&D，39(3)，pp. 5-14，1991.

作用过程中依赖个人经验自主建构的，是因人而异的纯主观的东西，它不可能通过教师传授得到，所以在学习过程中学生必须处于中心地位。乔纳森认为这就是建构主义认识论的基本内涵，它是"向与客观主义（Objectivism）相对立的方向发展的"①。大家知道，客观主义是哲学认识论的基本范畴，客观主义认为世界是真实存在的、有结构的，而且这种结构可以被人们认识，因此存在着关于客观世界的可靠认识。人类思维的作用就是反映客观现实及其结构，因此获得的意义（即知识）是相对稳定的，并且存在判断知识真伪的客观标准。正因为如此，知识才有可能通过教师的"讲授"，传递给学生，由于教学过程中教师是知识标准的掌握者而且是知识的传递者，所以客观主义认为教师应处于教学过程的中心地位。

乔纳森利用图 3.1 所示的二维图是要说明：程序教学的认识论是客观主义，学习理论则为行为主义；智能辅助教学的认识论也是客观主义，而学习理论则是认知主义；动作技能学习的认识论与学习理论则依次为建构主义和行为主义；利用认知工具的学习则依次为建构主义和认知主义。

由图 3.1 所示的二维图形（建构主义和客观主义处于对立的两端），结合客观主义认识论的基本内涵和乔纳森本人的上述观点，可以很清楚地看出：所谓建构主义的认识论就是纯主观主义的认识论（之所以说它"纯"是因为它处于和客观主义相对的另一个极端）；而且客观主义是所有"以教师为中心"教学方式的认识论基础，建构主义认识论（即主观主义）则是一切"以学生为中心"教学方式的认识论基础。

以乔纳森为代表的、通过图 3.1 所示二维图形体现出来的西方极端建构主义观点，在 20 世纪 90 年代初（1992 年）刚提出来的时候，在国际上曾经红极一时，在我们国内也有很大影响——在很长一段时间内，"以学生为中心"成为国际、国内教育界最先进、最时尚的口号就是明证。由于学生是学习过程的主体，"教"的目的是促进"学"，教师应该成为教学过程的组织者、指导者，学生自主建构意义的帮助者、促进者，教师不应牵着学生鼻子走，而应启发、引导学生自主学习，使学生真正成为学习的主人，而不是"外部刺激的被动接受者"。若从这个意义上

---

① Jonassen D. H. What is cognitive tools? In：Kommers P，Jonssen D，Mayes J，eds. Cognitive Tools for Learning. Berlin：Springer-Verlag Publications，1992.

说，强调"以学生为中心"并没有错。但是从图 3.1 所示的二维图形以及上面的分析可以看到，以乔纳森为代表的西方极端建构主义者，他们所强调的以学生为中心并非上述含义。如上所述，他们的以学生为中心是建立在纯主观主义认识论的基础之上，即认为"知识是学习者与环境交互作用过程中依赖个人经验自主建构的，是因人而异的纯主观的东西，它不可能通过教师传授得到，所以在学习过程中学生必须处于中心地位"。由于这种主观主义认识论完全否认知识的客观性，否认知识的可传授性，因而也就完全否定了教师的作用——不仅否定了教师在教学过程中的主导作用，甚至连最基本的"传道、授业、解惑"职能也否定了。但是，诚如上一小节所论证的，就连建构主义所提倡的教学设计（也称以学生为中心的教学设计）本身，其中每一个环节的贯彻落实都离不开教师主导作用的发挥（否则这种教学设计将变得毫无意义），就更不用说"传道、授业、解惑"这类最基本的教学职能了。

其实，建构主义本来就是认知主义的一个分支，它的哲学基础与认知主义应该是相同的——都是强调主观（内部心理过程）与客观（外部刺激）相结合，即"主客观统一"的认识论。内部心理加工和原有认知结构固然重要，且因人而异，但存在决定意识，毕竟外部刺激是知识的源泉，离开客观事物的纯主观建构将陷入唯心主义的不可知论的泥坑。

建构主义与认知主义当然是有区别的，这种区别主要体现在心理加工方式上：认知主义强调"信息加工"方式——将认知过程与电脑的信息加工过程相类比，但并不忽视原有认知结构的作用；建构主义则强调"意义建构"方式——更多地强调主动探究、主动发现在认知过程中的作用。对于客观事物意义的理解（即个人的知识）尽管与个人的经验及原有认知结构有关，即有主观性，但事物的意义是指事物的性质以及事物之间的内在联系规律，这是客观的，不依人的意志为转移的。所以个人的知识必然是主观与客观相结合的产物。

由此可见，西方的极端建构主义者宣扬纯主观主义认识论，并把它渲染为建构主义的本质特征（以此与认知主义划清界限）是完全错误的——不仅不符合客观事实，而且会把建构主义引导到否定"讲课、考试"等基本教学过程，甚至引导到削弱乃至否定教师作用的斜路上去，这是非常危险的！因为这将导致基础教育质量乃至整个教育质量的大幅度降低！这并非危言耸听。美国在 20 世纪 90 年代后期和 21 世纪初，在教育信息化进程快速实现的前提下，基础教育质量不仅没有提升，其教育部门的高层主管还承认有一定程度的削弱。为什么？个中原因当然很多，但我认为美国教育界一直把乔纳森等人的思想（即把纯主观主义认识论作为建构主义的哲学基础这样一种极端思想）奉为经典，并且不仅在美国而且在全世界广为传播，是难辞其咎的。今天，随着国际教育界思想观念的转变，对于建构主义的认识论也到了重新审视的时候了——抛弃纯主观主义，坚持以主客观统一的认识论作为自己的哲学基础（实际上也就为"主导—主体相结合"的教育思想提供哲学基础）。这就是我们的结论，也是使建构主义能够健康发展的唯一出路。

三、是否还应该将建构主义作为我国教育深化改革的指导思想

进行教育改革需要有先进的教育理论指导，而教育理论涉及学习理论、教学理论、教育心理、教育评价、教育测量、教育传播、教学设计等许多方面。当然，其中起主要作用的是学习理论与教学理论。不过，就学习理论与教学理论而言也有各种不同的流派，而且各种流派都有各自不同的优缺点，都有各自适合其应用的领域与范围。在教育科学中目前还找不到一种普遍适用的、十全十美的理论。所以一般来说，指导教育改革的理论不应当只有一种，而是有多种，即教育改革的理论基础应当多元化而非一元化。但是，在一定的历史时期内，一个国家或一个地区的教育所存在的问题是不一样的——不同时期有不同的主要矛盾。换句话说，不同时期的教育改革必定针对不同的目标，而为了更有效地达到这个目标，往往要采用与该目标直接相关的理论。由于这个因素的影响，实际指导教育改革的理论基础又经常是一元化而不是多元化的。

除了不同时期教育领域存在的问题不同以外，即使同一时期在不同的国家，教育领域的问题也不一样。由于社会文化背景和意识形态的差异，各个国家（或民族）的教育所面临的主要矛盾和所要解决的问题肯定各不相同，而且解决的方式也不可能一样——同一种理论在此一国家非常有效，到彼一国家就可能行不通。这就说明，在将教育理论应用于指导教改实践时，既要考虑各国面临的共同性问题，更要考虑因不同国情而引起的差异，即既要考虑共性，也要考虑个性或特殊性。

可见，"是否还应该将建构主义作为我国教育深化改革的一种重要指导思想？"这样一个问题（这是当前教育界引起颇大争议的焦点问题），

实质上涉及对以下两种关系的正确理解。

(1)指导教育改革的理论基础既是多元的又是一元的(即应多元与一元结合)。

(2)在运用建构主义指导教改实践时,既要考虑共同性,又要考虑特殊性(即应共性与个性结合)。

对于第一种关系的处理,如上所述,应考虑不同历史时期教育领域存在不同的主要矛盾。就我国当前的历史阶段而言,教育领域存在的主要矛盾或根本问题是:多年来教育领域培养出的大批人才主要是知识应用型人才,而非创新型人才。这种状况与21世纪日益加剧的国际竞争对创新人才的强烈需求形成尖锐矛盾。不创新,国家就不能发展,甚至无法生存。正是因为面对这样尖锐的矛盾,1999年第三次全教会上才形成了关于我国素质教育的全新指导方针:"要实施以培养学生的创新精神与实践能力为重点的素质教育。"由于在众多教育理论中,只有建构主义理论(它既是一种学习理论,又包含新的教学理论),特别强调学习者的主动建构、主动探究、主动发现,并要求将这种主动学习与基于情境的合作式学习和基于问题解决的研究性学习结合起来,因此特别有利于学习者创新意识、创新思维与创新能力的培养;而其他的教育理论(尤其是传统教育理论)虽然也有许多宝贵特点,但大多侧重于如何对系统科学知识的深入理解与掌握(当然,这类教育理论对于创新人才的培养也是必不可少的),所以为了更好地贯彻和体现创新人才培养的素质教育目标,当前我国的教育改革(尤其是基础教育领域正以很大力度在推动的新课程改革)在鼓励运用多种先进教育理论来指导的同时,特别强调建构主义理论的指导(即体现多元与一元的结合),这也是完全必要的、正确的。这样做并不说明建构主义是目前最完美、最理想的教育理论,而仅仅说明它对于解决我国教育领域当前存在的根本问题(主要矛盾)特别具有针对性。

对于第二种关系的处理,如上所述,应考虑不同国家的国情(特别是不同国家在社会文化背景方面的差异)。这是特别应当引起我们注意的。以美国为例,他们的教育思想历来倾向"以学生为中心"——从20世纪初开始,杜威就大力提倡"以儿童为中心""以活动为中心",到了20世纪五六十年代,布鲁纳大力推动"发现式学习",其核心思想也是鼓励学生的自主学习、自主发现。从而进一步加深了美国教育界以学生为中心的教育思想。从美国课堂教学的组织形式(比较喜欢围成一圈,师生平等讨论，自由发表意见，鼓励发散性思维，批判性思维……）也可看出这一特点。这种教育思想与教学环境为学生提供了良好的自由发展空间，无疑对学生的创新精神与创新能力的培养是大有好处的；不足之处是，美国教育界的主流观念历来不强调发挥教师的主导作用，在他们的观念中，"发挥教师主导作用"与"促进学生自主学习"这二者似乎是矛盾的——主张后者就必须否定、抛弃前者。对教师主导作用忽视的直接后果就是学生基础知识的削弱。加上进入20世纪90年代以来，以乔纳森为代表的、鼓吹以纯主观主义认识论作为其哲学基础的极端建构主义在美国（乃至整个西方）大行其是，在削弱甚至否定教师主导作用的前提下进一步鼓吹以学生为中心，这就使原来"重学轻教"倾向更加强化，并走向极端。其后果就是上面提到的——在教育信息化快速实现的条件下，美国中小学的教学质量不仅没有提升，反而有所下降（这点是由美国高层教育主管承认的）。令人欣慰的是，美国教育界的同行已经开始清醒过来，甚至有人提出要向中国基础教育学习：学习中国如何发挥教师的主导作用，以弥补美国长期以来在这方面存在的缺陷。笔者认为这是颇有见地的——是能够根据美国的文化背景即美国的国情来选择运用教育改革指导理论的明智之举。

反观我们中国，情况就完全不同。我们的教育思想历来倾向以教师为中心，"为人师表"，"师道尊严"，"传道、授业、解惑"既是我们祖先留传下来的良好师德，也是以教师为中心的传统教育思想的真实写照。这种教育思想的优点是有利于教师主导作用的发挥，有利于教师监控整个教学活动进程，有利于系统科学知识的传授，有利于教学目标的达成。总之，这种教育思想，对于知识、技能的学习掌握，对于全面打好学生的各学科知识基础是有利的；不足之处是由于长期"重教轻学"，忽视学生的主动学习、主动探究，容易造成学生对教师、对书本、对权威的迷信，且缺乏发散思维、批判思维和想象力，这样培养出来的大多是知识应用型人才，而非创新型人才。这正是我国当前教育的致命弱点，也是症结所在。如上所述，第二种关系的处理是既要考虑共性，又要考虑个性（特殊性）。和其他国家（包括美国）相比，这里的共性，即通过教育深化改革所要达到的共同目标——是要使教育系统能够有效地培养出大批（而非个别）能适应21世纪需要的创新型人才（从这个共性考虑，运用建构主义作为主要的理论指导，无疑是正确的）；特殊性则涉及国情（特别是文化背景差异），中美两国在教育领域的文化背景差异使教育思想有较大的不同：美国长期以来倾向或主张"以学生为中心"，而中国长期以来倾向或主张"以教师为中心"——"重教轻学"，只强调教师发挥主导作用这一面，而忽视要促进学生自主学习这另一面，其严重后果已如上述。换句话说，由于国情不同，美国当前的教育改革不应过多强调建构主义（相反应多强调一些传统教育理论）；而中国则相反，针对我国的现状，今后一段时间内，适当提倡建构主义还是必要的——但是必须强调，我们应该倡导的不是乔纳森鼓吹的那种建立在纯主观主义认识论和片面的以学生为中心教育思想基础上的极端建构主义，而是建立在"主客观统一"认识论和"主导—主体相结合"教育思想基础上的新型建构主义。

本章参考资料

1. David Jonassen et al.. Constructivism and Computer-Mediated Communication in Distance Education[J]. The American Journal of Distance Education，1995，9(2).

2. Brent G. Wilson. Metaphors for Instruction：Why We Talk About Learning Environments [J]. Educational Technology，Sept-Oct 1995.

3. John R. Savery and Thomas M. Duffy. Problem Based Learning：An Instruction Model and Its Constructivist Framework[J]. Educational Technology，Sept-Oct 1995.

4. Chris Dede. The Evolution of Constructivist Learning Environments：Immersion in Distributed Virtual Worlds[J]. Educational Technology，Sept-Oct 1995.

5. Ron Toomey and Kim Ketterer. Using MultiMedia as a Cognitive Tool[J]. Journal of Research on Computing in Education，1995，27(4).

6. William D. Graziadei et al.. The 21st Century Classroom-Scholarship Environment：What Will It Be Like? Educational Technology System，1995—1996，24(2).

7. Gerhard Tulodziecki. Contribution of Media Use and Meida Literacy Education to School Innovation. Educational Media International，

1996，33(1).

8. David Griffiths. Environmental Challenges：Making a Difference in the Classroom. Proceedings of CAL 97，pp. 95-99，1997.

9. R. E. Calza and J. T. Meade. Gen Technique：Learning Molecular Biology withina Networked Environment. Proceeding of CAL 97，pp. 165-168，1997.

10. Spior，R. J. et al. . "Cognitive Flexibility，Constructivism，and Hypertext：Random Access Instruction for Advanced Knowledge Acquisition for Ill-structured Domain" in T. M. Duffy and D. H. Jonassen (Eds.). "Constructivism and the Technology of Instruction：A Conversation"，Lawrence Erlbaum Associates，Inc. 1991.

11. 张建伟，陈琦. 从认知主义到建构主义[J]. 北京师范大学学报(社会科学版)，1996(4).

12. 何克抗. 建构主义学习理论与建构主义学习环境[J]. 教育传播与技术，1996(3).

13. 朱智贤，林崇德. 思维发展心理学[M]. 北京：北京师范大学出版社，1986.

14. 彭聃龄. 认知心理学［M］. 哈尔滨：黑龙江教育出版社，1990.

15. [日]山内光哉. 学习与教学心理学[M]. 北京：教育科学出版社，1986.

16. Jonassen D. H. What is cognitive tools? In：Kommers P，Jonssen D，Mayes J，eds. Cognitive Tools for Learning. Berlin：Springer-Verlag Publications，1992.

17. Jonassen D. H. Objectivism Versus Constructivism：Do We Need a New Philosophical Paradigm? ETR&D，39(3)，pp. 5-14，1991.

第四章 信息技术与课程整合的理论基础之二——教学结构理论

通过第一章关于信息技术与课程整合内涵的论述，我们认识到："整合"的实质与落脚点是要变革传统的教学结构——改变以教师为中心的教学结构，创建新型的、既能发挥教师主导作用又能充分体现学生主体地位的"主导—主体相结合"教学结构。为此，信息技术与课程整合必须紧紧围绕新型教学结构的创建来实施，才能达到有效培养创新人才的目标，取得"整合"的实质性成效；否则将会迷失"整合"的方向——把一场深刻、复杂的教育革命（教学过程的深化改革）变成简单、机械的技术手段运用与操作。由此可见，教学结构的概念，不论是对了解信息技术与课程整合的内涵，还是对把握信息技术与课程整合的实施方法都起着关键性的作用。下面我们就从定义、特性、类型及理论基础等方面对有关教学结构的理论问题作较深入的阐述。

第一节 教学结构的定义与特性

一、教学结构的定义

众所周知，现代教学系统由教师、学生、教学媒体和教学内容4个要素组成，教学系统的运动变化即表现为教学活动进程（简称"教学过程"）。由于教学系统的4个要素在教学过程中不是彼此孤立、互不相关地组合在一起，而是通过相互联系、相互作用形成一个有机的整体。既是有机的整体就必定具有稳定的结构形式。由于这种结构形式是在教学活动进程中表现出来的，所以它必然要受一定的教育思想、教学理论和学习理论的指导，要受一定环境的制约。鉴于教学活动进程的稳定结构形式在教学设计中具有至关重要的意义，我们必须对它给出明确的定义，并把它称之为"教学结构"。即：

教学结构是指在一定的教育思想、教学理论和学习理论指导下的、在某种环境中展开的教学活动进程的稳定结构形式。

了解我们定义的教学结构的含义以后，就不难明白它在教学设计中具有何等重要的意义——教学设计是指对教学系统进行设计，而教学系统总是处于运动变化之中，其表现形式即是教学活动进程。所以教学设计最终必须落实到对教学活动进程的设计，也就是要落实到对课堂教学结构的设计。这一点不仅被第一代的教学设计(ID1)所忽略，也被第二代的教学设计(ID2)所遗忘。换句话说，迄今为止的所有教学设计理论都没有关注到这一点，而这恰恰是教学系统设计中最为重要、最为关键的问题。笔者认为，这是ID2(也包括ID1)存在的最大缺陷。正是这个缺陷使得几十年来的教学设计理论，尽管为各级各类学校教学过程的优化、为各个学科教学质量的提升作出了不可磨灭的贡献，但是也留下不少遗憾——有一个不容否认的事实：多年来教学设计理论与方法的应用往往更多地停留在大学教育技术学专业的课堂或实验室，而未能更广泛、深入地传播到各级各类学校(尤其是中小学校)的课堂中去，真正成为广大教师提高教学质量与效率的有效工具——其根本原因在于，传统教学设计理论忽视了教学结构问题，长期陷入传统教学结构而不自觉，更不能自拔，所以只能在传统教学结构的狭小圈子内进行教学设计(迄今为止，除建构主义以外，其他的所有教学设计毫无例外都是"以教为主"或"以教师为中心"的教学设计，就是明证)；当然也就难以帮助广大教师真正解决他们最为关心的(又是与教学结构密切相关的)、对整个教学活动进程(即包括教与学两方面的活动进程)进行设计、控制与优化的问题。

二、教学结构的基本特性

按照上面界定的教学结构内涵，它应具有下列五种特性：

(1)依附性——它强烈地依附于教育思想、教学理论和学习理论，换句话说，用不同的教育思想、教学理论和学习理论指导就必然形成不同的教学结构。教学策略与教学方法对于思想、理论不一定具有这种依附性：同一种教学策略、教学方法往往可以在不同的教育思想、不同的教与学理论指导下的教学活动中采用。这种对理论的依附性是教学结构区别于教学策略、教学方法的最本质特性。

（2）动态性——教学结构是"教学活动进程"的稳定结构形式，这里强调的是"进程"，即必须是在教学活动进程中表现出来的稳定结构形式才是我们所说的教学结构；脱离"进程"即无所谓教学结构，因而具有动态性。而教学策略与方法就是不在教学活动进程中也能表现出来，例如教学内容的组织策略与组织方法以及教学资源的管理策略与管理方法，就完全可以脱离教学进程而独立存在。换句话说，教学策略与方法在很多情况下是静态而不是动态的。这是区别教学结构与教学策略、方法的又一本质特性。

（3）系统性——教学结构是由教学系统的 4 个要素（教师、学生、教学媒体、教学内容）在教学活动进程中相互联系、相互作用而形成的稳定结构形式，离开教学系统的四个要素（哪怕是只缺少其中的一个或两个要素）就不可能具有这种结构形式。所以教学结构是教学系统整体性能的体现，而不是系统局部性能的体现，更不是其中某个要素的个别特性或某几个要素的若干种特性的体现。教学策略与方法则可以只与其中的一两个要素相联系，而不必同时与四个要素相关联。所以，与教学系统的整体性能相联系，这是区别教学结构与教学策略、方法的第三个本质特性。

（4）层次性——由于教学结构是由四个要素相互联系、相互作用而形成，而四要素中的"教学内容"（在传统教学中即是"教材"）与学科密切相关；在不涉及学科具体内容的场合，我们可以讨论不同学科共同遵循的"教学结构"；也可以讨论同一学科内不同教学单元（例如中学物理中的力学、热学、声学、光学等不同教学单元）中的"教学结构"，或某个教学单元内的某一节课的"教学结构"，从而表现出教学结构具有层次性。

（5）稳定性——尽管教学结构具有动态性，但它不是随意变化、不可捉摸的，而是一种稳定的结构形式。之所以具有这种稳定性，显然和教学结构强烈依附于某种教育思想、教学理论、学习理论有关。

通过以上分析可见，我们所定义的教学结构是与教学策略、教学方法完全不同的概念。根据现代汉语词典的解释，"策略"是指行动的指导方针和工作的方式、方法；即行动的指南和处方。那么教学策略就应当是指教学方面的指南和处方。按照美国教学设计专家瑞奇鲁斯的分类，这种指南或处方共有三类：教学组织策略、教学传递策略和教学管理策略。显然这些策略与上面定义的教学结构是两回事。关于"方法"，众所周知，这是指解决问题的思路、窍门和程式，与上述教学结构的定义也完全不同。

此外，还要注意不要把教学结构和教学模式相混淆。应该说，教学结构和教学模式二者之间确实有很密切的关系。因为任何教学结构都要通过某种教学模式才能实现，新型教学结构则要通过相关的教学模式来实现。如第一章第五节所述，教学模式属于教学策略、教学方法的范畴，但又不等同于教学策略或教学方法。教学策略或教学方法一般是指教学上采用的某一种策略或某一种方法；而教学模式则是指两种或两种以上教学策略或教学方法的稳定组合。在教学过程中，为了实现某种预期的效果或目标(例如创建某种教学结构)往往要综合运用多种不同的策略与方法(例如，在教学过程的起始阶段，可以采用"先行组织者"策略，在讲解新知识的重难点阶段可以运用"课件演示"方法，在巩固新知阶段，则可以选用自主操练或小组协商的策略或方法等)，当这些教学策略与方法的联合运用总能达到预期的效果或目标时，就成为一种稳定的教学模式。

能实现同一种教学结构的教学模式很多，而且因学科和教学单元而异，也与技术支撑环境有关，每位教师都应根据当前的技术支撑环境并结合各自学科的特点，通过信息技术与学科教学的有效整合，去创建既能发挥教师主导作用，又能充分体现学生主体地位的新型教学结构。

第二节　两类不同的教学结构

长期以来，在我国各级各类学校的课堂教学中所形成的教学结构主要有两大类：一类是以教师为中心的教学结构(简称教师主导型教学结构)，另一类是以学生为中心的教学结构(简称学生主体型教学结构)。

一、教师主导型教学结构

从我国的现实情况看，20世纪90年代以前的教学结构基本上是以教师为中心。这种教师主导型教学结构的特点是：

(1)教师是知识的传授者，是主动的施教者，是教学过程的绝对权威，并监控整个教学活动的进程(在这种教学结构下，教师是课堂教学的主宰)。

(2)学生是知识传授对象，是外部刺激的被动接受者。

(3)教学媒体是辅助教师教的演示工具、直观教具(形象化教学工具)。

(4)教学内容(在传统教学中即是教材)是学生唯一的学习内容，是学生知识的主要来源。

这种教学结构的优点是有利于教师主导作用的发挥，便于教师组织、监控整个教学活动进程，便于师生之间的情感交流，因而有利于各学科知识的系统传授，有利于对前人知识经验的学习与继承，并能充分考虑情感因素在学习过程中的重要作用。其严重弊病则是：完全由教师主宰课堂，忽视学生在学习过程中的主体地位，不利于具有发散性思维、批判性思维等创新思维能力和创新能力的创新型人才的成长。换句话说，按这种教学结构培养出的绝大部分是知识应用型人才而非创新型(即创造型)人才。

事实上，已经有许多有识之士通过中美两国学生不同特点的对比，看到了这种教学结构统治课堂所产生的不良后果。例如，他们指出，美国学生在上课时可以随时打断教师的讲课，提出自己的问题和不同观点，可以与教师争论；而在我国，除非教师主动提问，否则是不容许学生这样做的(这种行为会被视为破坏课堂教学秩序)，学生也绝不敢这样做。其结果是使中国的大学生和研究生与美国的同类学生相比，从总体上说发散性思维、批判性思维等创新思维和创新能力明显不如对方。北京师范大学心理系胡卫平博士于 2001 年对中英两国青少年 7 个方面的创造能力进行抽样调查和比较，也得出了同样的结论[1]：在 7 个方面的创造能力中，除了问题解决能力一项以外，其他六项能力(发现问题能力、想象能力、实验设计能力、技术开发能力、产品改进能力和应用能力)中国学生都不如英国学生。江泽民同志在 1998 年 2 月 14 日的讲话中指出："创新是一个民族进步的灵魂，是国家兴旺发达的不竭动力。……一个没有创新能力的民族难以屹立于世界先进民族之林。"而我们的学校培养出来的学生却普遍缺乏创新思维、创新能力，难以适应 21 世纪对人才的需求——这正是以教师为中心教学结构长期统治我国各级各类学校所造成的严重后果。

---

① 李莉(记者)报道. 中国学生要补创造课[N]. 北京晚报，2001-07-03.

二、学生主体型教学结构

以学生为中心的教学结构，则是进入 20 世纪 90 年代以后随着 E-Learning 和多媒体与网络技术的日益普及（特别是基于 Internet 的教育网络的普及），以及西方极端建构主义所倡导的"以学生为中心"教育思想的广泛流行，才逐渐发展起来的。学生主体型教学结构的特点是：

（1）学生是信息加工的主体，是知识意义的主动建构者（而非知识灌输的对象）。

（2）教师是课堂教学的组织者、指导者，是学生自主建构意义的帮助者、促进者。

（3）教学媒体是促进学生自主学习的认知工具与协作交流工具。

（4）教材不是学生唯一的学习内容和知识来源，通过教师指导、自主学习与协作交流，学生可以从多种学习对象（包括本门课程的教师、同学以及社会上的有关专家）和多种教学资源（例如学科专题网站、资源库、光盘以及图书馆、资料室等）学习与教材相关，但比教材丰富得多的内容，并获取远远超出教师讲授范围的大量知识。

这种教学结构的优点是可以充分发挥学生在学习过程中的主动性、积极性乃至创造性，有利于具有创新思维和创新能力的创造型人才的培养。其缺点则是对教师的主导作用重视不够，因而不利于学科知识的系统传授，甚至可能偏离教学目标；此外，这种教学结构还忽视情感因素在学习过程中的作用（在强调自主建构知识意义的过程中，只考虑认知因素，而忽视动机、态度这类情感因素，也缺乏师生之间的情感交流），因而难以全面达到教学目标尤其是情感类教学目标的要求（而情感类教学目标涉及青少年的高尚情感、正确态度和科学价值观、人生观的培养，是教育教学领域中的一个极为重要的范畴）。

第三节　学生主体型教学结构的理论基础

多媒体计算机和网络通信技术由于能提供图、文、音、像并茂的多媒体信息以及多种感官的综合刺激（这有利于情境创设和大量知识的获取与保持），能提供界面友好、形象直观的交互式学习环境（这有利于激发学生的学习兴趣和进行协作、会话），还能按超文本、超链接方式组织管理学科知识和各种教学信息，目前在 Internet 上按这种方式组织建构的知识库、信息库浩如烟海，并已成为世界上最大的信息资源（这不仅有利于学生的主动发现、主动探究，还有利于发展联想思维和建立新旧知识之间的联系），因而对学生认知结构的形成与发展，即促进学生关于当前所学知识的意义建构是非常有利的，也是其他的教学媒体或其他学习环境所无法比拟的。而"情境创设""协作""会话""意义建构"正是建构主义学习理论所倡导的学习环境必须具备的四种基本属性或基本要素①，可见，多媒体和网络技术的普及，实际上为实现建构主义的学习环境提供了必要的物质基础。这就不难理解，自进入 20 世纪 90 年代以来，为什么随着多媒体和网络技术的普及建构主义学习理论会在全球范围迅速流行。

建构主义的学习理论和学习环境强调要以学生为中心，要求学生由外部刺激的被动接受者和知识的灌输对象转变为信息加工的主体、知识意义的主动建构者，建构主义的教学理论则要求教师要由知识的传授者、灌输者转变为学生主动建构意义的帮助者、促进者；要求教师应当在教学过程中采用全新的教育思想与教学结构（彻底摒弃以教师为中心、强调知识传授、把学生当做知识灌输对象的传统教育思想与教学结构）、全新的教学方法和全新的教学设计（"以学为主"的教学设计理论正是顺应建构主义学习环境的上述要求而发展起来的）。因而，建构主义的学习理论与教学理论就很自然地成为以学生为中心教学结构（即"学生主体型教学结构"）的主要理论基础。

建构主义的学习理论与教学理论的核心内容可以通过美国著名认知心理学家维特罗克（M. C. Wittrock）的"学习生成模型"来概括。他通过总结认知心理学将近二十年的发展历程，以及他本人在学习理论方面（特别是在建构主义学习理论方面）的大量研究成果，于 1983 年提出了一个"人类学习的生成过程模型"（简称"学习生成模型"），这个模型比较集中地、全面地反映了认知建构主义学习理论的成就，对于帮助我们深入了解人类学习的生成过程，帮助我们组织好各种类型、各门学科的教学活动（包括信息技术与课程整合的教学活动），以及帮助我们开展好网上课件的研制与开发活动等都有重要的指导作用。学习生成过程是指学

① 何克抗. 建构主义——革新传统教学的理论基础[J]. 电化教育研究，1997 (3/4).

习者根据自己的态度、需要、兴趣和爱好以及认知策略(指学习者对信息进行加工的特殊方式,这种加工方式是通过以前的多次学习逐渐形成的,并且保存在大脑的长时记忆中)对当前环境中的感觉信息产生选择性注意,获得选择性信息并利用原有的认知结构(指储存在长时记忆中的各种表象、概念、事实、判断与结论,即通过长期的生活、学习所积累起来的知识与经验系统)而完成对该信息的意义建构从而获得新知识、新经验的过程。

维特罗克所提出的学习生成过程模型,其图式表征如图 4.1 所示。

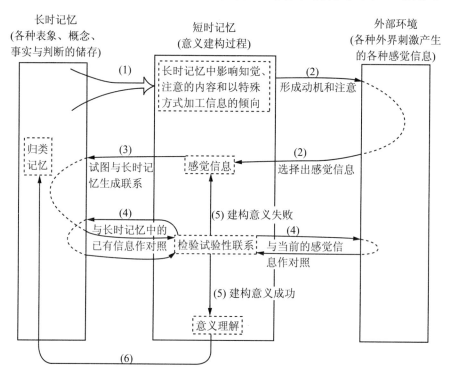

图 4.1　维特罗克的"学习生成模型"

由图 4.1 可见,按照维特罗克的模型,学习生成过程包含以下 6 个步骤。

(1)学习者长时记忆中影响知觉和注意的内容(即态度、需要、兴趣和爱好)以及用特殊方式加工信息的倾向(即认知特点)进入短时记忆。

(2)由这些内容和倾向形成个体的学习动机,有了动机就使个体对当前环境中的感觉信息产生选择性注意,从而选择出所关心的感觉信息。

(3)为了达到对该选择性信息的理解，需要进一步建构该信息的意义（这是学习生成过程的核心），即在该信息与长时记忆中储存的有关信息（原有认知结构）之间建立起某种联系（新知与旧知的联系），这个过程也称"语义编码"。

(4)对刚建立的试验性联系进行检验，以确定意义建构是否成功。检验办法是从两个方面进行对照：与当前的感觉信息对照和与长时记忆中的已有信息进行对照。

(5)如果意义建构不成功（未实现有效的语义编码），则应检查该信息与长时记忆中的试验性联系是否适当，例如：

①当前的感觉信息是否真实可靠（是否使用了没有根据的假设）？

②从长时记忆中提取的信息是否适宜？

③从感觉信息中选用的信息是否合用？

……

然后返回(3)去重新建构选择性信息与长时记忆中原有认知结构之间的联系；如果意义建构成功则达到了意义理解的目的，可转入下一步。

(6)达到对新信息的意义理解后，将这种意义按一定的类属关系从短时记忆加入到长时记忆中，以实现对原有认知结构的同化或顺应（"同化"是指将对新信息建构的意义结合到原有认知结构中从而引起知识在数量上的增加；"顺应"是在原有认知结构不能同化新信息意义的情况下，引起认知结构的改变与重组从而促进知识在质量上的发展）。

上述模型的核心是强调学习者对信息意义的主动建构，并阐明了与意义建构相关的心理要素及心理加工过程，这和以学生为中心的教学结构强调在学习过程中应充分体现学生的主体地位，并注意发挥学生的主动性、积极性与创造性的目标是完全一致的。为了达到这一目标，相应的教学设计应主要围绕"自主学习策略"和"学习环境"两个方面进行。前者是整个教学设计的核心——通过各种学习策略激发学生去主动建构知识的意义（诱发学习的内因）；后者则是为学生主动建构创造必要的环境和条件（提供学习的外因）。目前常用的自主学习策略有"支架式""抛锚式""随机进入式""自我反馈式"和"启发式"等多种。这种教学结构由于强调学生是学习过程的主体，是知识意义的主动建构者，因而有利于学生的主动探究、主动发现、有利于创造型人才的培养，这是其突出的优点。但是，这种教学结构由于强调学生的"学"，往往忽视教师主导作用的发挥，忽视师生之间的情感交流和情感因素在学习过程中的重要作用；另外，由于忽视教师的主导作用，当学生自主学习的自由度过大时，还容易偏离教学目标的要求，这又是其不足之处。由于"学生主体型教学结构"的主要理论基础是建构主义的学习理论与教学理论，所以上述"学生主体型教学结构"的优缺点正是建构主义理论本身优缺点的具体体现，在我们应用与推广建构主义理论的过程中必须清醒地认识到这一点。

由以上分析可见，两种教学结构各有其优势与不足，不能简单地用后者去取代或否定前者，也不能反过来用前者去否定或取代后者。而是应当彼此取长补短，相辅相成，努力做到既发挥教师的主导作用，又要充分体现学生在学习过程中的主体地位；既注重教师的教，又注重学生自主的学，把教师和学生两方面的主动性、积极性都调动起来。其最终目标是要通过这种新的"主导—主体相结合"的教育思想来指导并优化教育、教学过程，以便培养出具有高度创新能力的 21 世纪新型人才。为了与上述"教师主导型教学结构"和"学生主体型教学结构"相区别，我们把按照这种思想和目标实现的教学结构称之为"主导—主体型教学结构"(以强调这种教学结构既要充分体现学生在学习过程中的主体地位，又不忽视教师在教学过程中的主导作用；即要同时调动教与学两个方面的主动性、积极性)。应当着重指出的是，这里所说的"主导—主体"(有时也简称"双主")和教育界有些学者所主张的"学生是主体，教师也是主体"的"双主"是有原则区别的两个不同概念。如上所述，我们所说的"主导—主体"是指既发挥教师主导作用，又要充分体现学生在学习过程中的主体地位，这里的学习过程主体只有一个——就是学生；而有些学者所主张的"双主"，则是指双主体，其用意是强调"教师和学生都是教学过程的主体"，所以和我们这里所说的"主导—主体"含义完全不同。

第四节　教师主导型教学结构的理论基础

由于"主导—主体型教学结构"是在教师主导型教学结构和学生主体型教学结构的基础上形成的，所以为了阐明"主导—主体型教学结构"的理论基础必须先了解教师主导型教学结构和学生主体型教学结构的理论基础。上面我们已经简要地论述了学生主体型教学结构的主要理论基础是建构主义的学习理论与教学理论，下面再对教师主导型教学结构的主要理论基础作一扼要介绍。

学生主体型教学结构由于是 20 世纪 90 年代以后随着建构主义的日益流行才逐渐发展起来的，所以其理论基础比较单一，就是建构主义的学习理论与教学理论；教师主导型教学结构由于有几百年的形成历史，其理论基础虽然也包括学习理论和教学理论这两个方面，但是其内容（尤其是涉及教学理论的内容）要复杂得多。下面我们就分别从学习理论和教学理论这两个方面来介绍教师主导型教学结构的理论基础。先来看学习理论方面。

一、教师主导型教学结构在学习理论方面的基础

教师主导型教学结构在学习理论方面的基础主要是行为主义，众所周知，行为主义学派主张心理学只研究外显行为，反对研究意识和内部心理过程。他们把个体行为归结为个体适应外部环境的反应系统，即所谓"刺激—反应系统"，学习的起因被认为是对外部刺激的反应。但是他们不关心刺激所引起的内部心理过程，认为学习与内部心理过程无关，因此只要控制刺激就能控制行为和预测行为，从而也就能控制和预测学习效果。这就是行为主义学习理论的基本观点。根据这种观点，人类学习过程被解释为被动地接受外界刺激的过程，而教师的任务只是提供外部刺激，即向学生灌输知识。学生的任务则是接受外界刺激，即理解和吸收教师传授的知识。

由于我国教育理论界多年来以认识论的原理取代对教学过程中具体认知规律的研究，导致绝大部分中小学教师不了解人类学习过程的认知规律，不熟悉甚至完全不懂认知学习理论，这就为行为主义大开方便之门，使行为主义学习理论在我国特别盛行。至今仍有许多学校强调学生的任务就是要消化、理解教师讲授的内容，把学生当做知识灌输的对象、外部刺激的接受器、前人知识与经验的存储器，忘记了学生是有主观能动性的、有创造性的活生生的人。正是由于这种行为主义学习理论长期潜移默化的影响，使我国绝大多数学生逐渐形成一种盲目崇拜书本和崇拜老师的迷信思想——"书本上的都是经典，教师讲的都不能怀疑"，养成一种不爱问也不想问"为什么"的麻木习惯，这种思想和习惯代代相传，不断强化，就使学生的发散思维、逆向思维被束缚、被禁锢，敢于冲破传统、藐视权威的新思想、新观念被贬斥、被扼杀，大胆幻想的翅膀被折断，作为学习主体的学生其主动性无从发挥。这就等于从基底上移走了具有创新思维和创新能力人才赖以孕育、滋生和成长的全部土壤，创

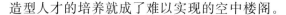

造型人才的培养就成了难以实现的空中楼阁。

由于我国目前各级各类学校中都是教师主导型教学结构占统治地位，因此，以行为主义作为这种教学结构在学习理论方面的基础，正是多年来，我国的教育难以培养出大批创造型人才的重要原因。

二、教师主导型教学结构在教学理论方面的基础

教师主导型教学结构在教学理论方面的基础则要比学习理论方面的基础复杂得多，这是因为对教学理论研究的历史远比对学习理论研究的历史更为悠久。从17世纪30年代捷克的夸美纽斯发表《大教学论》，提出班级授课制度，开创以教师为中心的教学结构以来，经过历代众多教育学家、教育心理学家的努力，使这一领域的实践探索不断深入，教学理论研究成果也层出不穷。其中比较突出的有：

(1)19世纪德国赫尔巴特的"五段教学"理论(教学过程中的五段是指：预备、提示、联系、统合、应用)。

(2)20世纪苏联凯洛夫的教学理论(他运用马克思主义认识论对赫尔巴特的五段教学加以改造，提出一种新的五段教学理论——激发学习动机、复习旧课、讲授新课、运用巩固、检查效果)。

(3)赞可夫的"发展观"(认为教学不仅应当为掌握知识和技能服务，而且应当促进儿童的一般发展，即儿童心理各个方面的发展)。

(4)巴班斯基的"最优化"理论("最优化"是指要从实际情况的具体条件出发，确定效果和时耗的双重质量标准，选定最佳教学方案，按照实施中的反馈信息及时调整教学活动进程，以期达到最大效益，并使每个学生都能得到最合理的教育和发展)。

(5)美国布鲁纳的"学科结构论"(认为不应强调增加教材的量，而应按照学科内容自身的体系结构即围绕学科的基本概念、基本原理和基本方法来进行教学，才能有效地促进儿童的智力发展)。

(6)布鲁姆的"掌握学习"理论(布鲁姆认为，只要能正确运用"掌握学习"的教学策略，绝大多数甚至90%以上的学生都能很好地达到教学目标的要求)。

(7)加涅的"联结—认知"学习理论和他的"九段教学法"。

(8)20世纪后半叶奥苏贝尔的教学理论等。

综观上述和教师主导型教学结构有关的众多理论，尽管其中每一种都对这一领域从不同的角度作出了自己的贡献，但是真正能作为主要的

理论基础对教师主导型教学结构给以全面支持的恐怕只有奥苏贝尔的教学理论。这是因为，学习过程既涉及认知因素，也涉及情感因素。因此，若要对以教师为中心的教学给以全面的理论支持，必须既要研究认知因素对学习过程的影响，又要研究情感因素对学习过程的影响；为了能实现对教学过程的优化，真正提高学习的质量与效率，最好还能在上述两个方面研究的基础上提出一套可以付诸实施的有效教学策略。按照这样的要求，再来看看上述各种理论，不难发现，其中有些理论完全没有认知心理学的研究基础（如赫尔巴特和凯洛夫的理论），有些虽然考虑了认知因素，但对认知学习理论的坚持不够彻底（如加涅的理论），其他理论或是对情感因素在学习过程中的影响重视不够，或是未能提出一套行之有效的教学策略。只有奥苏贝尔对这三个方面都作了较为深入的探索并取得重要成果。因此我们认为，以奥苏贝尔的教学理论作为教师主导型教学结构的主要理论基础是恰当的。但是我们并不否认，更不排斥其他学习理论和教学理论也能对这种教学结构在某些方面提供支持。例如，布鲁纳的"学科结构论"、布鲁姆的"掌握学习"理论以及加涅的"学习条件"理论和在此基础上形成的一整套教学设计原理与方法等均对教师主导型教学结构的理论基础提供了不同程度的支持。下面就是关于奥苏贝尔理论的介绍。

奥苏贝尔的教学理论很丰富也很全面，而且其内容正好涵盖了上述"认知因素""情感因素"和"教学策略"三个方面。涉及认知因素的是他的"有意义接受学习"理论、涉及教学策略的是他的"先行组织者"策略、涉及情感因素的是他的"动机理论"。

1. "有意义接受学习"理论

美国著名教育心理学家奥苏贝尔在对学习类型作深入研究的基础上，将"学习"按其效果划分为"有意义学习"与"机械学习"两种类型。所谓有意义学习，其实质是指："符号表示的观念，以非任意的方式和在实质上（而不是字面上）同学习者已经知道的内容联系在一起。所谓非任意的和实质上的联系是指这些观念和学习者原有认知结构中的某一方面（如一个表象、一个已经有意义的符号、一个概念或一个命题）有联系。"[①]换句话说，要想实现有意义的学习——真正习得知识的意义，即希望通过学习

---

① David P. Ausubel，Joseph D. Novak，Helen Hanesian. Educational Psychology—A Cognitive View，Holt，Rinehart and Winston，Inc. 1978.

获得对知识所反映事物的性质规律及事物之间关联的认识，关键是要在当前所学的新概念、新知识（即"符号表示的观念"）与学习者原有认知结构中的某个方面（表象、概念或命题）之间建立起非任意的实质性联系。只要能建立起这种联系就是有意义的学习，否则就必然是死记硬背的机械学习。奥苏贝尔认为，能否建立起新旧知识之间的这种联系，是影响学习的唯一的最重要因素，是教育心理学中最基本、最核心的一条原理。正如他的代表性论著《教育心理学——一种认知观点》一书的扉页中用特大号字所表述的："假如让我把全部教育心理学仅仅归结为一条原理的话，那么，我将一言以蔽之曰：影响学习的唯一最重要因素就是学习者已经知道了什么。要探明这一点，并应据此进行教学。"①

奥苏贝尔指出，要想实现有意义学习可以有两种不同的途径或方式：接受学习和发现学习。接受学习的基本特点是："所学知识的全部内容都是以确定的方式被（教师）传递给学习者。学习课题并不涉及学生方面的任何独立的发现。学习者只需要把呈现出来的材料（无意义音节或配对形容词；一首诗或几何定理）加以内化或组织，以便在将来某个时候可以利用它或把它再现出来。"发现学习的基本特点是："要学的主要内容不是（由教师）传递的，而是在从意义上被纳入学生的认知结构以前必须由学习者自己去发现出来。"可见，前者主要是依靠教师发挥主导作用，并通过"传递—接受"的教学方式（奥苏贝尔简称为"接受学习"）来实现；后者则主要是依靠学生发挥主动性、积极性，并通过"自主发现"学习方式（奥苏贝尔则简称为"发现学习"或"发现式教学"）来实现。奥苏贝尔认为这两种教学方式都可以有效地实现有意义学习，关键是要能够在新概念、新知识与学习者原有认知结构之间建立起非任意的实质性联系。反之，如不能建立起这种"联系"，不仅"传递—接受"教学方式将是机械的、无意义的，就是"发现式教学"也不可能实现有意义学习的目标。

奥苏贝尔还强调指出，如果根据学习引起的能力变化来区分学习类型（能否实现有意义学习是引起能力发展变化的关键），即根据用何种方式来引起能力变化（也就是用何种方式来实现有意义学习），那么，就只能区分出"接受学习"与"发现学习"两种，而所有其他的学习类型皆可并入到这两大类型之中。他认为目前学术界对学习类型的众多分类（如"辨

---

① David P. Ausubel，Joseph D. Novak，Helen Hanesian. Educational Psychology—A Cognitive View，Holt，Rinehart and Winston，Inc. 1978.

别学习""概念学习""尝试错误学习""条件反应学习""配对联想学习"等)实际上都是"没有按照这些学习类型所引起的能力变化来区分学习"的结果。因此，在后面的论述中我们也将只对"接受学习"和"发现学习"两种学习类型(或"传递—接受教学"和"发现式教学"两种教学方式)进行讨论，对于其他的学习类型与教学模式则不予涉及。

2. "先行组织者"教学策略

奥苏贝尔不仅正确地指出通过"发现学习"(即"发现式教学")和"接受学习"(即传递—接受教学)均可实现有意义学习，还对如何在这两种教学方式下具体实现有意义学习的教学策略进行了研究，特别是对"传递—接受"教学方式下的教学策略作了更为深入的探索，并取得了成为教学论领域一座丰碑的出色成果——"先行组织者"教学策略。这是在分析与操纵三种认知结构变量(即原有认知结构的可利用性、可分辨性和稳固性三个变量)基础上而实施的一种教学策略，由于它有认知学习理论作基础又有很强的可操作性，自奥苏贝尔于 1978 年提出以来，其影响日益扩大，目前，它已成为实现"有意义接受学习"的最有代表性、最具影响力，也是最见实际效果的教学策略之一。

(1)先行组织者的含义

奥苏贝尔认为，能促进有意义学习的发生与保持的最有效策略，是利用适当的引导性材料对当前所学新内容加以定向与引导。这类引导性材料与当前所学新内容(新概念、新命题、新知识)之间应存在某种非任意的实质性联系，而且在包容性、概括性和抽象性等方面符合认知同化理论要求，从而能对新学习内容起固定、吸收作用。这种引导性材料被称为"组织者"。由于这种组织者通常是在介绍当前学习内容之前，用语言文字表述或用适当媒体呈现出来，目的是通过它们的先行表述或呈现帮助学习者确立有意义学习的心向，所以又被称为"先行组织者"。先行组织者实际上就是学习者认知结构中与当前所学新内容(即新的观念)具有某种非任意的实质性联系的"原有观念"的具体体现。换句话说，先行组织者就是通过适当的语言文字表述或通过某种媒体呈现出来的、与新观念(当前所学内容)相关的"原有观念"。所以先行组织者不仅有助于建立有意义学习的心向，而且还能帮助学习者认识到当前所学内容与自己头脑中原有认知结构的哪一部分存在某种非任意的实质性联系，从而能有效地促进有意义学习的发生和习得意义的保持。

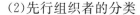
（2）先行组织者的分类

由于原有观念和新观念（当前学习内容）之间，可以有"类属关系"（又分"派生类属"和"相关类属"）、"总括关系"和"并列组合关系"三种不同关系，所以先行组织者也可以分成三类：

①上位组织者——组织者在包容性和抽象概括程度上均高于当前所学的新内容，即组织者为上位观念，新学习内容为下位观念。新学习内容类属于组织者，二者之间存在一种类属关系。

②下位组织者——组织者在包容性和抽象概括程度上均低于当前所学的新内容，即组织者为下位观念，新学习内容为上位观念。组织者类属于新学习内容，二者之间存在一种总括关系。

③并列组织者——组织者在包容性和抽象概括程度上既不高于，也不低于新学习内容，但二者之间具有某种相关的或是共同的属性，这时在组织者与新学习内容之间存在的不是类属或总括关系而是一种并列组合关系。

（3）"先行组织者"的理论假设

先行组织者教学策略是建立在以下两个理论假设的基础之上[①]：

①认知结构中的知识按层次结构组织，抽象概括程度较高的知识处于较高层次，随着抽象概括程度降低，其所处层次也逐步降低。

②认知结构中的知识是相互作用、相互联系的。

由第一个假设可以推论出：不管新概念（或新命题、新知识）是通过类属关系（即上下位关系）习得，还是通过总括关系（即下上位关系）习得，或是通过并列组合关系习得，最后都要被归入到学习者原有认知结构的某一层次之中，并类属于包容范围更广、抽象概括程度更高的概念系统之下。

由第二个假设可以推论出：按照新旧知识之间是类属、总括或并列组合这三种关系之一而选择出来的先行组织者，可以有效地促进新旧知识之间的相互作用、相互联系，因为它可以帮助学习者从长期记忆中提取出与当前所学新知识有关的内容，以便将新知识与旧知识进行分析、对比、综合，从中找出彼此之间的关联，从而建立起新旧知识之间的非任意的实质性联系。显然，这一过程即是建构知识意义的过程，也就是

---

① Suzanne Hoffman，Elaboration Theory and Hypermedia：Is There a Link? Educational Technology，1997，1-2(37).

著名教育心理学家皮亚杰所说的认知结构的"同化"过程——把新知识整合到学习者认知结构的某一层次组织之中的过程。可见，先行组织者的作用就是在学习者能够有意义地学习新内容之前，在他们"已经知道的"（原有观念）和"需要知道的"（新概念、新知识）之间架起桥梁，从而使原有观念能对新概念、新知识真正起到固定、吸收作用（成为新知识的"固着点"），即实现认知结构的同化。教师虽然不能直接参与学习者认知结构的同化过程，但却可以通过对教学策略的具体运用对这一过程产生重要的影响。

3. 动机理论

奥苏贝尔不仅在对学习过程的认知条件、认知因素进行深入研究的基础上提出了"有意义接受学习"理论和"先行组织者"教学策略，而且他还注意到影响学习过程的另一重要因素即情感因素的作用，并在这方面提出了独到的见解（在当代众多教育心理学家中，能重视情感因素的作用并对此进行认真研究的并不多见），这些见解可归纳如下。

（1）动机在学习过程中的作用

奥苏贝尔认为，情感因素对学习的影响主要是通过动机在以下三个方面起作用[1][2]：

①动机可以促进有意义学习过程——由于动机并不参与建立新旧知识之间的联系和新旧知识之间的相互作用，所以并不能直接影响有意义学习的发生；但是动机却能通过使学习者在"集中注意""加强努力""学习持久性"和"挫折忍受力"等方面发挥出更大潜能来加强新旧知识的相互作用（起催化剂作用），从而有效地促进有意义学习过程。

②动机可以促进习得意义的保持——由于动机并不参与建立新旧知识之间的联系和新旧知识之间的相互作用，所以也不能直接影响习得意义的保持；但是保持总是要通过复习环节来实现，而在复习过程中动机仍可通过使学习者在"集中注意""加强努力"和"持久性"等方面发挥出更大潜能来提高新获得意义的清晰性和巩固性，从而有效地促进习得意义的保持。

③动机可以影响对知识的提取（回忆）——动机过强，可能产生抑制

---

① David P. Ausubel，Joseph D. Novak，Helen Hanesian. Educational Psychology—A Cognitive View，Holt，Rinehart and Winston，Inc. 1978.

② 钟启泉，黄志成. 美国教学论流派［M］. 西安：陕西人民教育出版社，1996.

作用，使本来可以提取的知识提取不了（回忆不起来），考试时由于心理紧张（动机过强），影响正常水平发挥就是一个例子；反之，有时动机过弱，不能调动起学习者神经系统的全部潜力，也会减弱对已有知识的提取。

（2）动机的组成成分

奥苏贝尔还认为，动机是由三种内驱力组成的[1][2]：

由于动机是驱使人们行动的内部力量，所以心理学家常把动机和内驱力视为同义词。奥苏贝尔认为通常所说的动机是由"认知内驱力""自我提高内驱力"和"附属内驱力"三种成分组成。

认知内驱力是指要求获得知识、了解周围世界、阐明问题和解决问题的欲望与动机，与通常所说的好奇心、求知欲大致同义。这种内驱力是从求知活动本身得到满足，所以是一种内在的学习动机。由于有意义学习的结果就是对学习者的一种激励，所以奥苏贝尔认为，这是"有意义学习中的一种最重要的动机"。例如，儿童生来就有好奇心，他们越是不断探索周围世界，了解周围世界，就越是从中得到满足。这种满足感（作为一种"激励"）又会进一步强化他们的求知欲，即增强他们学习的内驱力。

自我提高内驱力是指儿童希望通过获得好成绩来提高自己在家庭和学校中地位的一种学习动机。随着年龄的增长，儿童自我意识增强，他们希望在家庭和学校集体中受到尊重。这种愿望也可以推动儿童努力学习，争取好成绩，以赢得与其成绩相当的地位。自我提高内驱力强的学习者，所追求的不是知识本身，而是知识之外的社会地位的满足（受人敬重、有较高的地位），所以这是一种外在的学习动机。

附属内驱力是指通过顺从、听话，从父母或老师那里得到赞许或认可，从而获得派生地位的一种动机。这种动机也不是追求知识本身，而是追求知识之外的自尊心的满足（获得家长或老师的赞许或认可），所以也是一种外在的学习动机。

上述三种不同成分的动机对每个人来说都可能具有，但三种成分所占比例的大小，则依年龄、性别、文化、社会地位和人格特征等因素而

---

① David P. Ausubel，Joseph D. Novak，Helen Hanesian. Educational Psychology——A Cognitive View，Holt，Rinehart and Winston，Inc. 1978.

② 钟启泉，黄志成. 美国教学论流派［M］. 西安：陕西人民教育出版社，1996.

定。在童年时期，附属内驱力是获得良好学业成绩的主要动机；童年晚期和少年期，附属内驱力降低，而且从追求家长认可转向同龄伙伴的认可；到了青年期和成人，自我提高内驱力则逐渐成为动机的主要成分。前面强调了内在动机（认知内驱力）的重要性，但绝不应由此贬低外在动机的作用（特别是自我提高内驱力的作用）。在个人的学术生涯和职业生涯中自我提高内驱力是一种可以长期起作用的强大动机。这是因为，与其他动机相比，这种动机包含更为强烈的情感因素——既有对成功和随之而来的声誉鹊起的期盼、渴望与激动，又有对失败和随之而来的因地位、自尊丧失而产生的焦虑、不安与恐惧。

由上面关于"动机理论"（包括动机在学习过程中的作用与动机的组成成分等两个方面）的介绍可以看出，奥苏贝尔确实对情感因素在认知过程中的作用与影响作了相当深入的研究。如果我们在教学设计或在课件脚本设计过程中能根据学习者的不同年龄特征，有意识地帮助学习者逐步形成与不断强化上述三种动机并在教学过程的不同阶段（例如在有意义学习发生、习得意义保持及知识提取等阶段）恰当地利用这些动机，那么，由于学习过程中认知因素与情感因素都能较充分地发挥作用，并且二者之间能得到较好的配合，所以定将取得更为良好的教学效果。

第五节 两种理论的互补性与主导—主体型教学结构

通过以上分析不难看出，教师主导型教学结构（包括与之密切相关的"传递—接受"教学方式），由于是以行为主义作为它在学习理论方面的理论基础，因而把学生当做知识灌输的对象、外部刺激的接受器、前人知识与经验的存储器，忘记了学生是有主观能动性的、有创造性的活生生的人，从而造成我国教育界多年来难以培养出大批创新人才。尽管如此，教师主导型教学结构及与之密切相关的"传递—接受"教学方式，面对学生主体型教学结构和"发现式"教学方式日益扩大的影响与冲击，之所以还能岿然不动，仍维持其相当稳固的地位，其最主要的理论支撑就是奥苏贝尔的教学理论，即他的"有意义接受学习"理论、"动机"理论和他的"先行组织者"教学策略。

但令人遗憾的是，当奥苏贝尔为教师主导型教学结构和"传递—接受"教学方式奠定理论基础，并为教学理论的发展作出不可磨灭贡献的同时，他也作出了一个并不科学的论断——贬低甚至否定发现式教学的重要作用。在缺乏科学论证的前提下，奥苏贝尔在其发表于1968年并于1978年再版的代表性论著《教育心理学——一种认知观点》一书中，对"发现式学习"（或"发现式教学法"）下了一个很武断的结论："在实验室的情境中，发现式学习能使人深入地了解科学方法，也能导致人为地再发现已知的命题。……然而在更加典型的课堂教学情境中，通过问题解决活动来发现新颖的命题并不是获得新概念或新知识的一个引人注目的特点。……总而言之，发现教学法几乎不能成为一种高效的传授学科内容的基本方法。"[①]这段话清楚地表明，奥苏贝尔认为"发现式学习"或"发现式教学法"只适用于"实验室情境"（即实验课）中，而在更加典型的"课堂教学情境"（即一般的课堂教学）中则不是一个引人注目的特点，"几乎不能成为一种高效的传授学科内容的基本方法"。

考虑到奥苏贝尔的上述代表性论著再版时间是1978年，当时微型计算机刚问世不久，还没有在教育、教学过程中真正发挥作用，多媒体技术还没有出现，计算机网络的应用还只限于军事和研究部门，以计算机为基础的信息技术对于开发人类智力的重大作用和在教育、教学领域应用的巨大潜能尚未被人们所认识。课堂上除了粉笔、黑板以外，只有幻灯、投影、录音、录像这类视听媒体；这类媒体尽管也能做到图、文、音、像并茂，但缺乏交互性，不能让学生主动参与，只能作为教师的直观教具（形象化教学工具），而难以作为学生进行自主学习、主动探究与主动发现的认知工具与协作交流工具。加上那时还缺乏利用超文本、超链接方式组织起来的便于学生浏览、查询的基于网络的丰富信息资源，客观地说，在当时的条件下，发现式教学确实难以实施。因此，奥苏贝尔到了1978年仍坚持上述论断，尽管不恰当，却是可以原谅的。而在多媒体和网络（特别是国际互联网）已广泛普及，网上的教学资源越来越丰富，多媒体和网络通信技术在教育、教学领域应用的种种优越性已日益为人们所认识的今天，如果仍坚持奥苏贝尔的上述观点那就大错特错了。

如上所述，自进入20世纪90年代以来，随着多媒体和Internet应用的迅猛发展，建构主义的学习理论与教学理论在西方日渐风行。建构主

---

① David P. Ausubel，Joseph D. Novak，Helen Hanesian. Educational Psychology—A Cognitive View，Holt，Rinehart and Winston，Inc. 1978.

义学习理论主张以学生为中心，强调学生是信息加工的主体，是知识意义的主动建构者；认为知识不是由教师灌输的，而是由学习者在一定的情境下通过协作、讨论、交流、互相帮助（包括教师提供的指导与帮助），并借助必要的信息资源主动建构的。所以"情境创设""协商会话""信息提供"和"意义建构"是建构主义学习环境的基本属性或基本要素。建构主义的教学理论则强调教师要成为学生主动建构意义的帮助者、促进者，课堂教学的组织者、指导者，而不是课堂的"主宰"和知识灌输者；要求学生主要通过自主发现的方式进行学习，换句话说，在建构主义学习环境下，发现式教学是学生掌握学科内容的基本方法，也是以学生为中心教学结构中的主要教学方式。可见奥苏贝尔关于发现式教学的上述论断是完全违背建构主义理论的。建构主义之所以能在20世纪90年代风行，是因为多媒体和网络技术（特别是 Internet）为建构主义学习环境的实现提供了技术支持；反之，建构主义的学习理论与教学理论，则为实际体现多媒体教学和网络教学的优越性、创建以学生为中心的教学结构（学生主体型教学结构）提供坚实的理论基础。

通过以上分析可以看到，奥苏贝尔的"有意义接受学习"理论、"动机"理论和"先行组织者"教学策略是教师主导型教学结构在教学理论方面的主要理论基础，建构主义的学习理论与教学理论则是学生主体型教学结构的主要理论基础。如前所述，这两种教学结构都有其优点与不足。如能将二者结合起来，互相取长补短、优势互补，则可相得益彰，形成比较理想的教学结构。主导—主体型教学结构（尤其是基于 Web 的主导—主体型网络教学结构）正是基于这种考虑而提出的。这种教学结构的理论基础不是别的，就是上述奥苏贝尔"学与教"理论中的科学内容和建构主义理论中的合理内核（包括建构主义学习理论和教学理论中的合理内核）二者的有机结合。

如上所述，建构主义理论的突出优点是有利于具有创新思维和创新能力的创造型人才的培养。其缺点则是忽视教师的主导作用，尤其是西方的极端建构主义更是把教师的主导作用和学生的自主学习对立起来，认为只要发挥教师主导作用就会束缚和限制学生的主动性与积极性，从而排斥和否定教师主导作用的发挥（因而不利于学科知识的系统传授，甚至可能偏离教学目标）；此外，建构主义还忽视情感因素在学习过程中的作用（在强调自主建构知识意义的过程中，只考虑认知因素，而忽视情感因素），因而难以全面达到教学目标尤其是情感类教学目标的要求。

　　通过上面对奥苏贝尔理论的介绍可以看到，它刚好与建构主义相反——优点是有利于教师主导作用的发挥("有意义接受学习"理论和"先行组织者"策略都是建立在充分发挥教师主导作用的基础之上，否则无法实施)，并重视情感因素在学习过程中的作用(运用奥苏贝尔的动机理论能较好地控制与引导情感因素，使之能在学习过程中发挥积极的促进作用，而不是相反)；其突出的缺点则是强调"传递—接受"教学方式，否定"发现式"教学方式，在教学过程中把学习者置于被动接受地位，使学习者的主动性、积极性、创造性难以发挥，因而不利于创新人才的成长。可见二者正好优势互补，因此，如果能将奥苏贝尔"学与教"理论中的科学内容与建构主义理论中的合理内核(包括建构主义学习理论和教学理论中的合理内核)二者有机结合起来，作为主导—主体型教学结构的共同理论基础，那么，由于能兼取两大理论之所长并弃其所短，主导—主体型教学结构(尤其是基于网络的主导—主体型教学结构)就可以建立在更为科学而坚实的理论基础之上，不仅适用于指导信息化环境下的课堂教学，也可以适用于指导多媒体课件的设计与开发以及网络课程的设计与开发。建立在这样的理论基础之上的主导—主体型教学结构将具有以下的特点：

　　(1)教师既是主动的施教者和教学过程的组织者、指导者，又是学生自主建构意义的帮助者、促进者，学生良好情操的培育者，并且要注意监控好整个教学活动的进程。

　　(2)学生是信息加工的主体、知识意义的主动建构者，又是情感体验与培育的主体。

　　(3)教学媒体既是辅助教师突破重点、难点的形象化教学工具，又是促进学生自主学习、主动探究、主动发现的认知工具、协作交流工具与情感激励工具。

　　(4)教材不是学生唯一的学习内容和知识来源，通过教师指导、自主学习与协作交流，学生可以从多种学习对象(包括本门课程的教师、同学以及社会上的有关专家)和多种教学资源(例如学科专题网站、资源库、光盘以及图书馆、资料室等)学习与教材相关，但比教材丰富得多的内容，并获取远远超出教师讲授范围的大量知识。

　　主导—主体型教学结构若能有网络环境(尤其是 Internet 环境)的支持，将能取得更为显著、更为理想的教学效果。之所以要特别强调基于网络，是因为对于创新精神与实践能力培养来说，互联网具有以下四种

宝贵特性:

(1)可作为获取、分析、存储、加工、利用和评价信息的丰富资源,从而对培养学生的信息素养十分有利。

(2)可提供便于观察、设计和参与实际操作的仿真实验条件,从而对学生主动建构知识意义十分有利。

(3)可充当不受时空限制的会话、讨论、协作交流和思想沟通的理想环境,从而对培育学生的合作精神与健全人格十分有利。

(4)可创设与客观世界类似的便于感知、体验和问题求解的真实情境,从而对培养学生的创新精神与实践能力十分有利。

本章参考资料

1. 李莉. 中国学生要补创造课[N]. 北京晚报,2001-07-03.

2. 何克抗. 建构主义——革新传统教学的理论基础[J]. 电化教育研究,1997(3/4).

3. David P. Ausubel,Joseph D. Novak,Helen Hanesian. Educational Psychology—A Cognitive View,Holt,Rinehart and Winston,Inc. 1978.

4. 钟启泉,黄志成. 美国教学论流派[M]. 西安:陕西人民教育出版社,1996.

5. Suzanne Hoffman,Elaboration Theory and Hypermedia. Is There a Link? Educational Technology,1997,1-2(37).

第五章 信息技术与课程整合的教学设计
——"学教并重"教学设计

如第一章第五节所述，信息技术与课程整合的实质与落脚点是要创建新型的教学结构（即"主导—主体型教学结构"），而新型教学结构的创建要通过相关的教学模式来实现，能够实现新型教学结构的教学模式很多，而且因学科和教学单元而异，还与课堂上的技术支撑环境（多媒体、网络、仿真实验等）以及所选择的教学策略、方法有关。可见，采用什么样的教学模式来实现新型教学结构，绝不是一个简单的问题，其实质是教学设计问题，而且是信息化环境下的教学设计、即涉及信息技术与课程整合课的教学设计。信息技术与课程整合的实质既然是新型教学结构的创建，"整合"课的教学设计（即相关教学模式的选择与设计）自然要紧紧围绕"创建新型教学结构"这一目标。那么，应当运用什么样的教学设计理论、方法才能更有效地达到这一目标呢？本章就是要对这个问题作出明确的回答。为此，我们先要对现有的教学设计理论作一全面的梳理。

第一节 教学设计(ID)理论概述

进入 21 世纪以来，学校教育改革和教师继续教育与培训的问题日益紧迫地提到我们面前。这两方面问题的彻底解决是一项庞大而艰巨的系统工程，有赖国家教育行政部门制定正确的方针和教育战线全体人员的共同努力才能完成。对于教育技术领域来说，根据我们的经验，在各级各类学校教师中（尤其是在中小学教师中）大力普及有关"教学设计"（Instructional Design，ID）的理论知识，尽快提高他们在教学设计方面的能力素质，对于以上两方面问题（学校教育改革问题和教师培训问题）的解决将起至关重要的作用。事实上，近二三十年来，特别是 20 世纪

80 年代以来，教学设计理论研究已有了很大的进展，而这些进展就是在信息时代对教育改革和教师培训强烈需求的推动下取得的。

据安德鲁斯（Andrews）和古德森（Goodson）在 1980 年的统计，当时见诸文献的 ID 模型只有 40 个，到了 1991 年这个数字就增大到数百个。不仅 ID 模型多种多样，令人目不暇接，其理论基础也在花样翻新，不断发展。目前从世界范围看，ID 领域可谓流派纷呈，百花齐放，这种学术繁荣景象令人鼓舞。但是模型太多，难免鱼龙混杂。正像 Begona Gros 等人所指出的："有些模型看起来是新的，却对 ID 的发展没有什么贡献。"①不少学者甚至为此忧虑，发出"ID 模型已经过多、过滥，亟须完善和提高现有模型"的呼吁。可见，ID 模型大量涌现，尽管从一个侧面说明对教学设计理论与方法的研究已成为当前教育技术理论研究的一个主要热点，但这并不一定是件大好事，因为它有可能鱼目混珠，使我们陷入模型的迷宫之中，以致抓不住要领。因此，为了能借鉴国外真正有用的经验，能吸收国际上 ID 理论的精华，以便为我国教育的深化改革服务，为我国教师的继续教育与培训服务，笔者认为，对 20 多年来，国外在教学设计领域的主要研究进展作一总结并加以评述，指出其中最有价值的成果，对于我们是富有启迪意义的，是必不可少的。

认真总结多年来国外在教学设计领域的研究，尽管模型的名目繁多，但从其理论基础看，不外乎朝两个方向发展，即："以教为主"的 ID 理论和"以学为主"的 ID 理论。下面就围绕这两个方向的发展作一概括的评述。

从 20 世纪 60 年代后期开始逐步发展起来的 ID 理论，绝大部分是"以教为主"，即面向教师的"教"，其基本内容是研究如何帮助教师把课备好、教好，而很少考虑学生"如何学"的问题。这种"以教为主"的 ID 理论（也称传统 ID 理论）是目前的主流。由于它经过 20 多年众多专家的深入研究与发展，已形成一套比较完整、严密的理论体系而且可操作性强。其优点是有利于教师主导作用的发挥，有利于按教学目标的要求来组织教学，因而这种理论在各级各类学校的教学领域中有较大的影响；不足之处是，按这种理论设计的教学系统中学生的主动性、积极性往往受到一定的限制，难以充分体现学生在学习过程中的主体地位。

---

① 何克抗. 从信息时代的教育与培训看教学设计理论的新发展[J]. 中国电化教育，1998(10/11/12).

一、"以教为主"ID 的理论基础与实施步骤

通常认为"以教为主"ID 的理论基础包括四个组成部分，即系统论、学习理论、教学理论和传播理论。由于学生是学习过程的主体，任何教学的目的都是促进学生学习质量与学习效率的提高，因此研究人类学习过程内在规律的学习理论，以及研究教学过程性质、规律的教学理论，在教学设计过程中显然起着比较关键的指导作用，即学习理论与教学理论应当是四种理论中更为重要的理论基础。另外，在这四种理论中，系统论、教学理论和传播理论的研究内容和理论体系近几十年来的发展相对稳定，因而对 ID 理论发展的影响也比较稳定（自 20 世纪 60 年代以来，这三种理论对 ID 的发展均起过较大推动作用，但从 20 世纪 60 年代至今，这种影响没有太大变化）。唯有学习理论，由于自 20 世纪 50 年代以来，历经行为主义、认知主义和建构主义等不同发展阶段，因而对 ID 理论发展的影响特别显著，特别引人注目。

早期 ID 在学习理论方面主要是基于斯金纳的操作性条件反射，所谓"操作性条件反射"是指非已知刺激诱发出的联结反应（已知刺激所诱发出的联结反应则称为"条件反射"）。在某种操作条件的作用下，当联结反应被诱发之后，若随即给予强化，即可形成"刺激—反应"联结，这就是行为主义的联结学习理论或称之为刺激—反应（S—R）学习理论。由于这种理论强调认识来源于外部刺激，并可通过行为目标检查、控制学习效果，在许多技能性训练或作业操练中，刺激—强化又确实有明显的作用，因而在 20 世纪 50 年代至 70 年代这种学习理论曾风行一时，对早期 ID 的发展有很大影响。但是由于这种学习理论只强调外部刺激而完全忽视学习者内部心理过程的作用，对于较复杂认知过程的解释显得苍白无力。认知主义学习理论的观点则与此相反，它认为人的认识不是单纯由外部刺激形成的，而是外部刺激和认知主体内部心理过程相互作用的产物，并且认知主义往往更为强调内部心理过程在认识形成中所起的重要作用。随着认知学习理论的发展，建立在行为主义联结学习理论基础上的 ID 逐渐受到批评。在此背景下，美国著名教育心理学家罗伯特·M. 加涅吸收行为主义和认知主义两大学习理论的优点，提出一种折中观点，即所谓"联结—认知"学习理论。这种理论主张既要重视内部心理过程的作用，又要重视外部刺激（条件）与外在的反应（行为），即学习的发生要同时依赖外部条件和内部条件，教学就是要通过安排适当

的外部条件来影响和促进学习者的内部心理过程，使之达到更理想的学习效果；与此同时，加涅还研究出一套与"联结—认知"学习理论密切配合的、独具特色的教学理论（包含"学习条件"理论、"九段教学法"和以教为主的教学设计过程模型等内容）。这样，就使以教为主的教学设计不仅建立在更为坚实的理论基础之上，还具有很强的可操作性，于是，加涅的"学与教"理论也就顺理成章地成为"以教为主"教学设计的主要理论基础。

这种以教为主的 ID 理论（也称传统教学设计理论）是目前的主流，这种教学设计通常包含以下实施步骤①：

（1）确定教学目标（我们期望学生通过学习应达到的结果）。

（2）分析教学目标并根据分析结果确定教学内容（即确定为达到教学目标所需掌握的知识点），至于教学顺序（对各知识点进行教学的顺序）可以通过教学目标的分析来确定，也可以通过其他方法确定。

（3）分析学习者的特征。分析学习者是否具有学习当前内容所需的知识基础，以及具有哪些认知特点和个性特征等。

（4）根据教学内容和学习者特征的分析确定教学的起点，即确定在哪种难度等级和知识基础上对当前的学习者施教。

（5）根据教学内容和学习者特征的分析选择与设计教学策略。

（6）根据教学目标、教学内容和教学对象的要求选择与设计教学媒体。

（7）通过提问、测验或察言观色等方式对课堂教学作形成性评价（以确定学生达到教学目标的程度），然后根据形成性评价所得到的反馈信息，对教学内容或教学策略作适当的修改与调整。

经过多年来众多教育技术专家的努力，传统教学设计已发展成具有较完整理论方法体系和很强可操作性的独立学科，并且已有大量的专著及教材问世，但是其基本内容都离不开上述 7 个方面。传统教学设计有许多优点，例如，有利于教师主导作用的发挥，有利于系统科学知识的传授和教学目标的完成，但也存在一个较大的弊病：以教师为中心，只强调教师的"教"而忽视学生的"学"，全部教学设计理论都是围绕如何教而展开，很少涉及如何促进学生自主地学。按这样的理论设计的课堂教

---

① 何克抗. 从信息时代的教育与培训看教学设计理论的新发展[J]. 中国电化教育，1998(10/11/12).

学，学生参与教学活动的机会少，大部分时间处于被动接受状态，学生的主动性、积极性难以发挥，不利于创造型人才的成长。

二、"以学为主"ID 的理论基础与实施步骤

建构主义的学习理论强调以学生为中心，要求学生由外部刺激的被动接受者和知识的灌输对象转变为信息加工的主体、知识意义的主动建构者；建构主义的教学理论要求教师要由知识的传授者、灌输者转变为课堂教学的组织者、指导者，学生主动建构意义的帮助者、促进者。可见，在建构主义学习环境下，教师和学生的地位、作用和传统教学相比已发生很大变化。"以学为主"的教学设计理论正是顺应建构主义学习环境的上述要求而提出来的，因而很自然地，建构主义的学习理论与教学理论就成为"以学为主"教学设计的理论基础。"以学为主"教学设计通常包含下列实施步骤①：

(1)教学目标分析。通过教学目标分析以确定当前所学知识的主题，即意义建构的对象，通常是与基本概念、基本原理、基本方法或基本过程有关的知识内容。

(2)创设情境。创设与当前学习主题相关的、尽可能真实的情境，以促进学生对当前所学知识的意义建构。

(3)信息资源的设计与提供。确定学习本主题所需信息资源的种类和每种资源在学习中的作用。教师应提供必要的信息资源，或是当学生在获取和利用有关信息资源的过程中遇到困难时给予帮助。

(4)自主学习策略的设计。自主学习策略的设计是整个以学为主教学设计的核心内容，其目的是要充分调动学生自主学习的主动性、积极性，这是实现学生主动建构知识意义的关键环节。

(5)协作学习环境设计。设计协作学习环境的目的是在个人自主学习、自主建构意义的基础上，通过小组或班级讨论、协商，进一步完善和深化对当前学习主题的意义建构。

(6)学习效果评价。相当于以教为主教学设计的"形成性评价"，它包括小组对个人的评价和学习者的自我评价。

(7)强化练习设计。根据小组评价和自我评价的结果，设计出有针对性的学习材料和强化练习，以纠正原来的错误理解或片面认识，最终

---

① 何克抗. 建构主义——革新传统教学的理论基础[J]. 电化教育研究，1997(3/4).

达到符合要求的意义建构。

以学为主的教学设计强调在学习过程中要发挥学生的主动性、积极性，要充分体现学生的主体地位。整个教学设计围绕"自主学习策略"和"学习环境"两个方面进行。前者是通过各种学习策略去激发学生自主学习和主动建构（诱导学习的内因）；后者则是为学生建构意义创造必要的环境和条件（提供学习的外因）。目前常用的自主学习策略有"支架式""抛锚式""随机进入式""自我反馈式"和"启发式"等多种。这种教学设计由于强调学生是学习过程的主体，是意义的主动建构者，因而有利于学生的自主学习、主动探究、有利于创造型人才的培养，这是其突出的优点。但是，这种教学设计在强调学生自主学习的同时，往往忽视教师主导作用的发挥，忽视师生之间的情感交流和情感因素在学习过程中的重要作用。由于忽视教师主导作用，学生在自主学习过程中，还很容易偏离教学目标的要求，这都是其不足之处。

第二节 "学教并重"教学设计的理论基础与实施步骤

由以上分析可见，两种教学设计理论各有其优势与不足，不能简单地用后者去取代或否定前者，也不能反过来用前者去否定或取代后者。而是应当彼此取长补短，相辅相成，要根据教学目标、教学内容和教学对象的不同，将二者结合起来并加以灵活运用。努力做到既发挥教师的主导作用，又能充分体现学生的主体地位，既关注教师的教，又关注学生的学，把教师和学生两方面的主动性、积极性都调动起来。其最终目标是要通过这种新的教学设计思想来优化学习过程和学习效果，以便培养出具有高度创造能力的新型人才[1]。为了与前面的以教为主的教学设计和以学为主的教学设计相区别，我们把按照这种思想和目标实现的教学设计称为"学教并重"教学设计，以强调这种教学设计既要促进教师的"教"，以便很好地发挥教师的主导作用；又要充分体现学生在学习过程中的主体地位，以便更有效地促进学生自主地"学"。

---

[1] 何克抗. 现代教育技术与教育深化改革——关于 ME 命题的论证[J]. 电化教育研究，1999(1/2).

一、"学教并重"教学设计的理论基础

如上所述，以学为主教学设计由于是 20 世纪 90 年代以后随着建构主义的日益流行才逐渐发展起来的，所以其理论基础比较单一，就是建构主义的学习理论与教学理论；而以教为主的教学设计，本来涉及的相关理论比较多，但是就其起主要作用的理论基础而言，则是加涅的"学与教"理论。那么，"学教并重"教学设计的理论基础又应当是什么理论呢？

在第三章有关"主导—主体型教学结构"理论基础的论述中，通过对 17 世纪以来众多学习理论和教学理论（特别是教学理论）的分析、比较，最后从影响教学过程的三个重要因素（认知因素、情感因素、可付诸实施的有效教学策略）考虑，我们确定把将奥苏贝尔"学与教"理论中的科学内容与建构主义理论中的合理内核（包括建构主义学习理论和教学理论中的合理内核）二者有机结合起来，作为支持"主导—主体型教学结构"的主要理论基础。由于新型教学结构的创建要通过相关的教学模式来实现，而采用什么样的教学模式来实现新型教学结构，其关键是教学设计。这就表明，教学结构的理论基础和教学设计的理论基础应有很大的相关性（尤其是能形成"主导—主体型教学结构"的教学模式就要靠"学教并重"教学设计来实现），那么，我们是否可以就把主导—主体型教学结构的理论基础直接拿来作为学教并重教学设计的理论基础呢？

一般来说，一种教学设计理论基础的形成有两种可能：一是通过多年的应用实践自然形成（建构主义的学与教理论成为以学为主教学设计的理论基础就是这种情况）；二是通过某位学者的大力倡导与推荐（加涅的"学与教"理论成为以教为主教学设计的理论基础，显然与加涅的努力分不开）。就"学教并重"教学设计而言，由于目前这种教学设计仍属于新生事物，所以采用学者倡导与推荐方式，是比较适宜的。所以，为了有利于"主导—主体型教学结构"的建构，笔者愿意郑重推荐：以"主导—主体型教学结构"的主要理论基础直接作为"学教并重"教学设计的主要理论基础。这样，"学教并重"教学设计的主要理论基础就应该是奥苏贝尔"学与教"理论中的科学内容与建构主义理论中的合理内核（包括建构主义学习理论和教学理论中的合理内核）二者的有机结合；简言之，就是奥苏贝尔的"学与教"理论和建构主义。

二、"学教并重"教学设计的实施步骤

学教并重教学设计通常包含以下实施步骤：

(1)教学目标分析——确定教学内容及知识点顺序。

(2)学习者特征分析——确定教学起点，以便因材施教。

(3)根据教学内容和学习者特征的分析进行教学策略的选择与设计。

(4)学习情境创设。

(5)根据教学目标、教学内容和教学对象的要求，进行教学媒体选择与教学资源的设计。

(6)通过提问、测验或察言观色等方式对课堂教学做形成性评价(以确定学生达到教学目标的程度)，然后根据形成性评价所得到的反馈信息，对教学内容或教学策略作适当的修改与调整。

注意：在环节(3)中应涵盖建构主义的自主学习策略、协作学习策略与自主探究策略等的设计；在环节(4)和在环节(5)中则包括了情境创设和信息资源提供的要求。

本章的后面几节，就是对上述学教并重教学设计中前面三个环节的具体实施，作进一步的阐述；至于学教并重教学设计中的后面三个环节，由于其具体实施或是和其他章节有关(例如教学媒体与教学资源部分在第五章中有详细的论述)，或是内容相对没那么复杂(如情境创设和形成性评价部分)，在这里不再赘述。

第三节　教学目标分析

一、教学目标分析的意义

进行教学目标分析，对于以教为主的 ID 是为了确定实现目标所需要的具体教学内容(至于教学顺序，则可以在教学目标分析的基础上确定，也可以用其他方法确定)；对于以学为主的 ID 是为了确定学习的主题，即学生主动建构意义的对象。这是教学设计面临的首要任务。

根据教学目标的含义和表述方式的不同，可以将教学目标分为"总教学目标"和"子教学目标"两类。总目标是针对某门课程(或某个教学单元)内容的整体所提出的要求，所以是比较概括和原则性的。例如，在物理学的"力学"单元的教学中，通常把"理解力的基本性质和掌握力学

量的度量"作为整个"力学"单元部分的总教学目标，这类目标一般在教学大纲中有明确的表述。总目标从总体上给出了对该门课程（或教学单元）的教学要求，但是这种要求是原则性的而不是具体的。在"力学"单元的总目标中要求理解力的基本性质，但并未指出力的基本性质应包含哪些内容，应理解到何种程度以及应通过哪种途径去达到这种理解。因此我们不可能直接根据总目标来选择教学内容，安排教学进度，即无法根据总目标来进行课堂教学设计或课件脚本的设计。显然，为了教学设计和课件开发的需要，必须对总教学目标进行认真的分析，求出实现总目标所需完成的具体教学要求和教学步骤，这些具体的教学要求和教学步骤被称为"子教学目标"；这些子目标通常还需继续进行分析，看看是否还能找出实现该子目标所需的更具体的教学要求和步骤，即看看是否还能找出更低一级的子目标。如此进行下去，直至找到不能再划分的最低一级的子目标为止。这里所说的各级子目标将和教材中的有关"知识元素"（也称"知识点"）相对应（但应注意，绝不要把各级子目标和相关的知识元素或知识点混同）。

设目标 B、C 是目标 A 的子目标，即在目标 B、C 实现之前目标 A 不可能实现，我们就把目标之间的这种关系称为"形成关系"，如图 5.1 所示。

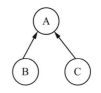

图 5.1 形成关系

在教学内容庞杂的情况下，教学目标之间的形成关系将呈现出多层次的网状复杂结构。在这种情况下，要想由总目标出发，根据学科内容确定各级子目标以及各级子目标之间的形成关系图，并不是一件简单的事情。但是确定各级子目标之间的形成关系图正是进行教学目标分析的意义所在，也是设计和编写课件脚本的必要前提。因为只有通过教学目标分析，将各级子目标包括最低层次的所有子目标都确定以后，具体的教学内容和教学顺序才能确定，在此基础上才有可能展开下一步的教学设计和课件脚本的编写。

二、教学目标分析的方法

如上所述，进行教学目标分析的目的是要从大纲所确定的总教学目标出发，逐步确定出各级子目标并求出它们之间的形成关系图。根据教学目标类型特征的不同，可以采用不同的教学目标分析方法，较常用的目标分析法有以下几种。

1. 归类分析法[①]

这种方法适用于具有分类学特征的教学目标分析。例如，细胞的化学成分可按图 5.2 所示进行归类，从而得到相应教学目标的形成关系图。

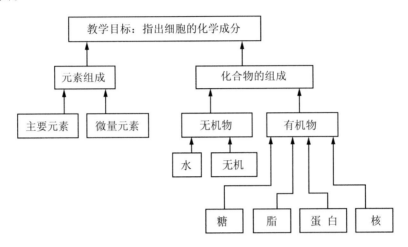

图 5.2　细胞化学成分的归类分析

类似地，对生物学中的"人体"可按头、颈、躯干、上肢、下肢等进行归类，对地理学中的"地域"可按省、市、县进行分类。

2. 信息加工分析法[②]

所谓信息加工分析，是指按照人们的心理操作过程来分析（按照认知心理学的观点，心理操作过程即是信息加工过程），这种方法可用来分析与问题求解过程或操作过程有关的教学目标。例如，算术平均数的求解过程可按图 5.3 所示进行信息加工分析，从而得到相应的教学目标形成关系图。

在各学科的教学内容中，有一些问题求解过程其心理操作步骤并不是按图 5.3 所示的线性方式进行，而是根据上一步的结果来判断下一步该怎么做。在这种情况下，要使用流程图才能表现信息加工过程。流程图的主要特点是，除了能直观表现出整个操作过程及各步骤以外，还设

---

① 乌美娜. 教学设计[M]. 北京：高等教育出版社，1994.

② 同上.

置有若干判断点（通常用菱形框表示），根据判断结果可转向不同的分支。

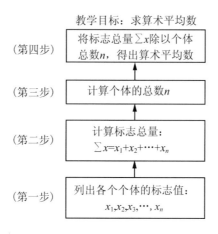

教学目标：求算术平均数

（第四步）　将标志总量$\sum x$除以个体总数n，得出算术平均数

（第三步）　计算个体的总数n

（第二步）　计算标志总量：$\sum x=x_1+x_2+\cdots+x_n$

（第一步）　列出各个个体的标志值：$x_1,x_2,x_3,\cdots,x_n$

图 5.3　求算术平均数的信息加工分析

3. 层级分析法[①]

这种方法适用于概念之间具有明确从属关系的教学目标分析。这是一种逆向分析过程，即从已确定的教学目标出发，考虑学习者为了掌握该目标所规定的概念或能力必须先掌握哪些低一级的从属概念或能力；而要掌握这些低一级的概念或能力又要先掌握哪些更低一级的从属概念或能力。图 5.4 给出了通过层级分析对"掌握整数减法"这一教学目标所作出的目标形成关系图。由图可见，给定的教学目标(11)的实现要以(7)(8)(9)和(10)4 个子目标的实现为前提，该层级分析一直继续到最低一级的子目标（简单减法）为止。

4. 解释结构模型法（ISM 分析法）[②]

解释结构模型法（Interpretative Structral Modelling Method，ISM分析法）是用于分析和揭示复杂关系结构的有效方法，它可将系统中各要素之间的复杂、零乱关系分解成清晰的多级递阶的结构形式。当我们要分析的各级教学目标不具有简单的分类学特征，或者其中的概念从属关系不太明确，也不属于某个操作过程或某个问题求解过程时，要想通过上述的几种方法直接求出各级教学目标之间的形成关系是比较困难

①　乌美娜. 教学设计[M]. 北京：高等教育出版社，1994.
②　薛理银. 教育信息处理原理[M]. 北京：北京师范大学出版社，1996.

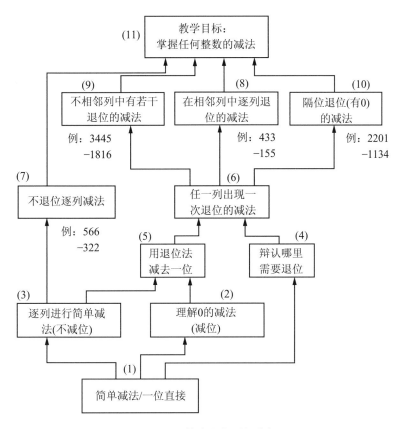

图 5.4 整数减法的层级分析

的，这时就要使用 ISM 分析法。这种分析方法包括以下三个操作步骤：

(1)抽取知识元素——确定教学子目标

这一步要由有经验的教师或该学科的教学专家通过主题分析和技能分析把实现给定教学目标的教学内容分解为众多的知识元素（即"知识点"）。这些知识元素可以是某个概念或原理，也可以是某项技能的基本组成部分。显然，对这些知识元素的理解、掌握与运用即是为实现给定教学目标所需要的各级子目标。表 5.1 所示就是由教学专家围绕"掌握不同分母分数的加减法"这一教学目标，而从教材中抽取出来的有关知识元素及相应的教学子目标。

表 5.1　知识元素的抽取及教学子目标的确定示例

	知识元素（教学子目标）		知识元素（教学子目标）
(1)	分数的概念（理解分数概念）	(9)	同分母真分数的加减（掌握同分母真分数加减法）
(2)	真分数（了解真分数）	(10)	同分母分数的加减（掌握同分母分数的加减）
(3)	分数线（了解分数线）	(11)	约数（了解什么是约数）
(4)	带分数（了解带分数）	(12)	倍数（了解什么是倍数）
(5)	假分数（了解假分数）	(13)	最大公约数及最小公倍数（了解什么是最大公约数和最小公倍数）
(6)	同分母分数的大小（能比较同分母分数大小）	(14)	通分（掌握通分方法）
(7)	大小相等的分数（理解大小相等分数的含义）	(15)	约分（掌握约分方法）
(8)	约分和通分的概念（理解约分和通分的概念）	(16)	不同分母分数的加减（掌握不同分母分数的加减）

（2）确定各个子目标之间的直接关系，作出目标矩阵

这一步也要由有经验的教师或学科教学专家来完成。如果教师认为学生在对目标 G_i 进行学习之前必须先掌握目标 G_j，则称 G_i 与 G_j 之间具有"直

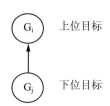

图 5.5　目标之间的直接关系

接关系"（可用图 5.5 所示的有向图表示），并称 G_j 为教学目标 G_i 的直接子目标。以表 5.1 为例，其中各个子目标之间的直接关系，如图 5.6 所示。根据各个子目标之间的直接关系，按照下述方法可以作出相应的目标矩阵：

①以横轴表示某级的教学目标，以纵轴表示各级的直接子目标。

②令某级目标与其直接子目标对应的位置为"1"，其余位置为空白。这样就得到表 5.2 所示的直接关系矩阵，也称目标矩阵。

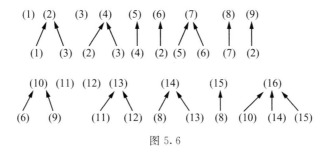

图 5.6

表 5.2 与图 5.6 对应的直接关系矩阵(目标矩阵)

	(1)	(2)	(3)	(4)	(5)	(6)	(7)	(8)	(9)	(10)	(11)	(12)	(13)	(14)	(15)	(16)
(1)		1														
(2)				1		1			1							
(3)		1		1												
(4)					1											
(5)							1									
(6)							1				1					
(7)								1								
(8)													1	1		
(9)										1						
(10)																1
(11)												1				
(12)												1				
(13)														1		
(14)																1
(15)																1
(16)																

(3)利用目标矩阵求出教学目标形成关系图。

观察表 5.2 所示目标矩阵的横轴可知,对应(1)(3)(11)和(12)4 个目标的列均无"1"出现,这表示(1)(3)(11)和(12)不存在直接子目标,即它们应处于目标形成关系图的最底层(预备知识),我们把这类预备知识称作第 1 层目标。

将目标矩阵纵轴上(1)(3)(11)和(12)所在行上的"1"全部置为空白,由此可得到剩余的目标矩阵,如表 5.3 所示。

表 5.3

	(1)	(2)	(3)	(4)	(5)	(6)	(7)	(8)	(9)	(10)	(11)	(12)	(13)	(14)	(15)	(16)
(1)																
(2)				1		1			1							
(3)																
(4)					1											
(5)							1									
(6)							1			1						
(7)								1								
(8)														1	1	
(9)										1						
(10)																1
(11)																
(12)																
(13)														1		
(14)																1
(15)																1
(16)																

观察表 5.3 的横轴可知，除(1)(3)(11)和(12)以外，目标(2)和(13)所在列也无"1"出现，我们就把(2)和(13)称作第 2 层目标。

将表 5.3 纵轴上目标(2)和(13)所在行上的"1"全部置为空白，由此可得到一个新的剩余目标矩阵。

观察这个新的剩余目标矩阵的横轴可知，除目标(1)(3)(11)(12)以及(2)(13)以外，目标(4)(6)和(9)的所在列也无"1"出现，我们就把(4)(6)和(9)称作第 3 层目标。

如此继续下去，可以得到关于"掌握不同分母分数加减法"的教学目标层次分类，如表 5.4 所示。

有了表 5.4，再结合图 5.6 给出的各子目标之间的直接关系，就可以进一步作出教学目标形成关系图。具体做法如下：

①按照表 5.4 所示的层次分类将所有目标由下而上排列成 8 个等级。

②再根据图 5.6，用有向弧线标出各级目标与其直接子目标之间的关系。

表 5.4　教学目标的层次分类

层次	教学目标
1	(1) (3) (11) (12)
2	(2) (13)
3	(4) (6) (9)
4	(5) (10)
5	(7)
6	(8)
7	(14) (15)
8	(16)(给定的教学目标 G)

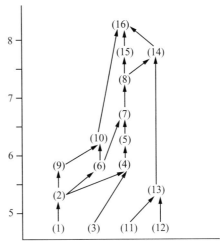

图 5.7　关于"不同分母分数加减"的
教学目标形成关系图

这样我们就最终得到了图 5.7 所示的关于"掌握不同分母分数的加减"这一教学目标的形成关系图。

不难看出,上述分析过程(包括生成目标层次分类表和求出目标形成关系图)由于步骤明确、可操作性强,很容易转换成计算机的算法,并用某种程序设计语言去实现。换句话说,ISM 分析法的第三个操作步骤可以交给计算机去自动完成,从而使教学目标分析的效率得以提高。

三、教学内容顺序的确定

进行教学目标分析的最终目的是要确定实现给定教学目标所需的教学内容即各个知识点。至于这些知识点的排列顺序,即教学内容顺序的确定问题,可以在已得到教学目标形成关系图的基础上解决,也可以运用教学内容组织策略来解决。这里我们先介绍前一种解决方法。通过作出教学目标形成关系图已经解决了如何选择知识点的问题,对于已选定的知识点在时间轴上应当如何排列,即教学内容顺序应如何确定,则尚需在目标形成关系图的基础上按以下原则加以考虑:

①目标形成关系图的直线(即无分支)部分,按照低级子目标先于高级子目标的原则排列。

②在多个同一级别的教学目标中,先安排有较多直接子目标的教学

目标。

③在多个同一级别的教学目标中，对于直接子目标数目相同的场合，先安排基础性的教学目标。

④在多个同一级别的教学目标中，对于基础性和直接子目标数目均相同的场合，可根据教师经验决定排列的顺序。

以图5.7所示的目标形成关系图为例，按照上述原则变换到时间轴上以后，各个知识元素即知识点（与各个教学子目标对应）的排列顺序应为：

(1)→(3)→(11)→(12)→(2)→(13)→(4)→(6)→(9)→(10)→(5)→(7)→(8)→(14)→(15)→(16)

各个知识点的内容和排列顺序均已确定后，课堂教学过程的具体步骤、进度（或课件脚本的总体结构以及各个框面脚本的主要内容）也就确定了。

第四节　学习者特征分析

学习者的特征涉及智力因素和非智力因素两个方面。与智力因素有关的特征主要包括知识基础、认知能力和认知结构变量，与非智力因素有关的特征则包括兴趣、动机、情感、意志和性格①。迄今为止，由于计算机还难以对非智力因素作出形式化的处理，另外，在教学设计的其他环节中（如情境创设、协作学习以及形成性评价的过程中），将会不同程度地考虑激发兴趣、动机、陶冶情操等方面的问题，所以在本节的"学习者特征分析"中，只着重考虑与智力因素有关的内容。换句话说，下面对学习者特征进行分析就是要运用适当的方法来确定学习者关于当前所学概念的原有知识基础、认知能力和认知结构变量。了解学习者的原有知识基础和认知能力是为了确定当前所学新概念、新知识的教学起点，分析学习者的认知结构变量则是为了据此判定对当前学习者是否适合采用"传递—接受"教学方式。所以，对学习者特征进行认真分析是实现个别化教学和因材施教的重要前提。下面我们就来介绍对学习者的上述三种特征进行分析的方法。

---

① 林崇德，辛涛. 智力的培养[M]. 杭州：浙江人民出版社，1997.

一、确定学习者的知识基础

对于学习者原有知识基础的确定可以使用"分类测定法"或"二叉树探索法"。

1. 分类测定法

分类测定法对学习者关于当前所学概念的原有知识基础的确定按以下步骤进行：

（1）先对当前所学概念的原有知识基础进行仔细的分类。

（2）利用与知识基础分类密切相关的问题对学习者进行测试。

根据这样的测试结果即可推知学习者关于当前所学概念的知识基础类型。下面我们以"滑轮和滑轮组"的学习为例（即当前所学概念是"滑轮和滑轮组"）说明原有知识基础的分类及确定方法。为了进行滑轮和滑轮组的学习，显然要求学习者具有杠杆原理方面的预备知识。每个学习者都是根据自己原有的杠杆原理知识来学习有关滑轮和滑轮组的新知识。按照教师的经验和对学生的调查不难发现，就滑轮和滑轮组的学习来说，其原有知识基础（即对杠杆原理的认识）可划分为五种不同类型，如表 5.5 所示。

表 5.5 关于"滑轮和滑轮组"概念的知识基础分类

类型	对杠杆原理的认识
1	由力矩＝力×力臂公式求出力矩，再根据两侧力矩的大小决定杠杆向哪侧倾斜
2	力臂相同时杠杆朝力大的一侧倾斜；力相同时杠杆朝力臂大的一侧倾斜；当力臂大的一侧所受力较小时不能判定杠杆的倾斜方向
3	不考虑力臂，仅由力的大小关系决定杠杆的倾斜
4	不考虑力，仅由力臂的大小关系决定杠杆的倾斜
5	对杠杆的平衡条件完全不了解

根据上述五种知识基础分类，选择若干个与之相对应的杠杆问题对学生进行测试，即可确定该生关于当前所学概念（滑轮和滑轮组）的原有知识基础类型，从而可以做到对该生进行更有针对性的教学。

2. 二叉树探索法

二叉树探索法是根据已学过概念的难易程度对问题进行仔细划分，并将它们按由易到难的程度线性排列。在教学过程中，运用"二叉树探索法"即可从中选择出最符合学生实际水平的问题，从而也就确定了该生关于当前所学概念的原有知识基础。以"加减法运算能力"的学习为例，我们可以将"个位加"作为能力轴线上的起点(最容易)，把 3 位数的加减法作为终点(最困难)，中间再划分若干个(例如 20 个)等级，则起点的难度级为 0，终点的难度级为 20(如图 5.8 所示)。学习开始时，先提出能力轴中点位置的问题 Q_1 让学生回答；如果回答正确表示该生这方面的能力已超出 Q_1 水平，下一次应选 Q_1 与终点中间的问题 Q_2 让学生回答；如果这次回答出错，表示该生这方面的能力低于 Q_2，下一次应选 Q_1 与 Q_2 中间的问题让学生回答……如此继续下去，很快可以找到适合当前学习者实际水平的问题，从而也就确定了该生在"加减法运算能力"方面的原有知识基础。

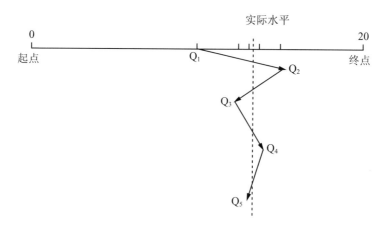

图 5.8　二叉树探索法

二、确定学习者的认知能力

为了确定学生的认知能力必须首先解决认知能力如何表征的问题。按照美国著名教育心理学家布鲁姆(B. S. Bloom)的"教育目标分类"理论，教育目标应当包括三个领域的内容，即认知能力领域、动作技能领域和情感领域。其中认知能力的目标按智力活动的复杂程度又可划分为六个等级：

(1)识记——记忆或重复以前呈现过的信息的能力(即知识保持能力)。

(2)理解——用自己的语言来解释(说明)所获得的信息的能力。

(3)应用——将知识(概念、原理或定律)应用于新情况的能力(即知识迁移能力)。

(4)分析——将复杂的知识分解为若干个彼此相关的组成部分的

能力。

(5)综合——将有关的知识元素综合起来形成新知识块或新模式的能力。

(6)评价——根据已有知识或给定的标准对事物作出评价和鉴定的能力。

上述六个等级的认知能力划分是按智力活动从简单到复杂和从具体到抽象的程度依次递增的，即识记和理解属于较简单的低级认知能力，而应用、分析、综合和评价则属于较复杂的高级认知能力，显然我们应当特别重视学生高级认知能力的培养。在课堂教学中，教师对于学生的认知能力一般是采取"预估"——根据原来对学生的了解、接触所得到的印象先作出估计。为了能对学生的认知特点作出较准确的分析，最好能用适当的数据结构来描述认知能力，这就不仅需要解决认知能力的表征，还要进一步解决认知能力的测量问题。目前解决这类问题的可行方法是"逐步逼近法"。逐步逼近法的实施步骤如下。

1. 首先由学生本人填写关于自己认知能力的评估表

评估表的格式如表 5.6 所示，表中学生的认知能力值由每个学生本人给出。能力值的范围是 0～1 闭区间内的任一实数值，但为了便于学生估值，这时将 0～1 闭区间分成 11 个等级即 0.0，0.1，0.2，…，0.9，1.0，其中 1.0 和 0.0 分别对应最强和最弱的认知能力。学生可根据自我感觉给出关于自己每一项认知能力的估计值。例如，若自我感觉"分析"能力为中等，则可在 0.4 与 0.6 中间选取某一个值作为估计值(此值不要求很准确，取 0.45，0.50 或 0.55 均可，因为以后在逐步逼近过程中还可加以修正)。这样，我们就可以得到表 5.6 所示的六项认知能力值，我们称之为"初始估计值"。

表 5.6 认知能力自我评估表

学生代号	识记能力	理解能力	应用能力	分析能力	综合能力	评价能力
1	0.6	0.6	0.8	0.7	0.6	0.5
2	0.8	0.9	0.7	0.8	0.8	0.7
3	0.7	0.7	0.6	0.8	0.4	0.3
…	…	…	…	…	…	…
40	0.6	0.4	0.3	0.5	0.3	0.3

2. 利用初始估计值作第一次评估

为了进行第一次评估，应利用初始估计值从领域知识库中选出与该学生认知能力相适应的知识进行教学。这里应当指出，采用逐步逼近法有一个先决条件，就是事先必须对领域知识进行认知分类——在领域知识库中要对每个知识元素标出它在学生认知能力培养方面的特性。例如，若某个知识元素主要对学生"分析"能力的培养起作用，则将此知识元素标记为"分析类"；若是对"综合"能力的培养起作用，则标记为"综合类"。在教学过程中，可以让每个学生记录（也可利用软件系统自动记录）当前所学的新内容，由于每个新内容均带有认知分类标记，所以学生自己（或软件系统）很容易检测出学生通过本次学习后各项认知能力的进步情况，据此，学生自己（或软件系统）即可修改初始估计值。例如，可通过以下方式进行修改：用不同认知分类的知识元素进行提问或测试，每答对一个一般难度的问题可将相应的认知能力值加 0.05 分；每答错一个一般难度的问题则扣 0.05 分，当问题的难度较大时，答对加分值可大于 0.05，答错扣分值可小于 0.05；当问题较容易时，答对加分值应小于 0.05，而答错扣分值则应大于 0.05（如前所述，认知能力值共分 11 级，每级之间的级差为 0.1 分）。这样就可得到该生经过一次学习后的六项认知能力的修正值，我们称为"一次评估值"。显然一次评估值与初始估计值相比，在对学生认知能力的评估上要更切合实际一些。

3. 根据一次评估值再做二次、三次……评估

根据一次评估值，再次到领域知识库中去选取与该学生认知能力相适应的知识，继续对该生进行教学，在教学过程中，让每个学生记录（也可利用软件系统自动记录）当前所学的新内容以及经过提问或测试在认知能力方面的进步情况。于是经过第二次学习后，根据学生的实际学习情况，可得到六项认知能力经再次修改后的评估值，即"二次评估值"。显然，二次评估值与一次评估值相比，在对学生认知能力的评估上又接近了一步。如此继续下去，学生每学习一遍，认知能力评估值就要修改一次，而每一次修改都要比前一次朝精确的估计值更接近一步，这就是"逐步逼近法"名称的由来。

三、确定学习者的认知结构变量

1. 认知结构变量的含义及特性

按照奥苏贝尔的定义，"认知结构"是指"个体的观念的全部内容和

组织，或者就教材而言，指个体关于特殊知识领域的观念的内容和组织"①。所谓"个体的观念的全部内容和组织"就是指学习者在长期的认识与改造客观世界的过程中，在其大脑内逐渐形成并按一定组织结构存储的全部知识与经验系统；所谓"个体关于特殊知识领域的观念的内容和组织"，是指学习者大脑中按一定组织结构存储的关于某个特定学科领域的知识与经验。

由于原有的认知结构是影响新的有意义学习与保持的关键因素，即有意义学习的发生与习得意义的保持皆取决于认知结构的状况，所以奥苏贝尔对于认知结构问题一直非常关注。经过长期的实验研究和理论探索，奥苏贝尔发现在认知结构中有三方面的特性，对于有意义学习的发生与保持具有至关重要的意义和最为直接的影响。由于这三方面的特性并不是恒定不变的常量，而是因人而异的变量，所以奥苏贝尔就把学习者认知结构的这三方面特性称为三个认知结构变量。

第一个认知结构变量是指认知结构的"可利用性"——即学习者的原有认知结构中是否存在可利用来对新观念（包括新概念、新命题、新知识）起固定、吸收作用的观念，这个起固定、吸收作用的原有观念必须在包容范围、概括性和抽象性等方面符合认知同化理论的要求。

第二个认知结构变量是指认知结构的"可分辨性"——即这个起固定、吸收作用的原有观念与当前所学新观念之间的异同点是否清晰可辨。新旧观念之间的区别越清楚，越有利于有意义学习的发生与保持。

第三个认知结构变量是指认知结构的"稳固性"——即这个起固定、吸收作用的原有观念是否稳定、牢固。原有观念越稳固，也越有利于有意义学习的发生与保持。

所谓确定学习者的认知结构变量，是要确定学习者认知结构中上述三方面的特性，首先是要确定学习者的认知结构是否具有"可利用性"。

2. 认知结构中"原有观念"与"新观念"之间的三种关系

对于当前所学的新概念、新命题、新知识（即新观念）来说，有可能起固定、吸收作用的原有观念与新观念之间通常有以下三种关系。

（1）类属关系

类属关系也称上下位关系，是指当前所学内容（新观念）类属于学习者认知结构中某种包容性更广、抽象概括程度更高的原有观念，即原有

①　钟启泉，黄志成. 美国教学论流派［M］. 西安：陕西人民教育出版社，1996.

观念处于上位，新观念处于下位。这是新观念与原有观念之间最常见的一种关系。

处于下位的新观念（类属观念）又有两种形式①：一种是"派生类属"，即新学习内容只是学习者原有认知结构中包容性更广的命题的一个例证，或者能由该原有命题直接派生出来。例如，若儿童已经知道"猫会逮老鼠"这一命题，那么，"邻居的小花猫逮了一只大老鼠"这一新命题就可类属于原有命题。在掌握汉字的"间架结构"概念的基础上，进一步学习"左右结构字""上下结构字"或"包围结构字"也有这种类属关系。显然，具有这种类属关系的新命题是比较容易学习的，因为在这种情况下，

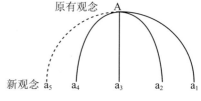

图 5.9　派生类属图示

学习者原有命题只需稍作修改或扩展就能产生出新命题的意义。具有"派生类属"的上下位关系可用图 5.9 表示②。

在派生类属中，新观念 a_4 与上位观念 A 相联系，而且表示 A 的另一个例证或由 A 所衍生。在此种关系中观念 A 的基本属性不改变。

另一种下位关系的形式是"相关类属"。当新观念是对原有观念的一种扩充、修饰或限定时，就构成相关类属。例如，若学习者有"平行四边形"的概念，则我们可以通过"菱形是四条边一样长的平行四边形"这一新命题来界定菱形。在这种情况下，通过对原有概念"平行四边形"予以适当限定（四边等长），就得出菱形这一新概念。具有"相关类属"的上下位关系可用图 5.10 表示③。

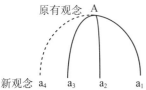

图 5.10　相关类属图示

在相关类属中，新观念 a_4 与原有观念 A 相联系，而且是 A 的一种扩充、修饰或限定。在此种关系中，原有观念 A 的基本属性将随相关类属关系而改变。

（2）总括关系

总括关系是指当前所学的内容（新观念）具有较广泛的包容性与概括

①　施良方. 学生认知与优化教学［M］. 北京：中国科学技术出版社，1991.

②　David P. Ausubel，Joseph D. Novak，Helen Hanesian. Educational Psychology—A Cognitive View［M］. Holt，Rinehart and Winston，Inc. 1978.

③　同上.

性，因而能把一系列原有观念总括于其中（也就是使一系列的原有观念类属其下）。在此情况下，新观念是处于上位，而原有观念则处于下位。例如，当学习者学习了"萝卜""菠菜""扁豆"等下位概念后，再来学习"蔬菜"这一上位概念时就属于这种情况。识字教学中独体字、合体字与汉字结构的关系，物理学中动能、势

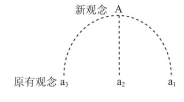

图 5.11 总括关系图示

能与机械能的关系也是如此。"总括关系"可用图 5.11 表示①。

在总括关系中，原有观念 a_1、a_2 和 a_3 被认为是新观念 A 的具体例证，并且与 A 有内在联系。

（3）并列组合关系

并列组合关系是指当前所学的内容（新观念）与学习者认知结构中的原有观念既不存在类属关系，也不存在总括关系，但却具有某种共同或相关属性的情况。在已有"回声"概念的基础上学习"雷达"原理，就是利用并列组合关系的一个例子，因为在这种场合，无线电波的反射既不类属于声波的反射，也不能总括声波的反射，但是无线电波的反射和声波的反射又同属于"波的反射"，这就是一种并列组合关系。在自然科学和社会科学领域中，有许多新概念的学习都要应用到和原有概念的并列组合关系。例如，"质量与能量""功与能""遗传与变异""需求与价格""生产力与生产关系""经济基础与上层建筑""物质文明与精神文明"等。虽然在这类新旧概念之间不存在上述类属关系和总括关系（由以上分析可知，通过上述两种关系可以很容易地直接建立起当前所学新知识与认知结构中原有知识之间的非任意的实质性联系，而建立这种联系是实现有意义学习的关键所在），但是通过仔细分析可以发现，它们之间仍然具有某种或某些相关的甚至共同的属性，正是通过这类相关或共同的属性才使新旧知识之间仍然能够建立起某种非任意的实质性联系，从而达到有意义而非机械学习的目的。

要确定认知结构是否具有"可利用性"（即确定第一个认知结构变量），就是要确定在当前所学的新概念、新命题、新知识与学习者原有认知结构中的某种概念、命题或知识之间是否存在上述三种关系中的某

---

① David P. Ausubel，Joseph D. Novak，Helen Hanesian. Educational Psychology—A Cognitive View[M]. Holt，Rinehart and Winston，Inc. 1978.

一种关系。如能找到类属或总括关系这是最理想的，因为在这两种情况下，如上所述，可以直接建立起新旧知识之间的非任意的实质性联系，学习者所需进行的认知加工比较简单，因而可以较轻松地完成学习任务。如果找不到类属或总括这两种关系，那就只能去寻找新旧知识之间的并列组合关系。这就要求在新旧知识（或新旧概念、命题）之间作比较深入的分析对比，以便从中找出某种相关的或是共同的属性。例如，在上述关于"回声"与"雷达"的关系中，"回声"是学习者认知结构中通过日常生活经验建立起来的原有概念，而"雷达"则是当前要学习的新概念、新知识，通过分析对比不难发现，"波的反射与接收"就是本例中原有概念与新概念的共同属性。

第一个认知结构变量（可利用性）被确定以后，接着要确定第二个认知结构变量，即要分析学习者认知结构中起固定、吸收作用的原有概念与当前所学新概念之间的"可分辨性"。这一步工作实际上可以和前一步工作（确定第一个认知结构变量的工作）几乎同步完成，这是因为，如果可利用的原有概念与当前所学的新概念之间是属于第一种关系（即类属关系），那么，由于类属关系就是上下位关系——原有概念为上位，新概念为下位，这二者之间的关系无须我们作进一步的分析就已泾渭分明，清晰可辨了；如果可利用的原有概念与当前所学新概念之间是属于第二种关系（即总括关系），那么，由于总括关系实际上是"下上位关系"——原有概念为下位，新概念为上位，所以这二者之间的区别实际上和第一种关系中一样，无须进一步分析即已清晰可辨；如果可利用的原有概念与当前所学新概念之间是属于第三种关系（并列组合关系），这时新旧概念之间的区别就不像在第一、第二种关系中那样能直接观察出来，而是要求对新旧概念作比较深入的分析对比，在努力寻找它们共同（或相关）属性的同时，也要注意发现它们彼此之间相区别的属性。仍以上述"回声"与"雷达"的关系为例，在找出"波的反射与接收"是二者共同属性的同时，还应注意到前者是属于"声波"的反射与接收，而后者则属于"无线电波"的反射与接收，如能注意到这点（两种不同性质的波动），则新旧概念显然是清晰可辨的。

可见，即使是在第三种关系的情况下，"可利用性"和"可分辨性"的确定也几乎是在同一过程中完成的。

在第一、第二两个认知结构变量均已确定以后，接着就要确定第三个认知结构变量，即要分析学习者认知结构中起同步、吸收作用的原有观念的"稳固性"。一般来说，若能找到和新观念具有类属关系或总括关系的原有观念，那么，这种原有观念通常对于绝大多数的学习者都是比较稳定而牢固的；假如原有观念与新观念之间是并列组合关系，则这种原有观念的稳固性将随不同的学习内容而有较大的差别。这里又分三种不同情况：

（1）如果原有观念贴近学生的日常生活，则这种"原有观念"是比较稳固的。例如通过以"回声"作为原有概念去固定、吸收"雷达"这个新概念就属于这种情况。

（2）如果原有观念和已学过的某种知识相关，而且该知识的习得意义又能较好地保持，那么这种原有观念也是比较稳固的，并且对新知识的学习能起到有效的促进作用。例如物理学中，在掌握"功"的概念的基础上去学习"能"的概念，会容易得多。

（3）如果原有观念和已学过的某种知识相关，但对该知识的习得意义不能有效保持，那么这种原有观念将是不稳固的，因而将对新知识的学习不会有什么帮助。例如学习者若对"功"未能先建立正确的概念，则在学习"能"的概念时会感到很困难。

对于第三个认知结构变量进行分析的意义在于：通过明确地区分关于认知结构稳固性的上述三种不同情况可以看到，如果分析结果属于前两种情况，这表明学习者认知结构中的原有观念是比较稳固的，可以放心地加以利用；如果分析结果属于第三种情况，则应在教学过程中设法采取补救措施——努力使当前教学中将要加以利用的原有观念变得稳定、牢固，以免它对当前有意义学习的发生及保持产生不利影响。

第五节　教学策略的选择与设计

按照《现代汉语词典》的解释，"策略"是指行动的指导方针和工作的方式、方法，即行动的指南和处方，所以教学策略是指教学方面的指南和处方。本章开头曾经指出，信息技术与课程整合的实质与落脚点是要创建新型的教学结构（即"主导—主体型教学结构"）；而且还强调：信息技术与课程整合的实质既然是新型教学结构的创建，"整合"课的教学设计自然要紧紧围绕创建"主导—主体型教学结构"这一目标。通过本章第一、第二节的论述，我们已经看到，能最有效实现这一目标的教学设计是"学教并重"教学设计。所以本节有关教学策略的选择与设计，不打算对教学策略问题做全面的论述，而是有针对性地对"学教并重"教学设计中最有效、常用的教学策略作重点分析。这类教学策略包括以教为主教学设计中常用的"先行组织者策略""五段教学策略""九段教学策略""假设—推理策略""示范—模仿策略"以及以学为主教学设计中常用的"支架式策略""抛锚式策略""随机进入式策略""启发式策略""协作式策略"等。由于和建构主义学习环境有关的"支架式策略""抛锚式策略""随机进入式策略"已在第二章中有过较详尽的介绍，所以在本节专门从"学教并重"角度所进行的教学策略选择与设计中，将只涉及其余几种策略，即"先行组织者策略""五段教学策略""九段教学策略""假设—推理策略""示范—模仿策略"，以及"启发式策略"和"协作式策略"。下面是对这几种策略的基本内容及实施方式的具体介绍。

一、"先行组织者"策略

在第三章第四节中曾对先行组织者策略的基本内容及相关概念作过详细介绍，所以这方面的问题不再赘述，这里只对这种策略在教学过程中如何实施的问题进行讨论。先行组织者策略的实施通常包括以下两个步骤。

(一)确定先行组织者

实施这一策略的第一步是要确定先行组织者。如第三章所述，先行组织者实际上是学习者认知结构中"原有观念"的具体体现——即通过语言文字表述或通过某种媒体呈现出来的、与当前所学内容相关的原有观念。而学习者认知结构中是否存在与当前所学内容具有某种关系(例如类属关系、总括关系或并列组合关系)的"原有观念"这一问题，在"学习者特征分析"环节中已经解决(若未能解决这一问题，即无法确定当前学习内容与学习者认知结构中的哪一部分具有某种相关性，则不可能转入"传递—接受"教学分支，也就不可能运用先行组织者策略)，因而当前要确定先行组织者不会有任何困难，只需把"学习者特征分析"环节中已经选定的"原有观念"，用适当的语言文字表述出来或用某种媒体呈现出来(也可以文字表述和媒体呈现二者相结合)就是先行组织者。

(二)选择恰当的教学内容组织策略

如第三章所述，先行组织者有三种不同的类型(上位组织者、下位组织者、并列组织者)，所以对教学内容的组织相应地也有三种不同的策略。

1."渐进分化"策略

当先行组织者在包容性和抽象概括程度上均高于当前教学内容，即组织者为上位观念时，奥苏贝尔建议对教学内容的组织采用"渐进分化"策略。所谓渐进分化，是指应该首先讲授最一般的，即包容性最广、抽象概括程度最高的知识，然后再根据包容性和抽象程度递减的次序逐渐将教学内容一步步分化，使之越来越具体、深入。若按这种渐进分化策略组织教学内容，则人们习得知识的顺序将和大脑认知结构中的组织层次、存储方式完全吻合。显然，对于学习者来说，为了建立新旧知识之间的实质性联系，这种情况所要求付出的认知加工量是最小的，因而最有利于知识意义的习得与保持。在贯彻这种策略时应注意的是，不仅整门课程的内容(即学科内容)要按渐进分化组织，就是课程内各个教学单元的内容以及各单元之内的各个概念也要按照包容性递减的次序渐进分化地组织。

为了便于渐进分化策略的实施，美国著名教育技术学家瑞奇鲁斯(C. M. Reigeluth)经过多年研究提出了一套比较完善且便于操作的理论方法——细化理论(Elaboration Theory，ET)[1]。下面是对这一理论的基本内容及应用方法的介绍。

细化理论的基本内容可以用"一、二、四"概括，即：一个目标、两个过程、四个环节[2]。

一个目标：是指细化理论的全部内容都是为了达到一个目标——按照渐进分化策略实现对教学内容(即当前所教学科知识内容)最合理而有效的组织。

两个过程：是指细化理论主要通过两个设计过程来实现上述目标，这两个设计过程，一是"概要"设计，二是一系列细化等级设计。

概要设计是指从学科内容中选出包容性最广、抽象概括程度最高的学习任务作为初始概要。学科知识内容通常可划分为三种类型：概念性内容(说明"是什么")、过程性内容(说明"如何做")和理论性内容(说明"为什么")。但在某个教学单元之中占优势的往往只是其中的一种内容，因此我们就可以从这种内容中选出初始概要，这个初始概要就是"先行组织者"，也就是用来对新概念、新知识起同化、吸收作用的"固着点"。如果当前选出的知识内容是概念性的，则初始概要应包含一个概念定

---

① C. M. Reigeluth. In Search of a Better Way to Organize Instruction：The Elaboration Theory. Journal of Instructional Development，1979/2(3).

② Suzanne Hoffman. Elaboration Theory and Hypermedia：Is There a Link？Educational Technology，1997，1-2(37).

义、若干个概念实例和把概念应用于新情境的练习；如果当前选出的知识内容是过程性的，则初始概要应包含该过程的基本功能及主要实施步骤；如果当前选出的知识内容是理论性的，则初始概要应包含该理论的基本原理及主要观点。如果某个概念或原理很抽象或者较难理解，就要利用形象化的比喻或多媒体技术来辅助讲解。任何学科内容都可按照这种细化理论的方法加以组织和排序，而不管这些内容是概念性、过程性或是理论性的。

一系列细化等级的设计，要求对选出的初始概要不断进行逐级细化，逐级细化的过程就是逐级的同化、吸收过程，细化的复杂程度和精细程度应逐级加深。第一级的细化是指对初始概要（即初始固着点）按照"由一般到特殊"的原则作适当的扩充，使之变得更充实和更具体（扩充得到的新概念、新知识在包容性和抽象性方面都比"固着点"要低）；第二级的细化除了是对第一级的细化结果（即起同化、吸收作用的新"固着点"）作进一步细化（而不是对初始概要细化）以外，其他过程和第一级相同。换句话说，每一级细化都是前一级呈现内容的深入与扩展——通过每一次细化，使教学内容越来越具体、深入、细致。如此继续下去，直至达到教学目标所要求的学科内容复杂程度为止。

以威特曼（Wedman）和史密斯（Smith）设计"照相机工作原理"教学单元为例，他们确定该教学单元的"概要"是理论性的，其内容包含光圈大小、快门速率和胶卷型号（与感光速率有关）三者之间的定性关系。例如，若胶卷型号固定，为了保持同样的曝光，当光圈较大时，快门的速率就要提高。这时先不考虑定量关系即先不考虑快门的速率值、光圈的大小值以及胶卷的感光速率值。在"概要"学习阶段，要求学习者运用所学到的一般原理（即上述定性关系）去解决实际问题，例如回答以下练习题："如果灯光改变，而快门速率要求不变，应该怎么做？"

设计完"概要"和有关练习后，就要转入一系列精细程度不断加深的细化等级设计。仍以上述"照相机工作原理"教学单元为例，在细化的第一级应向学习者呈现关于光圈大小、快门速率和胶卷感光速率等方面的细节内容；在细化的第二级则应介绍有关这几方面的更深入知识，例如，让学习者了解景深与光圈大小的关系以及物体动作与快门速率之间的关系等。

由以上分析可见，每一级的细化结果都是其下一级细化的"概要"。这是细化过程的一个重要特点。事实上细化过程就是对初始概要不断完善与深化的过程。

由以上分析还可看到，一方面，在同一等级上可以对不同的教学内容进行细化（其复杂程度相同）；另一方面，也可对同一教学内容在相继的等级中不断细化（其复杂程度不同）。这就使按细化理论建立的教学系统有较大的灵活性：既可通过横向（同一细化级）了解学科内容各部分当前的细化情况，又可通过纵向穿过一系列细化等级而达到对某一知识点的深入了解。这种在知识网络中既可横向移动又可纵向移动的灵活性是细化过程的另一重要特点，这种特点对于超媒体教学系统的设计与实现是特别有利的。事实上，考虑知识之间的相互联系是细化理论的基础，而超媒体则允许我们建立起这种联系并可实际应用。换句话说，细化理论提供关于如何建立知识结构模型的理论框架，而超媒体则提供把这种理论框架付诸实践的环境与手段。

为了更深刻地理解上述细化过程，我们可以把细化作用和"可变焦距镜头的照相机"相对比：这种照相机开始用广角镜头（相当于"概要"）；然后通过变焦进入逐级细化的过程（可以循环往复），以观看整幅画面中的各个子部分（细化后的教学内容）；接着变焦距镜头移出以便回顾、复习学过的全部内容和确定各部分知识之间的联系。将变焦距镜头移入和移出的调节过程要反复进行，一直到整幅画面的所有各个部分都已按照所要求的精细等级被考察过为止。

四个环节：是指为保证细化过程的一致性和系统性，必须注意细化设计中四个环节的密切配合。这四个环节是"选择"（Selection）、"定序"（Sequencing）、"综合"（Synthesizing）和"总结"（Summarizing），简称4S。

选择是指从学科的知识内容中选出为了达到总的教学目标或某一单元的子教学目标所要教的各种概念和知识点，从而为概要设计做好准备，这是细化理论的初始设计任务。

定序的目的是要使教学内容（学科知识内容）按照"从一般到特殊"的次序来组织和安排，这既是概要设计和一系列细化设计的指导思想，又是设计的基本内容，应该贯穿在这两个设计过程的始终，从而保证每次细化结果的一致性。

综合的作用是要维护知识体系的结构性、系统性，即确定各个知识点之间的相互联系。通过综合使学习者看到各个概念之间的关联以及它们在更大的概念图中（乃至整个课程中）所处的地位。在每一级细化的过程中都将有两种形式的综合发生：内部综合与外部综合。内部综合用来阐明给定的细化等级之内各概念之间的关系；外部综合则用来阐明给定细化等级内的主题和已经教过的其他主题之间的关系。

总结对于学习的保持和迁移都是很重要的。细化理论中包含两种总结：一种是课后总结，在一节课将要结束时进行，用来对本节课所讲授的知识和概念进行总结；另一种是单元总结，在一个教学单元将要结束时进行，用来对本单元之内所教过的所有知识和概念进行总结。

在上述四个环节中，选择为概要设计做好准备，定序为各级细化提供统一的指导方针以保证每次细化结果的一致性，综合和总结则建立起各个知识点之间的联系以及各部分知识与知识整体的关系，从而把每次细化结果有机地联系在一起，形成系统而完整的知识体系而不是互不相关的各种知识点的堆砌。

以某一节课的教学为例，细化理论的应用步骤可说明如下（在下列步骤中并未列入与细化过程无关的其他教学环节，如教学目标分析、学习者特征分析以及教学评价等）：

(1)给出本节课的概要（完成概要设计）。

(2)嵌入动机激发器以帮助学习者形成学习动机。

(3)如果概要内容较抽象难懂则应进一步给出形象化的比喻（或适当的类比）。

(4)顺序呈现按照一系列细化设计结果而组织起来的教学内容。

(5)建立新旧知识之间的联系，以促进学习者的意义建构。

(6)根据学习情况的需要嵌入认知策略激发器，以帮助学习者提高学习质量与效率。

(7)提供本节课的课后综合。

(8)提供本节课的课后总结。

2. "逐级归纳"策略

当先行组织者在包容性和抽象概括程度上均低于当前教学内容，即组织者为下位观念时，对于教学内容的组织可以采用"逐级归纳"策略。所谓逐级归纳，是指应先讲授包容性最小、抽象概括程度最低的知识，然后再根据包容性和抽象程度递增的次序逐级将教学内容一步步归纳，每归纳一步，包容性和抽象程度即提高一级。就某门课程或某个教学单元来说，当组织者为下位观念、教学内容为上位观念时，其教学内容只是在组织顺序上和第一种策略（即组织者为上位、教学内容为下位时的渐进分化策略）不同（二者相反），而内容本身则毫无差别。另外，正如前面所指出的，不管新知识是通过类属关系（即上下位关系）习得，还是通过总括关系（即下上位关系）习得，最后都要被归入到学习者原有认知结构的某一层次之中，并隶属于包容范围更广、抽象概括程度更高的知识系统之下。这就是说，不管是按第一种策略（渐进分化）还是按第二种策略（逐级归纳）组织教学内容，对于学习者来说，只是习得知识的顺序不同，而关于该知识所习得的意义则是完全一样的。事实上，"渐进分化"和"逐级归纳"正好是互逆过程。这样，我们就可仿照上述细化理论的思想提出便于逐级归纳策略实施的"归纳理论"。

归纳理论的基本内容也和细化理论一样，可用"一、二、四"概括，即：一个目标、两个过程、四个环节。与细化理论相比，其中"一个目标"二者基本相同，只需把"按照渐进分化策略"改为"按照逐级归纳策略"；"四个环节"需作两点小的修改：

（1）"选择"——从学科内容中选出各种概念和知识点的目的是要从中选出"初始固着点"（而非"初始概要"）。

（2）"定序"——是要使教学内容按照"从特殊到一般"（而不是"从一般到特殊"）的次序来组织和安排。

"两个过程"也很相似：一是固着点设计，二是一系列归纳等级的设计。

固着点设计是指从学科内容中选出包容性最小、抽象概括程度最低的学习任务作为"初始固着点"。这类固着点同样有概念性、过程性和原理性三种不同类型。显然，在运用逐级归纳策略来组织教学内容的情况下，这个初始固着点就是先行组织者。换句话说，这里的初始固着点，其作用就相当于细化过程中的初始概要。

一系列归纳等级的设计要求对选出的初始固着点不断进行归纳。第一级归纳是指利用初始固着点（先行组织者）去同化、吸收在包容性和抽象性方面都要比自身高一级的新概念、新知识（这种以下位概念去同化、吸收上位概念的过程就称为"归纳"），然后再以第一级归纳得到的新知识作为新的固着点（称为"一级固着点"）去同化、吸收在包容性和抽象性方面又比它要更高一级的新概念、新知识，从而完成第二级归纳并得到"二级固着点"，……如此一步步归纳下去，直至新知识的包容性与抽象性达到教学目标的要求为止。第二级归纳除了是对第一级归纳的结果作进一步的归纳（而不是对初始固着点即先行组织者归纳）以外，其他过程与第一级相同，此后各级之间的关系也与此类似。总之，每一级归纳都是前一级教学内容的概括与提升（包容性更广、抽象程度更高）。可见，逐级归纳和细化过程一样都是逐级的同化、吸收过程。不过，逐级细化中的同化、吸收是"由一般到特殊"，而逐级归纳中的同化、吸收则是"由特殊到一般"。

3. "整合协调"策略

当先行组织者在包容性和抽象概括程度上既不高于、也不低于当前教学内容，但二者之间具有某种或某些相关的甚至是共同的属性时，对于教学内容的组织可以采用"整合协调"策略。所谓整合协调，是指通过分析、比较先行组织者与当前教学内容在哪些方面具有类似的或共同的属性，以及在哪些方面二者并不相同来帮助和促进学习者认知结构中的有关要素进行重新整合协调，以便把当前所学的新概念纳入到认知结构的某一层次之中，并类属于包容范围更广、抽象概括程度更高的概念系统之下的过程。

仍以前面提到的"回声"与"雷达"为例，从生活经验中得到的回声概念可以作为学习雷达原理的先行组织者。在这种场合，整合协调策略的运用就体现为对当前教学内容按以下方式进行组织：

（1）通过媒体展示和语言文字表述介绍回声现象及有关特性（作为先行组织者）。

（2）通过媒体展示和语言文字表述讲解雷达工作原理——无线电波的发射与接收（当前的学习主题）。

（3）指出雷达与回声的共同属性——都是波的反射、接收。

（4）分析雷达与回声的区别——前者是无线电波（一种电磁波），只能通过仪器探测到；而后者是声波，可以通过耳朵听到。

（5）介绍雷达在航空、航海、军事等方面的应用，以巩固和加强习得的意义。

通过上述教学内容组织策略就可以使关于雷达原理的新知识（即关于无线电波的反射、接收的知识）被纳入学习者认知结构中关于"波的反射、接收"这一上位概念之下，并与声波的反射、接收一起成为类属于它的下位概念，即在新知识与旧知识之间建立起上下位关系——某种非任意的实质性联系，从而使学习者建构起关于雷达知识的意义。显然，通过上述认知结构的重组和整合过程，学习者的原有认知结构得到扩充（把雷达知识纳入其中）并形成了新的稳定而协调的结构。

通过上面的例子可以清楚地看到整合协调策略的意义与作用——在

回声与雷达之间并无上下位(或下上位)关系,在此情况下要想实现有意义学习原本是困难的,但是通过这种策略的运用,使学习者原有认知结构中的有关要素被重新整合,从而得到新的稳定而协调的认知结构形式。在这种新的结构形式中,通过回声的上位概念(而不是"回声"本身)与雷达之间建立起上下位关系,因而能对新知识起到同化与吸收的作用(即成为新知识的"固着点"),从而比较容易地实现了有意义的学习。

在已有"蔬菜"概念的基础上学习某些食物的植物学分类,是运用整合协调策略组织教学内容的另一个例子。通过日常生活经验,一般学生都知道西红柿、土豆、豌豆和胡萝卜等都属于蔬菜类。如果现在要进一步学习它们的植物学分类,即要学生掌握西红柿、豌豆既是蔬菜又属于植物的果实;土豆和胡萝卜既是蔬菜又是植物的根,这种学习因为与学生的原有观念有冲突,所以本来是比较困难的。现在我们运用整合协调策略将有关的教学内容按下列方式组织:

(1)(通过媒体展示或语言文字表述)介绍我们日常生活中的各种菜肴:蔬菜、肉类、海鲜、禽蛋等,而蔬菜中又包括西红柿、土豆、豌豆、胡萝卜等(作为先行组织者)。

(2)(通过媒体展示或语言文字表述)说明西红柿、土豆等蔬菜又属于植物,从植物学观点又可按根、茎、叶、果实等分类(当前的学习主题)。

(3)指出先行组织者与当前学习主题的相关属性——都属于"分类"问题。

(4)分析先行组织者与当前学习主题的不同属性——前者属于菜肴分类,后者则属于植物学分类。

(5)启发学生思考还有哪些蔬菜是属于植物的根或果实(促进习得知识的巩固)。

(6)启发学生思考有哪些蔬菜是属于植物的茎和叶(促进习得知识的迁移)。

这样组织的教学内容将能有效地促进学生认知结构的重新整合,整合的结果,"植物学分类"概念将被纳入学生认知结构的某一层次之中,并与"菜肴分类"概念一起类属于"分类"这一上位概念之下,从而使原有认知结构得到扩充并形成新的稳定而协调的结构。由于扩充后的认知结构中植物学分类概念与其上位概念"分类"之间建立了实质性联系,表明学生已完成对这一新知识的意义建构,而对这样的认知过程学生一般不会感到有困难。

应当指出,上述三种教学内容组织策略之所以能有效地促进有意义学习的发生和习得意义的保持,从根本上说是因为它们都能符合皮亚杰的认知同化理论。对于第一种策略(渐进分化)来说,由于先行组织者是上位观念,当前教学内容是下位观念,二者之间无须做其他的认知加工(认知结构只作简单扩充而无须重组)就可以直接建立起实质性联系,所以先行组织者所体现的"原有观念"可以作为同化、吸收新知识的可靠"固着点",使认知结构的同化过程很容易完成。对于第二种策略(逐级归纳)来说,由于先行组织者是下位观念,当前教学内容是上位观念,二者之间也无须作其他的认知加工(认知结构也是简单扩充无须重组)就可以直接建立起实质性联系,所以与第一种策略一样,由于有可靠的"固着点",认知结构的同化过程也很容易完成。对于第三种策略(整合协调)来说,由于先行组织者和当前教学内容之间不存在上下位(或下上位)关系,缺乏同化、吸收新知识的固着点,因而不能直接进行认知结构的同化,只能通过认知结构的"顺应"——引起原有认知结构的改造和重组来吸纳新知识。可见这种学习本来是相当困难的(因为没有"固着点"),但是由于采用了整合协调的内容组织策略,使得学习者能够从与新知识相关或公共的属性的上位概念中找到同化、吸收当前新知识的固着点。这样,就相当于把"顺应"过程(比较复杂的认知结构的改造重组过程)转化为"同化"过程(认知结构的简单扩充过程)。这就是整合协调策略能有效地促进有意义学习的发生与保持的秘密所在。

二、"五段教学"策略

这种教学策略的主要步骤是:激发动机→复习旧课→讲授新课→运用巩固→检查效果。它起源于赫尔巴特派的"五段教学法"(预备、提示、联系、统合、应用),后经苏联凯洛夫的改造而传入我国。其优点是,能使学生在较短时间内掌握较多的系统知识,能体现"教学"作为一种简约的认识过程的特性,所以在实践中长盛不衰,至今仍是学校教育中的主要教学策略之一。其缺点是,学生在这种教学过程中往往处于被动地位,不利于他们学习主动性的发挥,为此,多年来在这方面一直受到批评与指责。然而,正如奥苏贝尔指出的,"接受学习"不一定是机械、被动的,关键是能否转化为"有意义学习",即能否建立起新旧知识之间的联系。因此,"五段教学策略"能否扬长避短,继续在教学领域发挥作用,并不取决于策略本身,而是取决于运用这种策略的教师或课件脚本的设计人能否作到以下两点：

（1）传递新知识时要与学生原有认知结构建立起有意义的联系（即非任意的实质性联系）。

（2）传递新知识时应激发学生主动地从自身的认知结构中提取出有关的旧知识来同化新知识。

三、"九段教学"策略

这是美国著名教育心理学家 R. M. 加涅将认知学习理论应用于教学过程的研究而提出的一种教学策略。加涅认为，教学活动是一种旨在影响学习者内部心理过程的外部刺激，因此教学程序应当与学习活动中学习者的内部心理过程相吻合。根据这种观点他把学习活动中学习者内部的心理活动分解为九个阶段，相应地教学程序也应包含 9 个步骤，如图 5.12 所示。

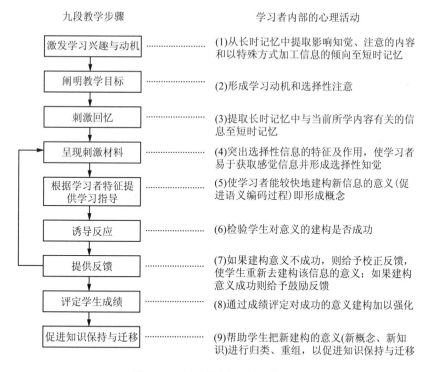

图 5.12 加涅的"九段教学策略"

"九段教学策略"由于有认知学习理论作基础，所以不仅能发挥教师的主导作用，也能激发学生的学习兴趣，在一定程度上调动了学生的主动性、积极性。另外，由图 5.12 可见，"九段教学策略"的实施步骤具体明确，可操作性强，便于编程实现，因此还可适用于课件或网络课程的教学设计。

四、"假设—推理"策略

这是一种着眼于培养学生逻辑思维能力的教学策略。它的主要步骤是：问题→假设→推理→验证→结论。

在"问题"阶段，教师应提出难易适中的问题，并使学生明确问题的指向性；在"假设"阶段，教师应运用问题情境引导学生通过分析、综合、比较，努力提出各种假设，并围绕假设进行"推理"，从而逐步形成当前教学目标所要求掌握的概念；在"验证"阶段，应由教师或学生自己进一步提出事实来说明刚形成的概念；在"结论"阶段，由教师引导学生回顾教学活动，分析思维过程，总结学习收获。

这种策略的优点是有利于发展学生的逻辑思维能力，不足之处在于比较局限于数理学科的教学内容。

五、"示范—模仿"策略

这种策略特别适合于实现动作技能领域的教学目标。它的主要步骤是：定向→参与性练习→自主练习→迁移。

在"定向"阶段，教师既要向学生阐明动作要领和操作原理，还要向学生做示范动作；在"参与性练习"阶段，教师指导学生从分解动作开始做模仿练习，并根据每次练习结果对学生给予帮助、纠正和强化，使学生基本掌握动作要领；在"自主练习"阶段，学生由单项动作技能的练习转向合成动作技能的练习，并可逐步减少、甚至脱离教师的现场指导；在"迁移"阶段，要求学生不仅能独立完成动作技能的操作步骤，还能将习得的技能应用于其他类似的情境。

六、"启发式教学"策略

第二章介绍过的三种建构主义教学策略(基于概念框架的"支架式策略"、基于真实问题的"抛锚式策略"和基于事物复杂性与多面性的"随机进入式策略")是目前国外比较流行的、适用于多媒体或网络教学环境的、有利于促进学生自主学习和主动探究的教学策略。事实上，只要能发挥学生的主动性、积极性，能体现学生的学习过程主体地位，就能有效地促进学生对知识意义的主动建构；而不一定局限于上述三种教学策略，更不一定要局限于国外的经验，从我们自身的传统文化和教学实践中也能总结出不少非常有效的、能促进学生自主学习和主动探究的教学策略。以发挥学生的主动性和首创精神为例，我们的先哲孔子创造的"启发式教学"就是一个光辉的范例。

关于"启发式教学"，许多人都以为这是苏格拉底的首创。这对于言必称希腊的西方学者来说是不足为怪的，在我们中国也有不少人持这种看法（尤其是在计算机教育界），这就未免"数典忘祖"。事实上，孔子不仅一贯坚持启发式教学，而且"启发"式这个名称本身也是由孔子（而不是苏格拉底）所创造。孔子比苏格拉底大 82 岁，孔子逝世后 10 年，苏才出生。所以孔子才是真正的当之无愧的"启发式教学"创始人。除此以外，孔子所创造的启发式教学法，其内涵也要比苏格拉底的"产婆术"更为丰富、更为深刻。为了说明这个问题，我们不妨将称为"产婆术"的苏格拉底启发式对话法与孔子的启发式教学法作一比较。

一位名叫欧谛德谟的青年，一心想当政治家，为帮助这位青年认清正义与非正义问题，苏格拉底运用启发式方法和这位青年进行了下面的对话（以下皆是苏问，欧答）[①]：

问：虚伪应归于哪一类？

答：应归入非正义类。

问：偷盗、欺骗、奴役等应归入哪一类？

答：非正义类。

问：如果一个将军惩罚那些极大地损害了其国家利益的敌人，并对他们加以奴役这能说是非正义吗？

答：不能。

问：如果他偷走了敌人的财物或在作战中欺骗了敌人，这种行为该怎么看呢？

答：这当然正确，但我指的是欺骗朋友。

问：那好吧，我们就专门讨论朋友间的问题。假如一位将军所统帅的军队已经丧失了士气，精神面临崩溃，他欺骗自己的士兵说援军马上就到，从而鼓舞起斗志取得了胜利，这种行为该如何理解？

答：应该算是正义的。

问：如果一个孩子有病不肯吃药，父亲骗他说药不苦、很好吃，哄他吃下去了，结果治好了病，这种行为该属于哪一类呢？

---

① 色诺芬. 回忆苏格拉底[M]. 北京：商务印书馆，1984.

答：应属于正义类。

问：如果一个人发了疯，他的朋友怕他自杀，偷走了他的武器，这种偷盗行为是正义的吗？

答：是，他们也应属于这一类。

问：你不是认为朋友之间不能欺骗吗？

答：请允许我收回我刚才说过的话。

从这一段生动的对话可以看出，苏格拉底启发式对话的特点是：抓住学生思维过程中的矛盾，启发诱导，层层分析，步步深入，最后导出正确的结论。

下面再看孔子的启发式教学。他只有八个字："不愤不启，不悱不发。"（《论语·述而》）按宋代大学者朱熹的解释："愤者，心求通而未得之意；悱者，口欲言而未能之貌；启，谓开其意；发，谓达其辞。"可见，"愤"就是学生对某一问题正在积极思考，急于解决而又尚未搞通时的矛盾心理状态。这时教师应对学生思考问题的方法适时给以指导，以帮助学生开启思路，这就是"启"。"悱"是学生对某一问题已经有一段时间的思考，但尚未考虑成熟，处于想说又难以表达的另一种矛盾心理状态。这时教师应帮助学生弄清事物的本质属性，从感性认识上升到理性认识，然后才能用比较准确的语言表达出来，这就是"发"。孔子的启发式教学虽然只有八个字，但它不仅生动地表现出孔子进行启发式教学的完整过程，还深刻地揭示出学习过程中遇到疑难问题时将会顺序出现的两种矛盾心理状态，或者说是两种不同的思维矛盾，以及这两种矛盾的正确处理方法。与苏格拉底对话法相比较，二者的共同之处是：彼此都十分重视学生思维过程中的矛盾，但是两者处理思维矛盾的方法则完全不同，苏格拉底是通过教师连续不断地提问迫使学生陷入自相矛盾状态，从而把学生的认识逐步引向深入，使问题最终得到解决；孔子则是由教师或学生自己提出问题，由学生自己去思考，等到学生处于"愤"的心理状态，即遇到思维过程中的第一种矛盾而又无法解决时，教师才去点拨一下，然后又让学生自己继续去认真思考，等到学生进入"悱"的心理状态，即遇到思维过程中的第二种矛盾且无法解决时，教师又再点拨一下，从而使学生柳暗花明，豁然开朗。

由以上分析可见，苏格拉底的对话法实际上是以教师为中心，学生完全被教师牵着鼻子走，这种启发式虽然也能使学生印象深刻，但是由于学生的主动性发挥不够，对于较复杂问题的理解，即涉及高级认知能力的场合，恐怕对问题难以理解得很深入。而孔子的启发式则是以学生为中心，让学生在学习过程中自始至终处于主动地位，让学生主动提出问题、思考问题，让学生主动去发现、去探究，从中找出解决问题的方法，教师只是从旁边加以点拨，起指导和促进作用。两相比较，不难看出，尽管两种启发式在教学中都很有效，都能促进学生的思维，但是显然孔子的启发式有更深刻的认知心理学基础，更能发挥学生的主动性和首创精神，更有利于对知识意义的主动建构。可见，在"学教并重"的教学设计中、特别是有关促进学生自主学习、主动探究的教学策略选择中，我们应当采用的是孔子（而不是苏格拉底）的启发式；但如果是有关以教为主的教学策略的选择与设计，则完全可以考虑采用苏格拉底的对话法。

七、"协作式教学"策略

长期以来，教育界一直很强调个别化教学，这无疑是正确的。当学生按照自己的需要和自定的进度学习，积极主动完成课程要求并体验到成功的喜悦时，就能获得最大的学习成果。认知领域和动作技能领域的许多教学目标，如对事实的记忆、概念的理解、原理的初步运用和动作技能的形成等都可以通过个别化教学来达到。

但是随着认知学习理论研究的发展，人们发现只强调个别化教学是不够的，在某些要求较高级认知能力的学习场合（例如问题求解或是要求对复杂问题进行分析、综合的场合）采用协作（Collaboration）学习方式往往更能奏效，而且还能有效地培养对于 21 世纪新型人才至关重要的合作精神。因此，从 20 世纪 80 年代后期开始，国际上已有许多学者对协作学习方式下的教学策略进行多方面的研究并已取得一批重要成果。

协作学习被看做是为多个学习者提供对同一问题用多种不同观点进行观察比较和分析综合的机会，这种机会显然将对问题的深化理解、知识的掌握运用和能力素质的提高大有裨益。协作学习可以在传统教学环境下、也可以在计算机网络环境下实施。在协作学习方式中，常用的协作式教学策略有"课堂讨论""角色扮演""竞争""协同"和"伙伴"五种。

1. 课堂讨论

这种教学策略的运用，要求整个协作学习过程均由教师组织引导，讨论的问题也由教师提出。"课堂讨论"策略的设计通常有两种不同情况：一是学习的主题事先已知，二是学习主题事先未知。多数的协作学习是属于第一种情况，但是第二种情况在教学实践中也会经常遇到。例如，中小学的语文课上，在多媒体网络教学环境下，让学生当堂进行看图作文或命题作文，然后在课堂的后半段利用多媒体网络教室进行全班性的评议交流，在此情况下，事先只确定了一个目标——通过集体的评议交流来促进全班的作文学习，而具体的评议内容即学习主题在事先并不清楚。

对于学习主题事先已知的情况，课堂讨论策略的设计应包括以下内容：

(1)围绕已确定的主题，设计能引起争论的初始问题。

(2)设计能将讨论一步步引向深入的后续问题。

(3)教师要考虑如何站在稍稍超前于学生智力发展的边界上(即稍稍超前于学生的最邻近发展区)，通过提问来引导讨论，切忌直接告诉学生应该做什么(即不能代替学生思考)。

(4)对于学生在讨论过程中的表现，教师要适时作出恰如其分地评价。

对于学习主题事先未知的情况，由于事先并不知道主题，这时的课堂讨论策略设计没有固定的程式，主要依靠教师的随机应变和临场的掌握，但应注意以下几点：

(1)教师在讨论过程中应认真、专注地倾听每位学生的发言，仔细注意每位学生的神态及反应，以便根据该生的反应及时对他提出问题或对他进行正确的引导。

(2)要善于发现每位学生发言中的积极因素(哪怕只是萌芽)，并及时给予肯定和鼓励。

(3)要善于发现每位学生通过发言暴露出来的、关于某个概念(或认识)的模糊或不准确之处，并及时用适合于学生接受的方式予以指出(切记不要使用容易挫伤学生自尊心的词语)。

(4)当讨论开始偏离教学内容或纠缠于枝节问题时，要及时加以正确的引导。

(5)在讨论的末尾，应由教师(或学生自己)对整个协作学习过程作出小结。

2. 角色扮演

通常有两种不同形式的角色扮演：一是师生角色扮演，二是情境角色扮演。

师生角色扮演就是让不同的学生分别扮演学习者和指导者的角色，学习者被要求解答问题，而指导者则检查学习者在解题过程中是否有错误。当学习者在解题过程中遇到困难时，指导者应帮助学习者解决疑难。在学习过程中，他们所扮演的角色可以互换。让学生分别扮演指导者和学习者的前提是他们对学习问题有"知识上的差距"，怎样衡量和认识这种知识上的差距是运用这种教学策略的难点之一。

情境角色扮演是要求若干个学生，按照与当前学习主题密切相关的情境分别扮演其中的不同角色，以便营造一种身临其境的气氛，使学生能设身处地去体验、去理解学习的内容和学习主题的要求。例如，在学习"鸿门宴"的语文课中，让学生分别扮演刘邦、项羽、张良、范增、项庄、樊哙等历史人物，去重现当时紧张激烈的斗争场面；在学习与法律有关的课程中，让学生分别扮演法官、陪审员、原告、被告、证人等不同角色，都是运用"情境角色扮演"教学策略的很好实例。

3. 竞争

竞争是指两个或多个学习者针对同一学习内容或学习情境，通过一般学习方式(或计算机网络方式)进行竞争性学习，看谁能够首先达到教学目标的要求。由于学习者的竞争关系，学习者在学习过程中，会很自然地产生人类与生俱来的求胜本能，所以学习者在学习过程中会全神贯注，使学习效果比较显著。基于竞争策略的协作学习，一般是由教师(或计算机系统)先提出一个问题，并提供学生解决问题的相关信息。学习者在开始学习时，先从班上选择一位竞争对手(也可选择计算机作为竞争对手)，并协商好竞争协议，然后开始各自独立地解决学习问题。在学习过程中，学习者可看到竞争对手所处的状态以及自己所处的状态，学习者可根据自己和对方的状态及时调整自己的学习策略。

4. 协同

协同是指多个学习者共同完成某个学习任务，在共同完成任务的过程中，学习者发挥各自的认知特点，相互争论、相互帮助、相互提示或者是进行分工合作。学习者对学习内容的理解和领悟就在这种与同伴紧密沟通与协作的过程中逐渐形成。基于计算机网络(特别是 Internet)的协同学习系统，可让多个学习者通过网络来解答系统所呈现的同一问题。他们之间的交流和协作通过公共的工作区来实现，一般都要进行紧密的合作或分工才有可能解决问题。在开始之前，每个学习者都必须与

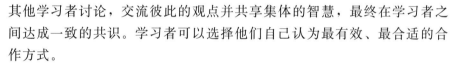

其他学习者讨论，交流彼此的观点并共享集体的智慧，最终在学习者之间达成一致的共识。学习者可以选择他们自己认为最有效、最合适的合作方式。

5. 伙伴

在现实生活中，学生们常常与自己熟识的同学一起做作业。没有问题时，大家各做各的，当遇到问题时，便相互讨论，从别人的思考中得到启发和帮助。伙伴教学策略与此类似，它可以使学生在学习过程中感觉到他并不是孤独的，而是有一位伙伴可以互相支持、互相帮助，当一方有问题时，他可以随时与另一方讨论、交流。由于个人的思考范围有限，若在学习过程中，能和伙伴相互沟通、相互鼓励将可达到事半功倍的效果。如果是在基于网络环境下，应用伙伴策略的效果将会更佳，这是因为在此环境下学生有更多的学习伙伴可供选择，而且具有获取信息的更便利条件。在这种系统中，学习者通常先选择自己需要学习的内容，并通过网络查找正在学习同一内容的学习者，选择其中之一，经双方同意结为学习伙伴。当其中一方遇到问题时，双方便相互讨论，从不同角度交换对同一问题的看法，相互帮助和提醒，直至问题解决。当他们觉得疲倦的时候，还可以在聊天区闲聊一会儿，使得学习过程中不再枯燥、乏味和孤单，而是充满情趣。

上述五种协作式教学策略，在学习过程中均要求学生积极参与，因而学生在学习过程中的主体地位能得到较充分地体现。但是五种策略的实施特点又各有不同：前两种（"课堂讨论"与"角色扮演"）对教师主导作用的发挥要求更多一些，因此比较适合于以教为主的场合，后面三种更强调学生之间的相互激励、相互切磋和学生自身的主动探究，因而比较适合于以学为主的场合。

本章参考资料

1. 何克抗. 从信息时代的教育与培训看教学设计理论的新发展[J]. 中国电化教育，1998(10/11/12).

2. 何克抗. 建构主义——革新传统教学的理论基础[J]. 电化教育研究，1997(3/4).

3. 何克抗. 现代教育技术与教育深化改革——关于 ME 命题的论证[J]. 电化教育研究，1999(1/2).

4. David P. Ausubel，Joseph D. Novak，Helen Hanesian. Educational Psychology——A Cognitive View[M]. Holt，Rinehart and Winston，Inc. 1978.

5. 乌美娜. 教学设计[M]. 北京：高等教育出版社，1994.

6. 薛理银. 教育信息处理原理[M]. 北京：北京师范大学出版社，1996.

7. 林崇德，辛涛. 智力的培养[M]. 杭州：浙江人民出版社，1997.

8. 钟启泉，黄志成. 美国教学论流派[M]. 西安：陕西人民教育出版社，1996.

9. 施良方. 学生认知与优化教学[M]. 北京：中国科学技术出版社，1991.

10. Suzanne Hoffman. Elaboration Theory and Hypermedia：Is There a Link？[J]. Educational Technology，1997，1-2(37).

11. C. M. Reigeluth. In Search of a Better Way to Organize Instruction：The Elaboration Theory[J]. Journal of Instructional Development，1979/2(3).

12. 色诺芬. 回忆苏格拉底[M]. 北京：商务印书馆，1984.

13. 张祖忻，等. 教学设计——基本原理与方法[M]. 上海：上海外语教育出版社，1992.

第六章 信息化教学资源的设计及有效运用

第一节 信息化教学资源的分类及开发特点

如第一章所述，信息技术与课程整合的实质是变革传统教学结构——将"教师为中心"的传统教学结构，改变为既充分发挥教师主导作用，又能充分体现学生主体地位的"主导—主体相结合"新型教学结构。教学结构变革的实现，有赖于信息化教学环境，这种环境能够支持真实的情境创设、启发思考、信息获取、资源共享、多重交互、自主探究、协作学习等多方面要求的教与学方式，从而能把学生的主动性、积极性、创造性较充分地发挥出来，使创新人才培养的目标能真正落到实处。营造信息化教学环境的核心内容则是信息化教学资源的建设，所以，我们也可以说，没有信息化教学资源就没有真正意义上的"整合"。事实上，学生的主动性、积极性乃至创造性发挥，不仅有赖教师的启发、引导，更要依靠学习者的自主学习、自主探究与合作学习、合作探究；这就需要有能够支持认知、探究的工具、环境和有利于协作交流的工具、环境，以便在学习过程中对学习者或学习小组提供必要的帮助与支持；而信息化教学资源的作用正是要为学习者个人的自主学习、自主探究提供必不可少的认知探究工具与环境，同时也为学习小组的合作学习、合作探究提供快捷方便的协作交流工具与环境。

信息化教学资源通常有以下四种类型：多媒体素材类、多媒体课件类、网络课程类和信息化学习工具类。不同类型的信息化教学资源在教学中有各自的适用性并具有不同的开发特点。

前三种类型对于所有学科（包括文科、理科）都是适用的，即不管是文科类教学的信息技术与课程整合，还是理科类教学的信息技术与课程整合，前三种类型的信息化教学资源都可以很好地起提供认知探究工具与环境以及协作交流工具与环境的作用。第四种资源（信息化学习工具类）则主要适用于理科类教学的信息技术与课程整合（在文科类教学的"整合"中极少采用）。

　　一般来说，第一种类型的信息化教学资源（多媒体素材类）只要通过网上搜集、下载、整理即可获得。第二种类型的信息化教学资源（多媒体课件类）有一些可以从网上搜集、下载得到，其余的则要由教师自己设计、开发。由于多媒体课件往往只涉及几个知识点或是某一个教学单元，教学设计相对简单些，其技术实现也不太复杂，所以开发难度和后面两种资源比较，要相对容易一些。第三种类型的信息化教学资源（网络课程类）由于涉及整门课程的教学设计，还要有基于网络的软件教学平台支持，其技术实现的复杂性与开发难度要比前两种大得多。在这四类信息化教学资源中，最难以开发的还是第四种类型（信息化学习工具类），如上所述，这类信息化的学习支持工具，一般只应用于理科类教学的信息技术与课程整合，而且不同的学科有各自不同的专用学习工具（例如，"几何画板"和"数学建模软件"就是数学学科的专用学习工具，"化学实验仿真软件"就是化学学科的专用学习工具，"交互性物理教学软件"就是物理学科的专用学习工具等），显然，这类专用的信息化学习工具必须要运用专门的（甚至是较复杂的）计算机软件技术才能进行开发，对于一般的任课教师来说，是难以问津的，必须要有专门的开发团队或是教育软件公司才能实现。

　　当前有不少老师认为，文科类教学的信息技术与课程整合要比理科类教学容易实现。这种说法不无道理，其道理就在于，文科类教学的信息技术与课程整合，通常不需要专用的信息化学习工具的支持，只要有前三类信息化教学资源，就可以很好地起提供认知探究工具与环境以及协作交流工具与环境的作用；而理科类教学的信息技术与课程整合（特别是涉及抽象概念、复杂原理、微观过程、多维空间等内容的教学），光有前三类信息化教学资源是不够的，还必须要在信息化学习工具的支持下，让学生去自主探究、自主发现，才能把学生的主动性、积极性调动起来，达到对知识与能力的较深入理解与掌握。而适合当前教学目标要求的信息化学习工具，恰恰很不容易弄到（这类软件学习工具一般要花钱购买，而且往往有钱也买不到），这正是当前理科教师实施信息技术与课程整合最感困难、也最需要帮助之处。

第二节　信息化教学资源在"整合"中的主要应用形式

由上面的讨论不难看出，"整合"之所以能够取得较理想的效果，关键是信息化教学资源可以很好地起提供认知探究工具与环境以及协作交流工具与环境的作用，这种认知探究工具与环境以及协作交流工具与环境的作用主要体现在以下两个方面：一是促进学习者的自主学习和主动探究，并有助于学习者的情感激励与陶冶；二是促进小组的合作与交流，从而有助于培养学生的合作精神与合作能力。

如上所述，信息化教学资源有多媒体素材类、多媒体课件类、网络课程类和信息化学习工具类四种类型，但在信息技术与课程整合过程中，迄今为止应用最普遍、最有效的则是多媒体课件和网络课程两大类。显然，这两种信息化教学资源的信息技术基础是多媒体技术与网络通信技术。

多媒体课件类是通过各种类型的多媒体课件来实现——多媒体课件包括文本类、图形类、动画类、音频类、视音频类等多种不同媒体类型。在同一媒体类型中又可按其知识容量分成只包含一两个知识点的小课件(也叫堂件，西方称之为 Lesson ware)，包含若干个知识点或一个教学单元内容的普通课件，乃至包含整门课程的大型课件。

网络课程类也有多种不同形式的网络教学应用——最普遍的网络教学应用形式是网络课程(常见于高校不同学科的本科教学以及远程教育或远程培训的各种课程中)。除此之外，网络教学应用还有基于网络的学科专题网站形式、基于网络的信息技术与课程整合模式(例如上一章介绍的 JiTT 模式)等。

就网络课程而言，随着 Blending-Learning(混合式学习)的思想被广泛认同，目前国际上对网络课程一般都采用 E-Learning 学习方式与传统教学方式相结合的教学设计，因而目前的网络课程依据其中所运用的教与学方式的不同，还可进一步划分为以下两种："教师课堂讲授为主、辅以网上自主学习的网络课程"(简称"讲授为主类网络课程"，目前我国高等院校不同学科的本科教学中所提供的网络课程，多属于这一种)与"学生网上自主学习为主、辅以教师在线辅导答疑的网络课程"(简称"自学为主类网络课程",目前各国远程教育或远程培训中提供的各种网络课程,多属于这一种)。不管是前一种还是后一种网络课程,一般都要有专用的网络教学平台支持。对于前一种网络课程,由于是教师课堂讲授为主,对网络教学平台支持教与学的功能,一般不需要有太高的要求;而对于后一种网络课程,由于是以学生网上自主学习为主,对网络教学平台支持教与学功能的要求,不论是从完备性或可靠性考虑都要高得多。

下面,我们对迄今为止在信息技术与课程整合中,应用最为普遍、最为有效的两种信息化教学资源(多媒体课件和网络课程)作进一步的讨论,看看为了能在教学中更充分地利用与发挥这两种信息化教学资源的作用,在相关的教学设计中,应当注意和把握哪些设计要点或应当关注和解决哪些关键性的问题。

第三节 信息化教学资源在"整合"中的应用形式之一——多媒体课件的设计及运用

一、什么是多媒体课件

多媒体课件是指,通过辅助教师的"教"或促进学生自主地"学"来突破课堂教学中的重点、难点,从而提高课堂教学质量与效率的多媒体教学软件,即通常所说的计算机辅助教学(CAI)软件或计算机辅助学习(CAL)软件。

多媒体课件可大可小——小型多媒体课件只涉及一两个知识点(一般称之为"堂件");一般的多媒体课件可以涉及若干个知识点,甚至涉及一个教学单元;大型课件的内容可以涵盖整门课程。

二、有效运用多媒体课件的教学设计要点

对于多媒体课件的运用(不管是只涉及一两个知识点的"堂件",还是涉及众多知识点的较大型课件),要想取得较理想的效果,即想要达到显著提升学科教学质量与学生能力素质的目标,关键是要在教学设计过程中能够注意并把握住以下几个要点:

1. 要充分了解多媒体课件在教学中的适用场合

多媒体课件在教学中一般适用于以下三个环节:创设情境、突破重

点难点、促进自主学习。

(1)用于创设情境——创设情境的作用是通过真实或近似真实的情境创设，使学生产生比较深切的感受与体验。在教学中一般有两种情况需要创设情境，一是在一节课的开头，二是在一节课的中间或结尾。这两种情况的运用对情境创设的要求不完全相同。

课首的情境创设，其作用是激发学生的学习兴趣并把学生的注意力集中到本课的主题上来；课中或课尾的情境创设，其作用则是用于促进学生对知识、概念的理解或是用于对情感类教学目标的巩固拓展与深化。

不论是在课首、课中或课尾要想通过情境创设达到预期目标，关键是要把握两点：一是通过情境创设帮助学生形成认知冲突——使学生意识到自己对某个问题或某种事物的认识与了解还存在缺陷，而这个问题或事物具有独特的意义或某种重要性，从而激发起学生想要去了解或学习的强烈欲望(能达到这种教学效果的情境创设，我们称之为"认知冲突型"情境创设)；二是能通过情境创设深化学生的情感体验(称之为"情感体验型"情境创设)。到底应采用"认知冲突型"情境创设，还是"情感体验型"情境创设，则要根据当前教学目标是认知类还是情感类来决定。

利用多媒体创设情境的方法多种多样：可以播放一段视频录像、朗诵一首诗歌、放送一段乐曲、结合画面讲一个小故事、或结合数据图表介绍一个典型的案例等。当然，所有这些活动都有一个先决条件——必须与当前学习主题密切相关，否则达不到创设情境的目的。

(2)用于突破重点难点——理、工科中的抽象概念、原理、法则，医学中的病理分析与手术过程，以及人文科学中的某些重要理论观点，往往难以仅仅通过教师的口授、板书来达到教学目标的要求。另外，化学实验中某些有危险性的实验操作，其实际操作过程不容易讲解清楚又不便进行示范，对于这些教学中的重点、难点，如能恰当运用多媒体课件，通常都能取得比较令人满意的教学效果。

(3)用于促进自主学习——有很大一类多媒体课件(如具有三维动画功能的课件、具有交互性的课件、用于实验仿真的课件、数学建模软件，以及内容丰富的文献资料或带有视音频的案例类课件)，不仅可以作为辅助教师教的直观教具，更可作为促进学生自主学习、自主探究的认知工具(在自主学习、自主探究的基础上，若能进一步组织全班或小组的协作交流，将会取得更为理想的教学效果）。

2. 多媒体课件设计要结合不同学科特点，恰当利用多媒体的图、文、声特性

一般来说，理、工科的抽象概念、基本原理和工科的操作流程、操作方法用三维动画最为有效，例如半导体的 P-N 结原理、各种化学反应的机理、移动通信中的扩频原理与过境切换过程、计算机网络中 IP 地址与物理地址转换、建筑施工方法等采用三维动画演示，或是让学生利用三维动画去自主探究，都能取得比较理想的效果；在某些特殊情况下，例如想了解物质内部的微观结构，还可以利用"虚拟现实"技术，让学生身临其境地去观察、去感受、去体验，从而获得更深刻的认识。

对于医科的各种手术过程和病理分析来说（如肿瘤转移途径、白细胞如何变形等），真实的动态的视频录像，往往能取得最佳的教学效果。

人文学科的许多理论观点则有赖于大量资料和案例来说明，这就需要引用丰富的文献资料、图表、照片和相关的视频材料（而三维动画在这种场合通常没有太多用武之地）。

对于艺术学科（如音乐、绘画）多媒体的音响与色彩无疑能发挥重要作用。

3. 多媒体课件设计要注意调动学生的主动性

不要把多媒体课件仅仅看成是只供教师演示的直观教具，更要把多媒体课件看成是学生自主学习、自主探究的认知工具和协作交流工具。也就是说，不仅要把多媒体课件用作 CAI，也要用作 CAL。目前的状况是，广大教师习惯前一种应用模式（CAI），而不熟悉后一种应用模式（CAL），这种状况要尽快改变。

4. 多媒体课件的内容要正确、形象、生动、丰富

多媒体课件的内容涉及动画、照片、图表、声音和视频。所有这些内容都要首先满足正确性要求，即保证无科学性、政治性错误。在此前提下，还应满足形象、生动和丰富（内容不能太单一，有关资料不能太贫乏）的要求。

第四节 信息化教学资源在"整合"中的应用形式之二 ——网络课程的设计及运用

一、什么是网络课程①②③

课程是指为了达到一定教学目标所需要的全部教学内容与教学安排。

教学内容主要是指教材(文字教材或电子教材)和相关的教学资源。

教学安排通常包括讲课、自学、实验、辅导、答疑、作业、考试等。

网络课程是指在先进的教育思想、教学理论与学习理论指导下的基于 Web 的课程,其学习过程具有交互性、共享性、开放性、协作性和自主性五种基本特征。

应当指出的是,由于教学内容包含教学资源,所以网络课程通常应当包括教学资源(以及学科资源网站)。只涉及教材本身的网络课程不是真正的(至少是不完整的)网络课程。但是,在实际开发过程中,为了便于开展工作(例如分工或并行开发的需要),有时也把教学资源独立出来,甚至将它与网络课程并列,称作"网络课程与网络资源开发"。这时应当特别注意:这种区分只是开发过程中分工的需要,而网络课程原本是应当把网络资源(以及学科资源网站)包括在内的。

在网络课程的"交互性、共享性、开放性、协作性和自主性"五种基本特征中,最重要、最本质的特征是前两种,即"交互性、共享性"。其余三种皆是由前两种派生出来的。换句话说,只要是网络课程就必须具备这两种最本质的特征,否则不称其为网络课程。所以如何体现这两种本质特征,在网络课程的研究与开发过程中具有决定性的意义。

网络课程的交互性一般包括人机交互、师生交互、生生交互。人机交互要求学生能充分利用网络环境自主学习、自主探究、自我测试;师生交互要求师生应当有网上互动(例如网上辅导、答疑、谈心、讨论);

---

① 黄政杰. 课程改革[M]. 香港:富诚印刷有限公司,1985:14~44.
② 黄政杰. 课程改革[M]. 香港:富诚印刷有限公司,1985:39~40.
③ 施良方. 课程理论[M]. 北京:教育科学出版社,1996:3.

生生交互要求学生个人之间，或在小组内、班级内应有网上的在线讨论、协作交流。

网络课程的共享性需要有丰富的相关教学资源支持。所以一般认为，"没有丰富的教学资源和较强的交互性，就没有真正意义上的网络课程"。

如何来满足上述这些要求呢？这就要靠教学设计，要靠有效的网络课程教学设计。

二、网络课程的教学设计

教学设计是介于教育思想、教学理论、学习理论与教学实践之间的桥梁学科，教学设计属于方法学范畴。教学设计能不能更好地发挥作用，在很大程度上与课程开发者所坚持的教育思想及其所采用的教学设计是建立在什么样的教学理论、学习理论基础上直接相关。另外，现在讨论的是网络课程教学设计，即有信息技术环境支持的教学设计，我们当然不能忽视信息技术这个因素。所以，对于网络课程的教学设计来说，必须特别关注并认真解决以下三个问题：

一是教学设计是以什么样的教育思想为指导——这种教育思想是否确实具有先进性。

二是教学设计建立在什么样的教学理论与学习理论基础之上——这类教与学理论是否能适应网络课程的特定需求（传统的教与学理论可以满足课堂面授的需要，但不一定能适应和体现网络教育、网络课程的特征与需求）。

三是要考虑信息技术在教育中的应用模式——主要看所用模式是否能反映信息技术教育应用的新发展并充分发挥信息技术在教育中的优势，而信息技术在教育中应用的不同模式要通过不同的教学设计方法去实现。

这些都是在从事网络课程教学设计之前必须充分注意并认真加以考虑的重要问题。

1. 第一个问题——教育思想是否具有先进性

我们应当看到，从 20 世纪 90 年代末到 21 世纪初这几年间，整个国际教育界的教育思想有一个大的转变。

由于在网络环境下有丰富的资源，有很强的交互性，便于自主学习、自主探究。所以，随着网络的普及，在建构主义理论的支持下，以学生为中心的教育思想在 20 世纪 90 年代中期甚至到 90 年代末一直很流行。但是经过十年左右网络教育实践的探索以后，人们发现在促进学生自主学习、自主探究方面，在培养学习者的创新意识、创新思维、创新能力方面，由数字化学习(E-Learning)所体现的网络教育确实具有运用其他媒体、其他形式的教育所不可比拟的优势。与此同时，人们也认识到，这种网络教育并不能完全取代传统教育。比如，传统教育中的人文氛围，教师的言传身教，以及教师主导作用的更有效发挥等就是 E-Learning所无法取代的。所以近年来国际上比较强调二者的结合——既要发挥网络环境下数字化学习(E-Learning)的优势，也要发挥传统教学的优势；也就是主张把数字化学习的优势与传统教学的优势二者结合起来，并把这种结合称之为 Blending Learning 或 Blended Learning（简称 B-Learning）。从教育思想看，这就相当于由"以学生为中心"转向"主导—主体相结合"——在重视学生自主学习、体现学生主体地位的同时，也重视充分发挥教师的主导作用。

国际上教育思想的这种变化应当反映到网络课程的教学设计上来。例如，目前在一些网络学院实施如下十多种教育模式[1][2]，如表 6.1 所示。

表 6.1

促进学生自主学习的教学模式	基于超链接的自主学习、自主探究、协作交流，以及基于资源的探究、网上虚拟实验和网上专题研讨等模式
发挥教师主导作用的教学模式	网上导学、重点难点分析、网上答疑、面授及辅导、巡回教学、案例教学等模式

实际上这就是在促进学生自主学习的同时，也在认真地发挥教师的主导作用，从而体现了 B-Learning 的教育思想。

还有一些网络学院在构建新一代网络教学平台时，强调要从以课程为中心转向以教师个人门户网站为中心，以便更好地调动教师的积极性和体现教师的个人风格，这也是为了更有效地发挥教师的主导作用。这

---

① 王策三. 教学论稿[M]. 北京：人民教育出版社，1985：202.

② 何克抗. 建构主义——革新传统教学的理论基础[J]. 电化教育研究，1997(3/4).

类教育模式和教学平台的选择与设计无疑是正确的，因为它们所体现的教育思想是比较先进的——是"主导—主体相结合"而不只是"以学生为中心"，是 B-Learning 而不仅是 E-Learning。

2. 第二个问题——作为传统教学设计理论基础的教与学理论是否能适应网络课程的特定需求

教学理论与学习理论对教学设计的指导，直接体现在课堂采用的教学方式与学习方式上。自 20 世纪 90 年代以来，随着多媒体和网络技术的日益普及，课堂的教学方式与学习方式已有很大的变化，如表 6.2 所示，这种教与学方式的变化实际上反映了当代教学理论与学习理论的新发展[1][2]。

教与学方式的这种变化，反映了当代教与学理论的新发展，也反映了网络教育与网络课程的特征与需要。网络课程教学设计必须适应教与学方式的这种改变，以满足网络教育与网络课程的特征和需要，并要在网络课程内容的设置和网络教学活动的安排上充分体现出来。

表 6.2

传统教与学理论支持的教与学方式	教学方式：以"口授、板书、演示"为特征的传递授受方式
	学习方式：以"耳听、手记、练习"为特征的刺激强化方式
现代教与学理论支持的教与学方式	教学方式：已逐渐由传递授受转向以"启发、诱导、点拨"为特征的启迪诱导方式
	学习方式：已逐渐由刺激强化转向以"自主、协作、探究"为特征的主动建构方式

要想达到这一目标，就要把以教为主的教学设计和以学为主的教学设计二者有机结合起来，使之取长补短，优势互补，形成"学教并重"的新型教学设计，才能相得益彰。除此以外，要想真正实现教与学方式的转变，还需要有两个前提条件：具有丰富的教学资源和较强的交互性（包括人机交互、师生交互、生生交互等多重交互手段），如图 6.1 所示。

---

① 李秉德. 教学论[M]. 北京：人民教育出版社，1997：156.

② 何克抗. 建构主义——革新传统教学的理论基础[J]. 电化教育研究，1997(3/4).

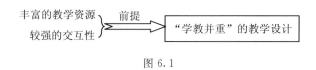

图 6.1

这就要求网络课程教学设计除了应当考虑诸如情境创设、启发思考、实验仿真、案例分析等与启迪诱导和主动建构的教与学方式直接相关的教学活动以外，还应更多地关注信息资源提供和增强多重交互这类教学环节。从这个意义上说，丰富的教学资源和较强的交互性是网络课程的两个最基本特征。甚至可以说，"没有丰富的教学资源和较强的交互性，就没有真正意义上的网络课程（至少不能算是优秀的网络课程）"。

至于"学教并重"教学设计该如何具体实施，可参看第四章第二节的有关内容。

多年的教学实践证明：在有信息技术支持（特别是有网络技术支持）的教学环境中，若能自觉运用"学教并重"的新型教学设计理论去设计整个教学过程并组织实施相关的教学活动，定能达到预期的教学目标并取得比较理想的教学效果（不论是人文学科还是数理学科皆是如此）。

3. 第三个问题——信息技术在教育中应用的模式是否能反映信息技术在教育中应用的新发展，从而真正发挥出信息技术在教育中应用的优势

基于互联网的网络课程既然是由信息技术环境支持的课程，其教学设计就必须考虑信息技术在教育中应用模式的变化（因为不同的应用模式要用不同的教学设计方法去实现）。20 世纪 60 年代，信息技术在教育中应用的早期模式是 CAI——计算机辅助教学。80 年代中期以后，国际上信息技术在教育中应用的主要模式逐渐由 CAI 转向 CAL——计算机辅助学习。到了 90 年代中期，随着多媒体和互联网的日益普及，国际上的信息技术教育应用模式又有新的发展，进入了一个新的阶段——在这一阶段，信息技术在教育中应用的主要模式不再是 CAI 和 CAL，而是"信息技术与学科课程相整合"。

进入这一阶段以后，信息技术教育应用所强调的不再是工具、手段，而是要通过信息技术与课程的整合来营造一种全新的信息化教学环境，这种环境能够支持情境创设、启发思考、自主学习、问题探究、信息获取、资源共享、多重交互、协作交流等多种教与学活动，也就是能支持上面所述的新型教与学方式，使学生的主动性、积极性、创造性得到较充分地发挥，从而实现课堂教学结构的根本变革——从"以教师为中心"的教学结构转变为"主导—主体相结合"的教学结构，使创新人才培养的目标真正落到实处。所以，能否体现"信息技术与课程整合"这种新的信息技术教育应用模式，是网络课程教学设计中必须充分注意并认真加以考虑的另一重要问题。

第五节　基于其他信息技术的信息化教学资源

如上所述，信息技术与课程整合之所以能够取得较理想的效果，关键在于，利用信息技术所开发的各种信息化教学资源可以很好地起提供认知探究工具与环境以及协作交流工具与环境的作用，而这种认知探究工具与环境以及协作交流工具与环境的作用主要体现在以下两个方面：一是促进学习者的自主学习和主动探究，并有助于学习者的情感激励与陶冶；二是促进小组的合作与交流，从而有助于培养学生的合作精神与合作能力。迄今为止，在信息技术与课程整合过程中，应用最普遍、最有效的信息化教学资源是多媒体课件和网络课程两大类，而这两种信息化教学资源的信息技术基础是多媒体技术与网络通信技术。

事实上，随着科学技术的发展，新的信息技术不断涌现，其中有一些在教育教学中有良好的应用前景，如能将这类技术有效地与学科教学相整合，对于促进各级各类学校教学的深化改革、促进创新人才的培养无疑具有重大的意义与作用。下面就对未来"整合"中可能应用的其他几种信息技术以及基于这几种技术的新型信息化教学资源的可能应用形式作一简要介绍。这类信息技术包括 MultiAgents（多重智能代理）技术、XML（可扩展标记语言）技术、GRID（网格）技术和 NLP（自然语言处理）技术。

一、基于 MultiAgents（多重智能代理）技术的应用

广义的 Agent（一般译为智能代理）包括人类世界（物理世界）中的机器人和信息世界中的软件机器人；狭义的智能代理则专指信息世界中的软件机器人。它是以主动服务方式自动完成一组操作的机动计算程序。

主动——包含两层意思：①主动适应，即在完成操作的过程中，可自动获得关于操作对象的知识以及关于用户意图和偏好的知识，并在以

后操作中加以利用；②主动代理，即无须用户发出指令，只要当前状态符合某种条件就可代表用户执行相应操作。

机动——是指具有灵活的访问和迁移机制以及和其他智能代理进行通信与协作的机制。

自 20 世纪 90 年代中期以来，智能代理技术在基于 Web 的远程教学中应用日益普遍。众所周知，过去的智能辅助教学（ICAI）主要强调辅助老师"教"——利用"学生模型""知识推理"和"教学决策"等模块，帮助教师实现因材施教和进行有针对性地指导（所以 ICAI 也常常称之为ITS，即智能指导系统）。但是，经过三十多年众多专家的努力，ICAI始终未能走出"象牙塔"，仍然只是大学里进行实验研究的对象，很少能在教学过程中实际应用。究其原因，主要是 ICAI 的研发周期长，又不具有通用性，所以代价很高；而且指导思想是以教为主，忽视学生的自主学习，不利于发挥学生的主动性、积极性、创造性。智能代理技术正是在这样的背景下，逐渐取代 ICAI（或 ITS）而成为教学领域实现智能化的一种主流技术。Agent 不仅可以作为教师代理，也可以作为学生代理，而且还可成为学生学习过程中的多方面代理，即多重智能代理（MultiAgents）。

远程教学中 MultiAgents 的具体含义是：作为教师代理，它可以实现对学习者有针对性的帮助、辅导，做到因材施教。作为学生代理，则可充当学习者的学习伙伴，与学习者进行平等的讨论、交流；有时还会针对学习者对某些概念理解上的模糊或片面之处，故意提出诘难挑起争论，以促进学习者更深入地去思考；还可作为另一种学生代理——充当学习者的知心朋友，以便在学习者遇到不顺心的事情或有心理障碍时与之促膝谈心，帮助减轻思想负担和消除心理压力；此外，还可作为秘书代理，帮助学习者到有关的资源网站去查找和收集与当前学习内容有关的资料，或是帮助学习者处理日常事务（如收、发电子邮件，安排约会，提示应交的作业，提醒复习、备考等）。总之，MultiAgents 在教或学的过程中均大有用武之地，与 ICAI（或 ITS）相比，能在智能化方面发挥更灵活、更多样化的作用。

二、基于 XML（可扩展标记语言）技术的应用

可扩展标记语言（Extensible Markup Language，简称 XML）自1998 年出现以来，首先在电子商务领域得到广泛应用，并逐渐扩展到

其他领域。但遗憾的是至今在教育上的应用还不多。其实 XML 在教育上的应用前景是广阔的。

众所周知，XML 是在 HTML 的基础上发展起来的。HTML 由于简单易学，便于非计算机专业人员创建自己的具有超文本特性的多媒体主页，从而使 Web 主页与每一个普通人紧密相连，使互联网进入千家万户，由此创造出一个无比丰富多彩的互联网世界，因此一般认为，HTML 是 Web 技术的主要基础。然而事物往往具有两面性：HTML 的简单易用，使 Web 应用迅速推广，受到广大用户的热烈欢迎；而当人们认识了互联网的价值，希望将 Web 进一步应用到电子商务、保险、教育及医疗等新的领域时，却发现正是原来的这些"优点"束缚了 Web 应用的扩展。这是因为目前建立在 HTML 基础上的 Web 技术存在两个致命弱点：第一，HTML 只描述了信息的显示方式而未对信息内容本身进行描述，换句话说，HTML 只是一种"显示描述"语言——它只说明在 Web 的主页上应如何布置图形、文字和按钮，而对信息本身的属性则未作任何说明；第二，大量可在客户端完成的工作，不得不交由Web 服务器去处理，这就大大加重了网络负担，降低了网络运行的效率，XML 正是为解决上述两方面的缺陷而提出的。XML 实际上是标准通用标记语言（SGML）的一个子集，它包含一组基本规则，利用这组规则任何人都可创造出符合自己特定应用领域需要的标记语言，而这种标记语言所描述的不再是信息的显示方式，而是信息本身的某种属性（例如，购物订单中的产品规格、价格、性能指标及送货方式等）。显然XML 的提出和有关标准的制定以及 XML 相关技术（例如，XML 语言解释器，包含这种解释器的新一代浏览器等）的开发必将极大地推动Web 应用向更深、更广的领域（包括教育领域）拓展。下面介绍的两个基于 XML 的教育应用项目，就是 XML 语言在我国网络课程建设中最早实现的成功案例之一，这两个项目都是由我国自主开发的。

1. 非客观题自动测评

传统的远程教育，要对学生进行测评是一件较困难的事情，往往耗费大量的人力、物力，还只能进行次数很少的总结性评价。随着远程教育工程的实施和网络教学的普遍开展，计算机开始进入教学评价领域，使这种情况大为改观。通过网络题库和远程自动测评系统，学生可以及时得到关于自己学习状况的评价，获取有针对性的反馈信息，从而调整自身的学习计划。可见，计算机自动测评技术，可弥补远程教育中由于师生在时空上分离所带来的缺陷。但目前的自动测评，不论国内外都是侧重于知识维度的客观题，若是涉及网络教学中的 IT 技能考核或理工科实验能力考核，那仍是一大难题。显然，此类问题的解决只有寄希望于"技能性非客观题"自动测评研究的新突破。

对被测主体的技能水平进行评价，需要获取足够多的操作者与技能操作系统之间的交互信息。这种交互信息有两类：过程信息和结果信息。信息获取技术是实现自动测评的关键技术。信息获取方法与测评环境密切相关，不同类型的测评环境，获取信息的方法与难度也不相同。如果技能测评是建立在仿真系统的基础之上，那么只需在开发仿真系统时构建获取过程信息和结果信息的部件即可，在此情况下获取交互信息不会有原则困难；如果技能测评是在真实环境下完成，交互信息获取的难度就要大得多。为了解决真实环境下的 IT 技能非客观题自动测评问题，我们研究并开发了获取操作者在真实 IT 环境中进行交互时的过程信息和结果信息的多种方法。其中过程信息的获取方法就是采用了 XML 技术。测评系统中涉及的知识表示（例如试题/试卷格式、题库表征、组卷策略、评价规则等）和数据交换（试卷收发、报表传送等）均用 XML 描述。如果是用 HTML 或其他程序语言来描述，要想获取操作者在操作过程中的交互信息，这本来是一件极为困难的事情；但是由于 XML 能直接描述信息的属性，所以在自动测评系统中引入 XML 以后，这种困难就变得迎刃而解。此外，采用 XML 描述的数据，可在客户端按照用户的要求作相应处理，从而减轻服务器的负担，所以更适合在网上传输。

2. 异构资源库系统之间的互操作

目前各个单位（公司、学校或其他教育机构）开发的教育资源库已为数不少，但是由于这些资源库都是由各个单位各自开发，并未遵循一定的技术标准，所以其体系结构、数据管理方式以及操作方式各不相同，彼此之间无法实现互操作，相当于一个个信息孤岛。广大教师和学生在利用这些资源库的时候会感到很不方便。例如，若想搜索某个学科知识点的课件，就要逐个访问这些资源库——假定先去访问资源库 A，如果找不到，就从 A 中退出来，再去访问资源库 B；如果 B 中再找不到，又从 B 中退出来，再去访问资源库 C；……如此继续下去，直至找到为止。显然，这种搜索方式要花费用户很多时间，甚至大半天什么也找不到。要想让用户能在几分钟之内找到所需的资料，只有实现不同资源库系统之间的信息交互才有可能。近年来新出现的分布式资源网络系统正是为此目的而设计的。要实现不同资源库系统之间的信息交互，必须解决异构资源库系统之间的互操作问题，这就不仅要求实施国家标准（即遵循教育部制定的《远程教育资源建设技术规范》），而且还要在此基础上，进一步解决两个关键技术问题：一是采用统一的资源描述方法，二是要开发通用的交互接口。第一个问题可通过采用最新的 XML Schema 对异构资源库定义统一的资源描述框架来解决，第二个问题则要利用跨语言、跨平台的 Web Service for J2EE 技术，众所周知，这种技术也是基于 XML 的。我们正是在上述 XML 技术的基础上，于 2002 年 10 月率先在广东省实现了一个基础教育领域的大型分布式资源网络系统，从而较好地为广大中小学教师解决了在全省范围内各种异构资源库系统之间进行教学资源的快速搜索问题。

三、基于 GRID（网格）技术的应用

通过异构资源库系统之间的互操作，虽然解决了资源的分布式管理问题，但资源站点的添加与删除过程很麻烦。另外，目前的网络教学资源都是以文件形式存放的静态资源，而普遍意义的网络教学资源应该包括一切能够应用于教育、教学的软硬件计算资源（即除了与教学内容相关的多媒体课件、数字音视频、电子文档、数据资料等以外还应包括教学平台、教学网站以及网上的各种服务器等）。为此需寻求更简便、更有效的分布式资源管理模式。GRID 技术正是解决这一问题的最理想手段。

1. 网格计算的基本概念

众所周知，分布式计算是未来计算技术的发展方向，而网格技术则是分布式计算领域的最新研究成果。网格实际上是一个集成的计算与资源环境（也叫"计算资源池"），网格能充分吸纳各种软硬件计算资源，并将它们转化为可方便利用的计算能力。所谓网格计算就是基于网格的问题求解。从本质上说，网格就是撇开各种计算资源的外部形态，而将其内在的计算功能提取出来，从而形成一种分布在网上的统一的计算能力。这就像电力网一样，网上的各种类型发电机（燃汽发电机、水轮发电机、核能发电机）所发出的电力都被转换为一种分布在网上的统一的电力。

2. 利用网格计算实现新一代分布式教育资源网络系统

网格按其实现目标的不同，一般分成两大类：计算网格和数据网

格。数据网格主要是为了满足数据密集型应用的需要，显然，这和数据库的目标是完全一致的，因而可用来实现新一代的教育资源网络系统。目前已有一些可用来实现上述目标的商品化网格底层计算平台问世（例如 SUN 公司的 Globus），但是现在还难以实现下列梦想："享有无限的存储空间，真正的分布式资源存储，完全透明地使用各种资源（包括软件资源和硬件资源），动态管理各个资源站点，实现异构资源库之间的无缝链接与访问，瞬间应答并解决用户提出的问题。"

不过，随着网格技术的发展与普及，今天看来像是梦想的、有关无限存储与动态管理的上述需求，将会在基于网格技术的、新一代分布式教育资源网络系统中逐步变成现实。

四、基于 NLP（自然语言处理）技术的应用

自然语言处理技术可应用于网络课程的网上智能辅导与答疑。不论是国内还是国外，目前在网络课程中使用的辅导与答疑系统其实现的前提都是要事先建立一个内容丰富、全面的答案库。按照技术实现难度的不同，这类系统可以分成简单匹配式、模糊匹配式和段落理解式三种类型。

简单匹配式辅导答疑系统主要通过简单的关键字匹配技术来实现对学生提出问题与答案库中相关应答条目的匹配，从而做到自动回答问题或进行相关辅导。

模糊匹配式辅导答疑系统则是在此基础上增加了同义词和反义词的匹配，这样，即使学生所提问题中按原来的关键字在答案库中找不到直接匹配的答案，但是假若与该关键字同义或反义的词能够匹配则仍可在答案库中找到相关的应答条目。

段落理解式辅导答疑系统是最理想的、也是真正智能化的辅导答疑系统（简单匹配式和模糊匹配式，严格说只能称之为"自动辅导答疑系统"而非"智能辅导答疑系统"）。由于这种系统涉及自然语言的段落理解，对于汉语来说，这种理解涉及自动分词、词性分析、句法分析和语义分析等 NLP 领域的多种复杂技术，所以实现难度很大。

迄今为止，在国内的网络教学中还没有一个实用化的、能真正实现汉语段落理解的智能辅导答疑系统。但是在我国有些大学的人工智能实验室或中文信息处理实验室中，已有一些研究人员正在研发这类系统的实验原型。相信在不久的将来，就会有这一类的实用性智能系统问世。这是"自学为主类网络课程"的重要研究领域之一。

本章参考资料

1. 黄政杰. 课程改革［M］. 香港：富诚印刷有限公司，1985：14～44.

2. 黄政杰. 课程改革［M］. 香港：富诚印刷有限公司，1985：39～40.

3. 施良方. 课程理论［M］. 北京：教育科学出版社，1996：3.

4. 王策三. 教学论稿［M］. 北京：人民教育出版社，1985：202.

5. 李秉德. 教学论［M］. 北京：人民教育出版社，1997：156.

6. 何克抗. 建构主义——革新传统教学的理论基础［J］. 电化教育研究，1997(3/4).

第七章 信息技术与课程整合的教学模式
——课内整合模式

如第一章所述，信息技术与课程整合的实质与落脚点是变革传统的教学结构，即要改变以教师为中心的教学结构，创建新型的、既能发挥教师主导作用又能充分体现学生主体地位的"主导—主体型教学结构"。而新型教学结构的创建要通过全新的教学模式才能实现。本章就对教学模式的有关概念、信息技术与课程整合课的教学模式分类以及信息技术与课程整合课的常用教学模式等内容作进一步的分析。

第一节 教学模式及相关概念

教学模式、教学方法、教学策略是传统教学论领域中使用频率很高、同属解决"如何教"这类问题的概念，它们相互之间的联系比较密切，却也很容易混淆。另外，教学结构、教学模式与教学策略，则是近年来随着教育信息化带动教育现代化、促进教育的深化改革而常被提及且分属不同层级范畴的概念，也是容易彼此混淆的概念。所以本节将分别对教学模式、教学方法、教学策略、教学结构等几个概念的含义以及它们之间的联系与区别作一个明确的划分。

一、教学模式

虽然教学模式的概念很早就已存在，但教学模式真正成为教育研究中的一个独立范畴通常认为是从乔伊斯和威尔等人的研究开始的（Bruce Joyce，Marsha Weil & Emily Calhoun，1999）。目前有关教学模式（也有个别学者称之为"教育模式"）的定义比较多，如：

乔伊斯和威尔等人在其专著《教学模式》（*Models of Teaching*）中给出的定义是："教学模式是构成课程（长时的学习课程）、选择教材、指

导在教室和其他环境中教学活动的一种计划或范型。"(乔伊斯等，1999)

华东师范大学叶澜教授给出的定义是："教学模式俗称大方法。它不仅是一种教学手段，而且是从教学原理、教学内容、教学的目标和任务、教学过程直至教学组织形式的整体、系统的操作样式，这种操作样式是加以理论化的。"(叶澜，1993)

中央教科所朱小蔓教授给出的定义是："教育模式是在一定的教育理念支配下，对在教育实践中逐步形成的、相对稳定的、较系统而具有典型意义的教育体验，加以一定的抽象化、结构化的把握所形成的特殊理论模式。"(朱小蔓，1999)

上述各种关于教学模式的定义不尽相同，它们分别从不同角度揭示了教学模式这一术语的含义。在此基础上，张武升教授归纳出教学模式至少具备如下一些特点：①有一定的理论指导；②需要完成规定的教学目标和内容；③表现一定的教学活动序列及其方法策略。总之，"一个完整的教学模式应该包含主题(理论依据)、目标、条件(或称手段)、程序和评价五个要素"(张武升，1988)。这些要素各占有不同的地位，起着不同的作用，具有不同的功能，它们之间既有区别，又彼此联系，相互蕴含、相互制约，共同构成了一个完整的教学模式。

综合以上各种看法，结合我们多年来在教学改革实践中对教学模式所做的深入研究，这里我们提出关于教学模式定义(或内涵)的全新观点——**教学模式属于教学方法、教学策略的范畴，但又不等同于教学方法或教学策略；教学方法或教学策略一般是指教学过程中采用的单一的方法或策略，而教学模式则是指教学过程中两种或两种以上方法或策略的稳定组合与运用。**在教学过程中，为了实现某种预期的效果或目标(例如创建新型教学结构)往往要综合运用多种不同的方法与策略，当这些教学方法与策略的联合运用总能达到预期的效果或目标时，就成为一种有效的教学模式。

能实现新型教学结构的教学模式很多，而且因不同的学科和不同的教学单元而异。每位教师都应结合各自学科的特点，并通过信息技术与课程的深层次整合去创建既能发挥教师主导作用又能充分体现学生主体地位的"主导—主体相结合"的新型教学结构(也称"主导—主体型教学结构")。

二、教学方法

关于教学方法的概念，有广义和狭义之分。广义的教学方法是指为达到预定的教学目标和完成相关的教学任务，而采取的一切手段、工具、途径和办法的总称（既包括各种教学手段、工具、方法，也包括各种教学原则的运用）。这一概念比较宽泛，甚至把教学原则也包括在内。狭义的理解则认为教学原则是教学方法的指导思想，而教学方法是指为达到预定的教学目标，完成预定的教学内容，在教学原则指导下所采用的师生互动方式和有关措施——既包括教师教的方法，也包括学生学的方法，是教法和学法的统一。本书中所讨论的教学方法即是指这种狭义的理解，如讲授法、演示法、实验法、练习法、讨论法、角色扮演法，等等。需要指出的是，我们这里所说的教学方法，在一般情况下和教学工具或教学手段是有区别的——教学方法也包括对工具和手段的选择与运用方法。

三、教学策略

《辞海》对"策略"一词的解释是"计策谋略"，而在较为普遍的意义上，策略涉及的是为达到某一目的而采取的手段和方法。国内外学者对教学策略有很多界定，这些界定既有共性，又有明显的分歧，归纳起来有以下三种观点：

"教学策略是指教师在课堂上为达到课程目标而采取的一套特定的方式或方法。教学策略要根据教学情境的要求和学生的需要随时发生变化。无论是在国内还是在国外的教学理论与教学实践中，绝大多数教学策略都涉及如何提炼或转化课程内容的问题。"（施良方，1996）

"所谓教学策略，是在教学目标确定以后，根据已定的教学任务和学生的特征，有针对性地选择与组合相关的教学内容、教学组织形式、教学方法和技术，形成的具有效率意义的特定教学方案。教学策略具有综合性、可操作性和灵活性等基本特征。"（袁振国，1998）

"教学策略是为了达成教学目的，完成教学任务，而在对教学活动清晰认识的基础上对教学活动进行调节和控制的一系列执行过程。""一个成熟的有效的教学策略一般应包含以下几个要素：指导思想、教学目标、实施程序、操作技术。"（和学新，2000）

美国学者瑞格鲁斯把教学策略分为三种：教学组织策略、教学传递策略和教学资源管理策略。其中教学组织策略是指有关教学内容应按何种方式组织、次序应如何排列以及具体教学活动应如何安排（即如何作出教学处方）的策略；教学传递策略是指为实现教学内容由教师向学生的有效传递，应如何选择、运用教学媒体和教学交互方式的策略，也就是有关教学媒体的选择、运用以及学生应如何分组的策略（教学交互方式可以是双人小组、多人小组、班级授课或是个别化学习等多种不同方式）；教学资源管理策略是指在上面两种策略已经确定的前提下，如何对教学资源进行计划与分配的策略。

综合上述对教学策略内涵的几种不同认识，我们可以将教学策略理解为：教学策略是指在不同的教学条件下，为达到预期的教学目标而采取的计策谋略（包括各种手段、方法）。教学策略与教学方法本来属于同一范畴，只是教学方法要比教学策略更具体一些，可操作性更强一些；在许多应用场合，对教学策略与教学方法往往不加区别。例如，对于教学内容的组织和传递来说，人们对"策略"和"方法"两个概念就经常不作区分（即认为教学内容的组织、传递策略和教学内容的组织、传递方法二者的含义相同）——因为这二者都要在教师与学生的互动过程（即相互作用过程）当中才能具体体现出来，所以实际上没有什么分别。

四、教学结构

在第一章中已经提到，所谓教学结构是指，在一定的教育思想、教学理论与学习理论指导下的、在某种环境中展开的教学活动进程的稳定结构形式。它将直接反映出教师按照什么样的教育思想、教学理论来组织自己的教学活动进程，是教育思想、教学理论、学习理论的集中反映，也是教学系统四个要素（教师、学生、教学媒体、教学内容）相互联系相互作用的具体体现。

多年来统治我们各级各类学校的传统教学结构，是"以教师为中心"的教学结构。这种教学结构的优点是有利于教师主导作用的发挥，有利于教师对课堂教学的组织、管理与监控；但是它存在一个很大的缺陷，就是忽视学生的主动性与积极性的发挥，不能把学生在学习过程中的主体地位体现出来，因而难以培养出富有创造性的创新型人才。这正是传统的以教师为中心教学结构的最大弊病，也是忽视教学结构改革的严重后果。

而"整合"的实质正是要改变以教师为中心的教学结构，创建新型的、既能发挥教师主导作用又能充分体现学生主体地位的"主导—主体相结合"教学结构，以便激发学生的主动性、积极性与创造性，从而使创新人才培养的目标真正落到实处。

第二节　信息技术与课程整合课的教学模式分类

　　教学模式的类型是多种多样的、分层次的。信息技术与课程整合课的教学模式也不例外。由于"信息技术与课程整合"实质上是"信息技术与学科教学整合"，而学科教学过程涉及三个阶段：一是与课堂教学环节直接相关的"课内阶段"（对于小学来说，这一阶段通常是 40 分钟；对于中学来说，这一阶段通常是 45 分钟），另外两个是"课前阶段"与"课后阶段"（"课前"与"课后"这两个阶段也可合称为一个"课外阶段"），所以从最高层次考虑，信息技术与课程整合课的教学模式只有两种——即按照所涉及的教学阶段来划分的"课内整合模式"与"课外整合模式"两种。

　　目前西方发达国家比较关注信息技术与"课前""课后"教学过程的整合（即"课外整合模式"），多年来他们在这方面作了大量的研究与探索，并取得了许多成功的经验。其中影响最大、也最为有效的课外整合教学模式是 WebQuest 和 Just-in-Time Teaching（简称 JiTT）两种（尤其是 WebQuest 这种模式更是在全球范围内广为流传；在国内也相当盛行——WebQuest 大体上相当于国内通常所说的"专题研究性学习"）。关于信息技术与课程整合的"课外整合模式"我们将在下一章详细讨论。

　　至于"课内整合教学模式"，由于课堂教学涉及不同学科、不同教学策略和不同的技术支撑环境等多种因素，所以实现课内整合的教学模式的分类要复杂得多。对于学科老师来说，涉及各自学科的课内整合教学模式显然比较简单，涉及不同技术支撑环境的课内整合教学模式则要复杂一些。对于学科老师来说，最难以掌握的应属涉及不同教学策略的课内整合教学模式。本节准备对涉及不同技术支撑环境的课内整合教学模式作进一步的说明，后面几节将对涉及不同教学策略的课内整合教学模式作较深入的论述。对于涉及不同学科的课内整合教学模式则结合到不同策略运用的教学模式中做适当介绍，而不再对不同学科的课内整合教学模式做专门的探讨（因为任何教学策略的运用都不可能脱离某个具体学科的教学来进行）。

　　根据技术支撑环境的不同，"课内整合教学模式"可以划分为基于多媒体演示、基于网络教室、基于软件工具或基于仿真实验等类型。就我国目前的实际情况来看，多媒体演示和网络教室是目前中小学最普遍采用的技术支撑环境。因此，下面将对基于多媒体演示和基于网络教室的课内整合模式作进一步的阐述。

基于多媒体演示的课内整合教学模式，其实施环境是多媒体投影教室。在整合实施过程中，一般是利用教师事先准备的多媒体演示课件来进行教学。其突出特点有二：一是运用图像、声音、视频等多媒体素材形式，以实现对宏观或微观现象的直观再现，或者用来对情感类教学目标进行铺垫和渲染；二是学生主要通过聆听和观看的方式单向参与教学过程，而难以实现师生之间、生生之间以及人机之间的双向交互活动。

基于网络教室的课内整合教学模式，其实施环境是计算机网络教室。与基于多媒体演示的课内整合模式不同的是，由于这类教学模式具备学生人手一台计算机或两人一台计算机的技术支撑环境，在实施过程中具有交互性，更能突出学生动手实践和自主学习的特点，因此对教师的要求相对较高——不仅应具备网络环境下组织管理课堂教学的能力（它与传统课堂教学的组织管理能力相比有很大的不同），而且还应具备有效整合网络教学资源、合理设计学生自主学习、自主探究和组织小组协作活动的能力。这类整合模式由于配置硬件设备的价格较高，目前主要用于支持中小学各年级信息技术课程的教学；只有少数条件较好的学校有富余的计算机网络教室，可用于实施信息技术与其他学科教学的整合，所以基于网络教室的课内整合教学模式的普及程度，在当前远不如基于多媒体演示的整合模式。

根据选用教学策略的不同，"课内整合教学模式"原则上可以分为自主探究、协作学习、演示、讲授、讨论、辩论、角色扮演等多种类型。如上所述，教学模式是指教学过程中两种或两种以上方法或策略的稳定组合与运用——在教学过程中，为了实现某种预期的效果或目标（例如创建新型教学结构）往往要综合运用多种不同的方法与策略，当这些教学方法与策略的联合运用总能达到预期的效果或目标时，就成为一种有效的教学模式。所以教学模式尽管原则上可以按照某一种教学策略来划分，但实际上由于教学过程中都是多种方法与策略的综合运用（例如，开始引入新课可以采用"创设情境"策略，讲授新知识可以采用"先行组织者"策略或"课件演示"策略，巩固新知识可以采用"操练与练习"策略，知识迁移可以采用"小组讨论"或"角色扮演"策略等），所以通常的课内整合教学模式还是涉及多种教学方法与策略。由于两种以上的教学方法、策略原则上可进行任意的排列、组合，由此而形成的教学模式可以有无限种。但其中真正有效且易于操作的教学模式却并不多，在以下两节中我们将对目前最为流行的两种课内整合教学模式（"传递—接受"教学模式和探究性教学模式）作重点的介绍。这两种课内整合教学模式都能对"主导—主体相结合"教学结构提供有力的支持——两种模式都能很好地发挥教师在教学过程中的主导作用又能充分体现学生在学习过程中的主体地位，但又具有各自不同的特点："传递—接受"教学模式虽然也关注学生的主体地位，但是从总体上看，对于教师主导作用的发挥，更为强调，贯彻得也更深入更全面；探究性教学模式虽然也关注教师的主导作用，但是从总体上看，对于学生主体地位的凸显，更为重视，体现得也更具体更充分。换句话说，在"传递—接受"教学模式中，"教"的成分要多一些；而在探究性教学模式中，则是"学"的成分要多一些。

第三节 "传递—接受"教学模式

一、"传递—接受"教学模式的产生背景与教学流程

"传递—接受"教学模式的产生背景和美国著名教育心理学家奥苏贝尔提出的有意义接受学习理论有直接的关系。奥苏贝尔认为，学生的学习主要是接受学习，而不是发现学习，即学生主要通过教师讲授和呈现的材料来掌握前人的知识与经验。但是，这种接受学习应该是有意义的，而不是机械的。为此，新知识必须与原有认识、原有观念之间建立起适当的、有意义的联系。发生有意义学习的条件就是要帮助学习者在当前所学新知识与其认知结构中原有旧知识之间建立起某种联系或关系（如第三章所述，这种关系应是"类属关系""总括关系"或"并列组合关系"三者之中的一种），从而使新知识获得实际意义。这种教学的主要目标是促进学生对知识的掌握（包括对知识意义的理解、保持和运用），并强调要依据知识的内在逻辑关系来帮助学习者形成与扩展认知结构。

在这种教学模式中，教师的主导作用体现在：激发学习者的学习动机；选择适当的教学内容与教学媒体；运用先行组织者策略以帮助学习者建立起新旧知之间的有意义联系（即帮助学习者认识到新知与旧知之间存在怎样的"类属关系""总括关系"或"并列组合关系"）；选择和设计

适当的自主学习策略和协作学习策略以促进学习者对知识意义的自主建构、深入理解和应用迁移。学习者在学习过程中的主体地位则体现在：积极主动地建立起新旧知识之间的有意义联系，从而获得新知识的意义；与此同时，新知识将通过"同化"被吸纳到原有认知结构中使原有认知结构得以扩展。

"传递—接受"教学模式的教学流程如图7.1所示。

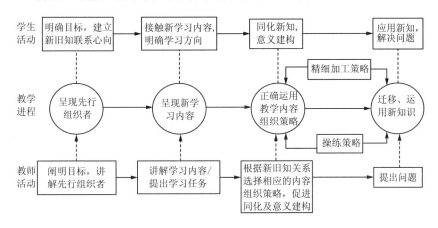

图7.1 "传递—接受"教学模式框图

二、"传递—接受"教学模式的内涵与特征

所谓"传递—接受"教学模式是指在教学过程中教师主要通过口授、板书、演示，学生则主要通过耳听、眼看、手记（用耳朵聆听教师的讲解、用眼睛观看教师的板书、用手记下教师讲授要点和板书内容——笔记；对于小学生尤其是低年级小学生来说，主要是耳听和眼看）来完成知识与技能传授，从而达到教学目标要求的一种教学模式。奥苏贝尔认为，"传递—接受"式教学不一定是机械的，"发现式"教学也不一定是有意义的。教学能否做到有意义——使学生能够真正理解、掌握所教的知识（"掌握"意味着不仅能理解，而且能将所学的知识用于解决实际问题），而不是死记硬背、机械地生搬硬套、不求甚解；关键在于：是否能将当前所学的新知识，和原有认知结构（它保存在大脑的长时记忆内）中的旧知识之间建立起某种内在的联系（即新知与旧知之间是否能建立起上面所述的"类属关系""总括关系"或"并列组合关系"三者中的某一种关系）。如果能够发现或找到这种联系，这种教学就是有意义的，否则就是机械的。教师的责任就在于帮助或启发学生自己去发现或找出这种

内在联系，而不是越俎代庖，直接把结果告诉学生——称职教师和不称职教师的一个主要区别正是在这里。

"传递—接受"教学模式的基本特征可以用一句话来概括，就是"以教为主"。具体表现在以下两个方面：

1. 特别强调充分发挥教师在教学过程中的主导作用

在这种教学模式下，教师不仅是主动的施教者、知识的传授者，还要求教师自始至终引导并监控整个教学进程。显然，这种模式更便于教师主导作用的发挥，更便于教师组织课堂的各种教学活动，更便于师生之间的情感交流，因而有利于对学科知识的系统传授，有利于对前人知识经验的学习与掌握，也有利于情感因素在学习过程中更有效地起作用。

2. 对于学生在学习过程中的主体地位虽然关注，但有不足

在这种教学模式下，自主学习、自主探究、自主发现的学习方式并没有被排除，但却被置于较次要的从属位置。尽管在建立新知与旧知联系的过程中，学习者也需要积极开动脑筋、认真思考，从而需要发挥一定的主动性与积极性，但是这种主动性与积极性完全是在教师的引导、启发下形成的，和学生在自主学习、自主探究的环境下，独立而自觉地形成的主动性与积极性不能相提并论——在前者的基础上，虽然可以用较短的时间（即以较高的效率）达到对知识技能的理解与掌握，但难以培养出创新的思维与创新的能力。而在后者的基础上，则不仅可以较深入地达到对知识技能的理解与掌握，还有利于创新思维与创新能力的形成与发展，即更有利于创新人才的成长。不过，就等量的知识内容而言，为了达到基本理解与掌握，一般来说，前一种教学模式（"传递—接受"式）要比后一种（探究式）节省时间，即教学的效率更高一些，而且这种模式还有利于情感因素在学习过程中更有效地起作用。正是因为具有这些优点，所以尽管"传递—接受"教学模式存在上述不足，但是在当前乃至今后，它仍然是我们各级各类学校教学中（从小学、中学、职业学校到大学）不可或缺的一种重要教学模式，也是实现课内整合的常用模式之一。

三、"传递—接受"教学模式的实施步骤

这种教学模式通常包含下面四个实施步骤：

1. 实施先行组织者策略

这个步骤包括阐明教学目标，呈现并讲解先行组织者和唤起学习者

先前的知识体验。阐明教学目标是要引起学生的注意并使他们明确学习的方向。先行组织者是利用适当的引导性材料对当前所学新内容加以定向与引导。这类引导性材料与当前所学新内容（新概念、新命题、新知识）之间应存在某种非任意的实质性联系，而且在包容性、概括性和抽象性等方面符合认知同化理论要求，从而能对新学习内容起固定、吸收作用。先行组织者实际上就是学习者认知结构中与当前所学新内容具有某种非任意、实质性联系的"原有观念"的具体体现。它是新知识与原有认知结构之间的联系桥梁，它可以帮助学习者建立起有意义学习的心向。如第三章所述，和新知与旧知之间存在的三种关系（"类属关系""总括关系""并列组合关系"）相对应，先行组织者也有"上位组织者""下位组织者"和"并列组织者"三种不同的类型。在实施先行组织者策略的过程中，对此必须有清醒的认识，以便在后面对当前新知识的教学内容进行组织时，能对实施何种"先行组织者"策略作出恰当的选择。

2. 介绍与呈现新的学习内容

对当前学习内容的介绍与呈现，可以通过讲解、讨论、实验、阅读、作业或播放录像等多种形式。学习材料的介绍与呈现应有较强的逻辑性与结构性，使学生易于了解学习内容的组织结构，便于把握各个概念、原理以及各知识点之间的关联性，从而使学生对整个学习过程有明确的方向感，对整个学习内容能从系统性与结构性去把握。在此过程中，教师还要善于集中并维持学生的注意力。

3. 运用教学内容组织策略

为了帮助学生有效地实现对新知识的同化（即帮助学生把当前所学的新知识吸纳到自己的认知结构中），除了要运用自主学习策略激发学生主动学习的积极性以外，还要求教师应依据当前所学新知与旧知之间存在的关系是"类属关系""总括关系"或"并列组合关系"而运用不同的教学内容组织策略。如第四章第五节所述，如果新知与旧知之间存在类属关系，则教学内容的组织应采用"渐进分化"策略，如果新知与旧知之间存在总括关系，则教学内容的组织应采用"逐级归纳"策略，如果新知与旧知之间存在并列组合关系，则教学内容的组织应采用"整合协调"策略。至于这三种教学内容组织策略的具体实施办法及应用案例可详见第四章第五节。

4. 促进对新知识的巩固与迁移

在实施这一步骤的过程中，学习者一方面要应用精细加工策略与反思策略来巩固和深化对当前所学新知识的意义建构，另一方面还要通过操练与练习策略在运用新知识解决实际问题的过程中来促进对新知识的掌握与迁移。

四、"传递—接受"教学模式的实施案例

1. 小学数学教学案例——《长方形与正方形的周长》①

《长方形与正方形的周长》是九年义务教育五年制小学数学第四册的内容，本案例由湖北省麻城市第二实验小学"四结合"课题组的教师设计并执教。本节课的教学是在学生已经掌握长方形和正方形特征的基础上进行的。具体教学过程如下：

情境导入激发兴趣：教师运用多媒体投影显示一组校园及师生活动的图片，请同学们说出图片上有哪些已学过的图形，它们各有几条边？学生回答时，教师用彩笔在图片中画出形状，从而既激发了学生的学习兴趣，又自然地引出本课的主题。

动手操作体验新知：接着教师拿出一些铝条，请同学们猜猜可以围成哪几种图形。学生自己动手用铝条围图形，教师进行巡视指导；学生围完后，先由同组同学检验、评价所围的图形（在同组评价时，着重要求学生运用已有工具，判断所围图形用了多长的铝条）；然后全班交流各组的讨论过程和结果。

形成周长概念：学生通过动手操作亲身体验初步建构出周长概念——"围成平面图形一周的长度叫作这个图形的周长"；再运用多媒体技术把三角形、正方形、长方形的周长逐步展开的过程直观地演示出来，以加深学生对周长概念的理解；最后，教师进一步引导："树叶有周长吗？五角星有周长吗？桌面呢？请小朋友们摸一摸"，从而拓展学生关于周长的知识。

掌握长方形与正方形周长的计算方法：教师先在黑板上画一个长方形，问小朋友们怎样计算这个长方形的周长？教师让全班学生各自独立列式计算，并选几位学生到黑板上演算，同时启发学生思考："这个问题共有几种算法？你在计算长方形周长时，会选择哪一种？说出你的理由。"在学生们通过讨论、比较，已基本掌握长方形周长的计算方法后，

---

① 该案例为教育部教学改革重点课题"学科'四结合'教学改革试验研究"的研究成果，入选时略有改动.

再给学生们一张画有正方形的卡片，请学生们设法计算出正方形的周长。

师生小结：先由教师用言语引导："同学们通过围一围、想一想、算一算之后，有什么收获？大家能给今天这节课取个合适的课名吗？"然后通过全班讨论，完成小结与归纳。

应用拓展：为了进行应用拓展，本课给学生出了三道练习题。其一是计算正方形手帕的周长，其二是计算本校篮球场的周长，其三是做小小设计师——"学校有一片空地要建一个花坛，谁能帮学校设计一个周长是 24 米的花坛，谁就能获得小小设计师的称号"。

本节课的教学内容涵盖两个知识点，其一是"周长的概念"，其二是"长方形与正方形周长的计算"。本节课的教学是在学生已经掌握了长方形与正方形特征的基础上进行的。在教学过程中，教师提出了两个关键问题："所围图形用了多长的铝条？"以及"你怎样计算长方形的周长？"这两个问题是本课教学中的两个先行组织者，第一个先行组织者对于《长方形与正方形的周长》这一学习内容而言是个上位概念（上位组织者）——"长方形与正方形的周长"类属于"图形的周长"，第二个先行组织者对于当前的学习内容而言是个下位概念（下位组织者）——"长方形周长的计算"是"长方形与正方形周长"计算的一个方面。

对于上位组织者，教师采用了如下的"渐进分化"教学内容组织策略：在学生动手围图形并用工具测量所用铝条长度的基础上，导出"围成平面图形一周的长度叫作这个图形的周长"这一概念；接着，通过多媒体投影播放动画——把三角形、正方形、长方形的周长逐步展开的过程直观地演示出来，以巩固和深化这一概念。对于下位组织者，教师则采用了如下的"逐级归纳"教学内容组织策略：先让学生根据自己对长方形特征的了解，对给定的长方形列出式子计算其周长；然后对不同的计算方法展开讨论、比较；最后师生共同归纳出最简捷、有效的长方形周长计算公式。在此基础上，为了促进知识迁移，教师又让学生进一步思考如何计算正方形的周长；于是学生通过再次的认真思考、小组讨论、全班交流，共同总结出正方形周长的计算公式。至此，本课的教学目标已大体完成，教师可引导学生对本课的学习过程进行回顾："你有什么收获？""能为今天这节课起个合适的题目吗？"学生们的一致回答是"长方形与正方形的周长"。

本课的内容分成两个阶段：第一阶段主要围绕平面图形周长的概

念，通过让学生围一围、看一看、说一说等活动使每个学生都参与到知识建构的过程中来，让学生在充分感知的基础上，形成平面图形周长的概念；第二阶段主要围绕长方形、正方形周长的计算，让学生在开放式的学习氛围中学到长方形与正方形周长的计算方法，并初步体现不同学习者可在学习过程中得到不同发展的教育新理念。最后给出的三道应用拓展练习题，设计颇具匠心，既密切联系学生的日常生活实际，又能让学生应用当前所学知识去解决问题，从而能较好地促进学生对所学知识的巩固与迁移。

2. 初中物理教学案例——《光的传播》①

《光的传播》这一案例由北京市永乐中学侯志红老师设计并执教，其内容是初中物理《光的现象》这一章中的第一节，也是几何光学的基础内容。学生已有的生活经验让他们了解光是沿直线传播的，但是不知道光的直线传播是有条件的；学生也知道三点一线的许多实例，但是不清楚这是利用了光的直线传播原理。通过本课的学习，学生不仅能够"知其然"，还能"知其所以然"。此外，本课中还要初步渗透光学的研究方法——知道用光线表示光，是初中学生所接触的、用理想的物理模型去表示抽象物理现象的第一个方法，所以学好这一节课是学好其他物理知识的基础。具体的教学过程如下：

情境导入激发兴趣：教师借助多媒体投影展示一些光与影的图片，以吸引学生的注意；与此同时，教师用话语"光给我们带来了温暖和美丽，今天就让我们来研究光，看看它是怎样给我们带来温暖与美丽的？"作开场白，激发学生对"光"进行研究的兴趣。然后呈现教学内容，并通过提问启发学生思考："从物理的角度来研究光，大家想想看，都要研究些什么？"于是学生们展开认真的思考，接着进行小组讨论，并将讨论结果推选代表回答，最后在教师的引导下归纳出"认识光源""光的传播方式"和"光速"等答案（由教师写在黑板上）。

认识光源：教师呈现另一些光与影的图片，问"在这些美丽景象中，光是从哪儿来的？"学生分别回答之后，师生共同概括出"光源"的概念。

实验探究光的传播方式：教师先提出三个问题："光可以在哪些介质中传播？""通过日常经验猜猜光在这些介质中是如何传播的？""能否通过实验来证明你的猜想？"让学生思考教师提出的问题，并分组动手做实

---

① 该案例选自《北京市石景山区教学设计汇总》，入选时略有改动.

验验证猜想——这些实验包括"光在固体中传播的实验"和"光在不同介质中传播的实验",做完实验后,全班同学对实验结果进行讨论。接着,教师又用动画演示并讲解"太阳光射到地球上时光线会发生弯曲"这一现象,然后从中归纳出"光在同一种均匀介质中沿直线传播"的规律;与此同时,还让学生学会利用物理符号来表示光线。

"光的直线传播"实例及其应用:教师继续演示和讲解小孔成像、影子成因、日食月食成因的模拟等物理实验,让学生了解光的直线传播现象是光的一个基本特性,在生活中有大量的应用。例如,学生们可以举出"看物体的边是否直""排队站齐""射击瞄准""激光掘进准直"等实例予以说明。

学习光速:教师通过提出"打雷时雷声和闪电是同时发生的,我们为什么先看到闪电然后才听到雷声?"这一问题,激发学生对光传播速度的思考,从而引出光速的概念和量值。

教师小结和课后迁移:教师在进行上述几方面内容教学的基础上,对本课的主要内容进行小结,以帮助学生梳理知识要点,并把握其内在联系。此外,教师还为学生留了三个课外设计题目:"利用本节课所学内容设计一个可测出某盏路灯高度的方案","参考历史上测量光速的有关材料,设计出一个测光速的实验","试设计一个针孔照相机"。这组设计题的用意一方面是要促进学生对本节课所学知识的巩固与迁移,另一方面也是想以此培养学生理论联系实际的意识与态度。

从上述以教师讲授为主(包括演示、提问、讲解、总结、布置作业等)、辅以学生实验的物理教学案例中,我们不难发现,教师在情境导入这个环节中,利用多媒体手段,联系学生自身的生活经验,激发学生对"光"进行学习的兴趣;与此同时,通过这个环节还呈现了当前学习的先行组织者——"光与影"。这个先行组织者("光与影")对于"光的传播"来说,是个上位概念。就"光的传播方式"教学而言,"渐进分化"策略对于其内容的组织无疑是适宜的。随后教师提出三个问题让学生思考,接着让学生分组动手做实验,并对实验结果进行讨论——正是这种"渐进分化"策略运用的具体体现。总之,本课教学过程的组织围绕"认识光源""光的传播方式"和"光速"三个问题展开,与此同时,对本课教学的重点与难点"光的传播方式",又运用"先行组织者"策略并辅以分组实验、班组讨论、生活实例等多种教学方式予以巩固和深化。最后一个环节的课后迁移设计也很到位——学生完成课外设计的过程,实际是对当前所学知识的意义进一步深入建构、并且融会贯通和加以灵活运用的过程。

从上述案例的整体教学过程看，本节课是在多媒体教学环境下主要采用"先行组织者"教学策略和"渐进分化"内容组织策略的"传递—接受"教学模式的典型案例。

3. 初中化学教学案例——《化学平衡》

《化学平衡》是初中化学第二章第二节的内容，本案例由北京市石景山区古城高级中学的线蕾老师设计并执教。本课主要教学目标是要让学生能理解和列举化学平衡的基本特征并在此基础上能给出化学平衡的完整定义。其教学过程如下：

情境导入激发兴趣：教师通过学生们熟悉的拔河比赛情境导入本课主题。所用引语是"大家都参加过拔河比赛吧？比赛刚开始，两队僵持不下的时候，绳中间的红线会怎么样？为什么会这样呢？"(学生回答：由于二力平衡)教师又问"在我们自然界存在着很多的平衡，你们能举出一些例子吗？(学生举例：生态平衡，力量平衡，心理平衡……)接着教师指出，"其实在我们身边处处存在着平衡。除了刚才大家所说的几种平衡以外，在人体中还存在着属于化学平衡的电解质平衡，今天我们就一起来学习化学平衡。"

初步建立动态平衡概念：在学生们学习化学平衡的兴趣已被激发起来的基础上，教师让学生进入化学平衡专题网站去操作和观察由该网站提供的"进—出水平衡"仿真实验。

在实验过程中。教师要求学生仔细观察刚打开水龙头的时候有什么现象？并思考和回答以下问题：为什么会有这种现象？此时的进水和出水处于什么状态？这个平衡有什么特征？在动态平衡状态时，变的是谁？不变的是谁？水池里的水是否永远保持这个平衡？

希望学生们通过仔细观察和认真思考，能作出以下回答：水池里的水面开始时逐渐升高，过一段时间后不再变化；不变化是因为进、出水速率相等，达到了平衡状态，这是一种动态平衡；这种动态平衡的特征是有变与不变，变是指水分子在不断更替，不变是指水分子的个数；水池里的水不可能永远保持这种平衡，随着进—出水速率的变化，平衡会被打破。

进一步扩展动态平衡概念：为了进一步扩展动态平衡的概念，在上述"进—出水平衡"实验基础上，教师继续引导学生做网站上另一个"蔗糖溶于水"的实验。

在实验过程中，教师要求学生仔细观察是否能向少量的水里无休止的加入蔗糖？并思考和回答以下问题：开始溶解的时候溶解速率和结晶速率之间有什么关系？达到饱和状态时又有何关系？这时达到一种什么样的状态？你能解释什么是溶解平衡吗？这种平衡的特征是什么？

希望学生们通过仔细观察和认真思考，能作出以下回答：开始溶解时溶解速率大于结晶速率；后来达到一种平衡状态（饱和状态），这时溶解速率等于结晶速率；溶解平衡是指在一定温度下，溶质的溶解速率和结晶速率相等，溶质的质量分数保持不变的一种状态；这种平衡的特征是动态平衡。

在动态平衡基础上学习化学平衡：教师先强调指出，在微观过程中，分子每秒的撞击次数可达 10 的 30 次方。而咱们在网站上所看到的微观图只是示意性的。换句话说，在每个时间点的最后都有个定格，可以把它看成是用一个速率和倍数都非常高的照相机照下来的一个画面。指出这点，是为了让学生了解实际反应过程和微观图是有区别的，以免学生形成错误概念。接着再让学生在网站上观察化学反应中的平衡（即化学平衡）现象。

教师提出的要求是，一边观察微观化学反应过程中的现象，一边思考以下问题：你能解释一下你在实验中得出的微观图像吗？正反应和逆反应速率如何变化？在正反应和逆反应速率相等时，反应物和生成物的浓度有什么变化？这是一种什么状态？

希望学生们通过仔细观察和认真思考，能作出以下回答：这是一张反映化学平衡过程中正、逆反应速率变化的微观图像；随着时间的增加，正反应的速率逐渐变小，逆反应的速率逐渐变大；最后正、逆反应速率达到相等，反应物和生成物的浓度不再变化。这是一种动态平衡状态。

归纳出化学平衡的特征：最后教师要在上述实验的基础上帮助学生归纳出化学平衡的主要特征。为此教师先提出以下问题：根据实验中得出的两张图像，你能说说化学反应达到平衡状态时具有哪些特征吗？

有了上述实验的体验，再经过教师的启发、引导与提示，大部分学生都能逐步归纳出关于化学平衡的下面几个基本特征：正、逆反应速率相等；反应物和生成物的浓度不再变化；达到一种动态平衡；而且是可逆反应。

总结提高促进巩固与迁移：为了巩固和深化本节所学知识，也为了培养学生的抽象概括能力，教师在总结"二力平衡"和"化学平衡"的联系与区别的基础上，要求学生全面把握化学平衡的基本特征，并为化学平衡下一个完整的定义；为了促进对本节所学知识的应用与迁移，教师还布置了两道紧密联系实际、且颇有启发性的应用题。

本案例中教师在通过拔河比赛情境导入本课主题的同时，也在实施先行组织者策略——由此情境引出的"二力平衡"正是本节学习内容的先行组织者。"二力平衡"和本节要教的新知识点"化学平衡"二者之间，虽然不存在类属关系或总括关系（即前者既不是后者的上位概念也不是后者的下位概念），但却存在一种"并列组合关系"即二者之间仍然具有某种相关的甚至共同的属性（这种先行组织者，称之为"并列组织者"），正是通过这种相关或共同的属性使得新旧知识之间仍然能够建立起某种非任意的实质性联系，从而达到有意义而非机械的学习。如第四章第五节所述，当先行组织者在包容性和抽象概括程度上既不高于，也不低于当前教学内容（即二者之间不存在类属关系或总括关系），但二者之间具有某种相关甚至是共同的属性时，对于教学内容的组织可以采用"整合协调"策略。所谓整合协调，是指通过分析、比较先行组织者与当前教学内容在哪些方面具有类似的或共同的属性，以及在哪些方面二者并不相同来帮助和促进学习者认知结构中的有关要素进行重新整合与协调，以便把当前所学的新知识纳入认知结构的某一层次之中，并类属于包容范围更广、抽象概括程度更高的概念系统之下的过程。本案例中整合协调策略的运用体现为对当前教学内容按如下方式进行组织：

（1）（通过视频画面展示和教师的语言描述）介绍拔河比赛中的"二力平衡"现象及有关特性（作为并列性先行组织者）。

（2）在教师指导下让学生在专题网站上去操作和观察"进—出水平衡""蔗糖溶于水"和"化学反应"等仿真实验，学生们通过仔细观察和认真思考，加上教师的启发引导，逐渐在动态平衡概念的基础上认识和理解了化学反应中的平衡的定义并能列举出化学平衡的基本特征（本课的学习主题）。

（3）教师在总结中指出，二力平衡和化学反应中的平衡（即化学平衡）的共同属性——都是两种要素在相互作用，而且两者的作用效果达到相等时的一种状态。

（4）教师在总结中同时指出，二力平衡与化学平衡的区别——前者的两种相互作用要素是人类的体力或机械力，而后者的两种相互作用要素则是化学反应中正反应速率和逆反应速率所形成的两种不同反应物。

（5）通过两道紧密联系实际、且颇有启发性的应用题以促进巩固和迁移。

本案例除了在开头给出一个并列性先行组织者（二力平衡）以外，为了突破本课的重点、难点——认识和理解化学平衡的基本特征，在后面又给出了一个上位先行组织者（动态平衡）。由于化学平衡是指化学反应过程中正反应速率和逆反应速率达到相等、反应物浓度保持不变时的一种动态平衡，所以动态平衡和化学平衡之间存在上、下位关系（即后者类属于前者）。如前所述，这种情况下的教学内容组织，最好采用"渐进分化"策略。在本案例的教学过程中，让学生在专题网站上，依次进行"进—出水平衡""蔗糖溶于水"和"化学反应"等仿真实验（在每一个仿真实验中，学生都在教师的启发引导下进行仔细观察和认真思考），正是"渐进分化"策略运用的具体体现。也正因为这一策略的运用，才使学生得以在初步建立动态平衡概念、扩展动态平衡概念和在此基础上进一步学习化学平衡以后，能较全面而深入地认识和理解化学平衡的基本特征，从而有效地突破了本课的重点、难点。

从上面所述的整体教学过程看，本节课是在网络教学环境下主要采用"先行组织者"教学策略（其中使用了"并列组织者"和"上位组织者"两种先行组织者）以及"整合协调"与"渐进分化"两种教学内容组织策略的"传递—接受"教学模式的案例。

第四节　探究性教学模式

一、探究性教学模式的产生背景与教学流程

学习方式（Learning Approach 或 Learning Style）是当代学习理论中的一个重要概念，多数学者认为，学习方式是指学生在完成学习任务过程中的基本行为和认知取向。学习方式不是指具体的学习方法和学习策略，而是指学习者在学习过程中发挥自主性、探究性与合作性方面的基本特征。传统的学习方式把学习建立在人的客体性、受动性和依赖性的基础之上，而忽视了学习者的主动性、能动性和独立性。转变学生的学

习方式就是要转变这种他主的、被动的和依赖的学习方式，倡导自主的、探究的与合作的学习方式，使学生的主体意识、能动性和创造性不断得到发展，并真正成为学习的主人。2001 年以来实施的《基础教育课程改革纲要(试行)》提出了要转变学生学习方式的任务，要促进学生在教师指导下更加主动地、富有个性地学习；并明确倡导以"自主、探究、合作"为特征的学习方式，从而改变传统的以教师为中心、书本为中心的局面①。探究性教学模式正是在这样的背景下逐渐形成并发展起来的。

由于探究性教学模式的学习对象(即学习主题)是课文中的某一个或几个知识点(这与下一章课外整合模式中的"研究性学习"教学模式其学习主题总是围绕自然界或社会生活中的某个真实问题有本质上的不同)。由于任何课程的教材都是由一篇篇的课文组成，而每篇课文又总是包含一个或几个知识点，这就表明，信息技术与课程整合的几乎所有日常教学活动(包括各种不同学科的常规课堂教学活动)都可以采用这种模式。事实上，探究性教学模式，目前已经成为能满足各学科常规课堂教学需要的、最有效也是最常用的课内整合模式之一。

探究性教学模式的教学流程如图 7.2 所示。

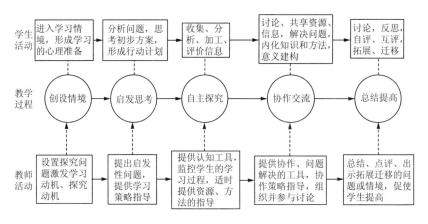

图 7.2 探究性教学模式框图

① 钟启泉，等. 为了中华民族的复兴为了每位学生的发展——〈基础教育课程改革纲要(试行)〉解读[M]. 上海：华东师范大学出版社，2001.

二、探究性教学模式的内涵与特征

探究性教学模式是指在教学过程中，要求学生在教师指导下，通过以"自主、探究、合作"为特征的学习方式对当前教学内容中的主要知识点进行自主学习、深入探究并进行小组合作交流，从而较好地达到课程标准中关于认知目标与情感目标要求的一种教学模式。认知目标涉及与学科相关的知识、概念、原理与能力的理解和掌握；情感目标则涉及感情、态度、价值观与思想品德的培养。在实施信息技术与课程深层次整合的过程中，各学科知识与能力（如阅读、写作、计算、看图、识图、实验以及上机操作等能力）的培养以及健康情感、正确价值观与优秀思想品德的形成，都可通过探究性教学模式使之逐步落实。

探究性教学模式的基本特征也可用一句话来概括："主导—主体相结合"——既重视发挥教师在教学过程中的主导作用，又充分体现学生在学习过程中的主体地位。具体表现在以下两个方面：

1. 高度重视教师在教学过程中的主导作用

尽管探究性教学模式主要采用"自主、探究、合作"的学习方式，在教学过程中强调学生的自主学习和自主探究，但是它并不忽视教师在教学过程中的主导作用；相反，它通过下面四个环节使教师的主导作用在整个教学过程中得到全面的发挥。

(1)当前探究性学习的对象要由教师确定——如上所述，探究式模式的教学总是围绕课程中的某个知识点（即探究性学习的对象）而展开，到底是哪个知识点不是随意确定的，更不能由学生自由选择；而是要由教师根据教学目标的要求和教学的进度来确定。

(2)进行探究之前的启发性问题要由教师提出——学习的对象确定后，为了使探究性学习切实取得成效，需要在探究之前向全班学生提出若干富有启发性、能引起学生深入思考、并与当前学习对象密切相关的问题（以便全班学生带着这些问题去探究）。这一环节至关重要，所提出的问题是否具有启发性、是否能引起学生的深入思考，这是探究性学习能否取得效果乃至成败的关键；而这类问题必须由教师提出，也只能由教师提出（学生对当前学习对象初次接触，尚不了解，不可能由他们自己提出与当前学习对象密切相关、又富有启发性的问题）。

(3)进行探究过程中要由教师提供多方面的帮助与指导——带着问题进行探究的过程，固然是由学生个人（或学习小组）去完成，但在这一过程中需要教师提供有关的探究工具(例如几何画板、建模软件、仿真实验系统等)和相关的教学资源支持,以及对探究性学习中的方法、策略作必要的指导。如果这方面的学习支持与指导不落实、不到位,将会挫伤学生们的学习信心与学习积极性,使探究性学习的效果大打折扣,甚至完全落空。

(4)探究过程完成后要由教师帮助总结与提高——探究过程完成后,一般要先由学生个人(或学习小组)做总结(而不是直接由教师做总结)。通过一次探究性学习虽然能取得不小的收获,但学生毕竟是初学者,总结起来难免有片面甚至错误之处,通过全班的讨论交流,集思广益,取长补短,在一定程度上可以克服这些片面甚至错误之处;不过,如果要让全班学生都能对当前的学习对象达到比较深入的理解与掌握,即对所学的知识点都能从感性认识上升至理性认识;都能做到不仅知其然,而且知其所以然;那就还需要教师的帮助与提高。毕竟和学生相比,教师对整门课程有比较全面、透彻、深入的把握,可以做到高屋建瓴。

2. 充分体现学生在学习过程中的主体地位

探究性教学模式因为采用"自主、探究、合作"的学习方式,所以在教学过程中特别强调学生的自主学习和自主探究,以及在此基础上实施的小组合作学习活动;一节课的教学目标主要靠学生个人的自主探究加上学习小组的合作学习活动来完成。由于在此过程中,学生们的主动性、积极性乃至创造性都能普遍地得到比较充分地发挥,因而这种教学模式不仅可以较深入地达到对知识技能的理解与掌握,更有利于创新思维与创新能力的形成与发展,即有利于创新人才的培养。可见,对于这种教学模式来说,能否取得成效的关键是,学生在学习过程中的主体地位是否能得到比较充分地体现——这一点是至关重要的。

但是,这只是问题的一个方面,为了使探究性教学模式真正取得成效,除了要充分调动学生的主动性、积极性以外,如上所述,在探究过程中还需要有若干"富有启发性问题"的启发与引导,要有相关"探究工具""教学资源""方法策略"的帮助与支持;而启发性问题的提出和相关工具、资源、策略的提供,都离不开教师主导作用的发挥。可见,探究性教学模式要想真正成功实施,光有学生方面的主动性、积极性还是不够的,还需要有教师方面的引导、帮助与支持。换句话说,探究性教学模式的成功实施涉及两个方面——既要充分体现学生在学习过程中的主体地位,又要重视发挥教师在教学过程中的主导作用。离开其中的任何一方，探究性学习都只能无果而终，不可能有良好效果。正因为如此，我们才认为"主导—主体相结合"是这种教学模式的最本质的特征。

三、探究性教学模式的实施步骤

这种教学模式通常包含下面五个实施步骤：

1. 创设情境

创设情境不仅是教师导入教学主题的需要，也是激发学生的学习动机和自主探究动机的需要。教师创设情境的方法多种多样：可以设置一个待探究的问题(此问题的解决需运用当前所学的知识)，也可以播放一段与当前学习主题密切相关的视频录像，或是朗诵一首诗歌、放送一段乐曲、讲一个生动的小故事、举一个典型的案例、演示专门制作的课件、设计一场活泼有趣的角色扮演……(当然，所有这些活动都应有一个先决条件—— 必须与当前学习主题密切相关，否则达不到创设情境的目的)。教师通过上述各种方法创设能激发学生学习动机和探究动机的情境，学生一旦进入教师创设的情境就可在情境的感染与作用下形成学习的心理准备，并产生探究的兴趣。

2. 启发思考

在学生被创设的情境激发起学习兴趣并形成了学习的心理准备之后，教师应及时提出富有启发性而且能涵盖当前教学知识点的若干问题(切忌提出一些有明显答案或明知故问的问题)。让学生带着这些问题去学习和掌握有关的知识、技能——这一过程也就是主动地、高效地完成当前学习任务的过程。在问题思考阶段，教师对于学生应当如何解决问题、应当利用何种认知工具或学习资源来解决问题，以及应当如何利用这些工具及资源、包括如何处理在探究过程中遇到的新问题等，都应给出具体的建议和指导；学生则要认真分析教师所提出的问题、明确自己所需完成的学习任务，并通过全面思考形成初步的探究方案。

3. 自主学习与自主探究

在实施这一步骤的过程中，学生利用教师提供的认知工具和学习资源(或是利用在教师指导下从网上或其他途径获取的工具和资源)，围绕教师提出的与某个知识点有关的问题进行自主探究。这类自主学习与自主探究活动包括：学生利用相关的认知工具(不同学科所需的认知工具不同)去收集与当前所学知识点有关的各种信息；学生主动地对所获得的信息进性分析、加工与评价；以及在分析、加工与评价基础上形成的、学生对当前所学知识的认识与理解（即由学生完成对当前所学知识意义的自主建构）。在学生进行自主学习与自主探究的过程中，教师应密切关注学生的学习与探究过程，并要适时地为学生提供如何有效地获取和利用认知工具、学习资源以及有关学习方法策略等方面的指导。

目前有不少中学老师反映：实施信息技术与学科课程的整合，数理学科要比人文学科困难。其原因就在于：人文学科往往可以通过让学生上网查找资料来达到促进学生自主学习与自主探究的目的，换句话说，对于人文学科的学习来说，网上资料就可以作为学生自主学习与自主探究的认知工具；但是对于数理学科的学习来说，却只有个别情况下才可以利用网上资料充当学生自主学习与自主探究的认知工具（如涉及数理学科的某种应用案例研究，或学科发展史研究的场合），而在大多数情况下则必须通过某种专用软件工具才能满足学生自主学习与自主探究的要求（例如涉及三维空间的抽象数学概念和微观、瞬态的物理变化以及有某种危险性的化学变化过程的理解与掌握，就不能只靠查找资料来解决，而必须为学生提供具有很强交互性的软件工具才有可能让学生去自主学习、自主发现，并进行小组的合作学习、合作探究）。下面我们列出目前数理学科中较常用的工具软件供老师们参考：

（1）金华科仿真物理实验室；

（2）金数龙仿真物理实验室；

（3）中学物理作图工具 1.60；

（4）金华科仿真化学实验室；

（5）Model ChemLab V2.1；

（6）几何画板、Z＋Z智能教育平台；

（7）MP_Lab（万用拼图实验室）、PG_Lab（平面几何实验室）、DM_Lab（动态数学实验室）；

（8）北京师范大学现代教育技术研究所研发的小学数学教学平台。

4. 协作交流

为了进一步深化学生对当前所学知识意义的建构，应在自主探究的基础上，组织学生以讨论形式开展小组内或班级内的协作与交流——通过共享学习资源与学习成果，在协作与交流过程中进一步深化学生对当前所学知识的认识与理解。教师在此过程中应为学生提供协作交流的工具，同时要对如何开展集体讨论、如何面对小组成员的分歧等协作学习策略作适时的指导，而且教师在必要时也应参与学生的讨论和交流（不能只做场外指导）。协作交流的过程不仅是学生深入完成知识与情感内化的过程，也是学生了解和掌握多种学习方法的过程。

5. 总结提高

总结提高是实施探究性教学模式的最后一个步骤，其目的是通过师生的共同总结来补充和完善全班学生经过自主探究和协作交流两个阶段以后对当前所学知识的认识与理解方面仍然存在的不足，以便更全面、更深刻地达到与当前所学知识点有关的教学目标的要求（包括认知目标与情感目标两方面的要求）。在实施这一步骤的过程中，学生的活动包括讨论、反思、自我评价、相互评价；教师的活动包括点评学生的学习情况、提出与迁移拓展有关的问题并创设相关情境、对当前所学知识内容进行概括总结（以帮助学生了解当前所学知识点与其他相关知识点之间的内在联系）。其中"提出与迁移拓展有关的问题"，可以要求学生应用所学知识去解决某个问题，也可以要求学生应用所学知识去完成某项作品。

四、探究性教学模式的实施案例

1. 小学语文教学案例——《奇妙的歌手》①

《奇妙的歌手》是北京版小学语文第三册的一篇科普类童话故事。内容讲述的是小黄莺要找金嗓子歌手组织一个合唱队。但当它分别找到蟋蟀、青蛙和蝉这几位歌手时，却得知它们都不是用嗓子发声的。最终小黄莺的合唱队还是建成了。不过，其中包括了一批不是用嗓子发声的优秀歌手。北京市昌平区二毛小学的马莲君老师，采用探究性教学模式对该课的第二课时进行了教学，过程如下：

创设情境、激趣引题： 教师告诉同学们小黄莺给大家写了一封公开信（以多媒体投影的方式展示），其内容是：为了参加森林音乐会，拟组织金嗓子歌手合唱队，希望大家踊跃报名。教师要求同学们先读公开信，然后猜猜小黄莺最后找到了哪些金嗓子歌手？同学们读完小黄莺的信后兴致盎然，接着很快就猜出蟋蟀、青蛙、蝉等歌手。与此同时，教师以贴图的方式把歌手的图片呈现在黑板上。通过这种情境创设，不仅激发起学生的浓厚兴趣，并使学生把注意力集中于本课主题，同时还引

---

① 该案例是全国教育科学"十五"重点课题"基础教育跨越式发展创新探索试验研究"的研究成果，入选时略有改动.

导学生回顾了课文。

提出问题、启发思考：教师提出"小黄莺是在哪里找到这些歌手的？它们的歌声怎么样？它们是用什么部位发声的？"等问题，让学生们认真思考；与此同时，板书"在哪里？歌声怎样？用什么发声？"

自主学习、协作探究：学生分成小组，首先带着问题自主读课文，之后通过小组讨论、协商画出能回答教师问题的词语或句子，并尝试填写回答上述问题的表格。

全班交流、深化理解：由各小组的代表向全班汇报经本组讨论后对上述问题得出的答案；教师板书各组答案，同时指导全体学生朗读相关的词句。

总结提高、突出主题：在对讨论进行总结的过程中，教师再以"为什么它们叫奇妙的歌手"设问，并进一步启发学生从课文中找到答案——"歌声美、但不用嗓子发声"。

拓展阅读、开阔视野：这个环节的设计意图是让学生拓展阅读教学资源中的"知识宝盒"和"故事宝盒"内容。这些拓展阅读内容介绍了动物界的很多奇妙现象（涉及动物睡眠、吃食、育儿等许多方面），从而开阔了学生的视野，丰富了学生的知识；与此同时，还启发学生，边读边想，看看自己能不能也根据动物的某种奇妙特点，创编一篇童话。显然，通过拓展阅读环节，可以大大深化与延伸本课的主题与教学目标的要求。

学用结合、写作表达：在拓展阅读基础上，教师鼓励学生们把自己了解到的动物界的奇妙现象告诉更多的读者，让学生在留言板上以"奇妙的……"为题（也可自拟题目），进行写作表达（最好也能写成童话故事），从而使学生通过这一教学环节能取得更大的收获。

教师在这节课的前半段时间里贯彻了探究性教学模式（包括创设情境、启发思考、自主学习、协作探究、全班交流、总结提高等环节）。表格的填写相当于为学生的自主学习与协作探究提供了一个认知工具——通过填表可促进学生对课文的进一步思考与理解。情境的创设、表格的设计与提供、小组协作活动的组织以及总结提高等环节，是本教学模式中发挥教师主导作用的主要体现；而自主学习、协作探究和全班交流则是本教学模式中体现学生主体地位的几个环节。在此之后，教师又给学生以较充裕的时间进行拓展阅读（且阅读材料内容异常丰富）和写作表达，这就使学生的主动性、积极性乃至创造性能够得到更充分地发挥，从而进一步凸显了学生在学习过程中的主体地位，因而更有利于学生的创新意识、创新思维与创新能力的发展。

应该说，后面增加的拓展阅读和写作表达两个环节，并不属于一般的探究性教学模式范畴，而应看做是对这一教学模式在特定的语文学科教学情况下的丰富与拓展。大量的教学实践证明，对于语文学科来说，这样的拓展确实是非常有效的，完全可以作为一条成熟经验进行普遍推广。

2. 初中语文教学案例——《奇妙的克隆》①

本案例由广东省佛山市荣山中学叶宇兰老师设计并执教。《奇妙的克隆》是初中二年级的一篇说明文，叶老师运用网络环境下的探究性教学模式，在学生借助工具书自主解决生字词、认真预习课文并收集有关克隆资料的基础上完成本篇课文的教学。过程如下：

创设情境、导入新课：教师先通过播放"克隆人"动画创设情境，再用下列事例绘声绘色地导入新课："《西游记》大家都很熟悉，其中孙悟空有个绝活让我们羡慕不已——他经常在紧要关头从身上拔一把猴毛变成一大群和他一模一样的猴子；假如你是球迷，你肯定希望世上再多一个罗纳尔多；假如你是一个音乐爱好者，你当然愿意再有一个帕瓦罗蒂；再有一个爱迪生和爱因斯坦也是许多人的梦想。古希腊有位哲学家曾经说过'世上不可能有两片完全相同的叶子'。换句话说，以上的想法都只能是空想，没有实现的可能。但是现在，有一种新兴技术'克隆'，或许可以做到这一点。那么克隆是什么呢？它奇妙在哪里呢？今天就让我们一起走进这个神奇的世界吧。"

启发思考、促进理解：接着，教师陆续提出四个富有启发性的问题，引导学生一步步去认真思考。从而促进了对课文的感知与理解。第一个问题是"我们身边有哪些植物和动物先天具有克隆本领？"学生根据课文介绍和自己查找的资料作出回答，并在教师的点拨下从课文中找出天生具有克隆本领的动植物的共同特点；第二个问题是"什么是克隆？"要求学生在观看有关"克隆"的视频之后，用一句话概括"克隆是什么"，然后教师对课文中运用了哪些方法来说明什么是克隆进行归纳和小结；教师提出的第三个问题是"克隆技术目前有哪些研究成果？"为了回答这

①　该案例是全国教育科学"十五"重点课题"基础教育跨越式发展创新探索试验研究"的研究成果，入选时有改动.

个问题需认真分析课文中的说明顺序及遣词用句特点；"克隆技术造福人类主要体现在什么地方？"则是教师为帮助学生感知和理解课文而提出的最后一个问题（它涉及克隆技术对人类生存与发展所具有的重大意义）。

拓展阅读、开阔视野：为了开阔视野和了解更多的克隆知识，让学生自主学习与本课内容密切相关的拓展阅读材料。

讨论交流、深化认识：在有关"克隆人"的阅读材料中提醒人们：科技进步是一首悲喜交集的进行曲。科技越发展，对社会的渗透越广泛、越深入，就越有可能引起一些有关伦理、道德和法律等方面的问题。这是深化对"克隆"问题认识的一个重要方面，教师紧紧抓住这点——要求学生围绕这方面问题开展小组合作探究，并在此基础上把自己的认识与观点在网络教学平台的讨论区打写出来；然后选其中的代表性论点，由师生共同进行当堂评议。

总结提高、促进迁移：为进一步提高学生的认识，教师对本课作出以下总结："科学是一把双刃剑，既可造福人类，也可殃及人类，而且科学造福人类和殃及人类的程度在同步增长。科学的发展越来越从自然界进入到人类本身，越来越深刻地触及人类的伦理、道德、法律以及人类的心灵，从而将引起人类道德伦理观的变革和更新。让我们一起深思如何确立并完善现代社会的伦理道德观与价值观，使之既能正确导引科学技术的进步与发展，又使我们能理性而道德地运用科学之剑为人类造福。"接着布置课后作业："在收集整理有关克隆人资料的基础上准备下节课的辩论题——克隆人是祸还是福？"希望通过这一活动促进学生对本课所学知识的巩固与迁移。

这是一节较成功的关于说明文教学的课。教学中综合运用创设情境、启发思考、自主学习、合作探究等多种教学策略，充分利用信息技术整合各种学习资源，培养学生阅读理解与小组合作交流能力，并指导学生口头表述并利用网络当堂打写。课堂教学设计比较灵活——没有像一般的课那样将课文分析与拓展阅读环节分开，而是将拓展阅读材料结合于课文的分析、讲解过程之中。而且所选的拓展材料紧扣课文主题，使该材料确实能更好地为课文的深入理解服务。教学过程条理清晰，一步一步引出颇具争议性的话题；自始至终注意激发和维持学生对"克隆"问题的兴趣，并关注学生对教学活动的积极参与。

3. 初中数学教学案例——《黄金分割》①

本案例是由广东省佛山市汾江中学黄伟峰老师设计并实施，授课内容出自北京师范大学出版社的数学教材八年级下册。在以往的教学中，大都将"黄金分割"作为比例线段的应用来处理，学生学过以后，很难感受到"黄金分割"的实用价值，体会不到"黄金分割"所带来的美的感受。本节课除了讲授黄金分割的定义及其作图方法之外，还让学生阅读有关资料，并从日常生活中找出一些黄金分割的例子，使学生具体感受数学知识的作用，从而促进对黄金分割的认识与理解，体会黄金分割的文化价值及其在人类历史上的作用和影响。本课教学对象是佛山市汾江中学跨越式发展试验初二(1)班学生。这些学生对网络教学比较感兴趣，具备一定的电脑知识，掌握"几何画板"的使用方法，基础知识较扎实，但个别学生的自控能力还不强，需要教师的调控。本案例的授课过程如下：

创设情境、启发思考：教师先通过动画展示一组图片的方式创设情境，接着围绕展示的情境提出相关问题引发学生思考，如：五星红旗的形状为什么不是正方形或其他形状？为什么翩翩起舞的芭蕾舞演员要踮起脚尖？为什么世界上许多人都对维纳斯着迷？等等。学生对问题进行猜想并作出回答。这些由真实情境所引出的问题极大地激发了学生的学习兴趣，并为后面的教学作了铺垫。然后教师给出一组矩形，让学生通过投票从中选出自己认为最好看的一个，再由此投票活动引出黄金矩形典故，从而转入新课。

自主探究、协作交流：教师向学生布置自主探究与协作交流任务——学生首先要运用几何画板自主测量黄金矩形的长和宽，以及五角星中对角线所分成的线段的比；学生在动手测量过程中要认真探究其中存在的规律；在此基础上还要开展小组协作、交流，以集思广益、深化认识。通过这样的学习，无须教师讲授，学生即可自己发现黄金比，并可用自己的语言说出黄金分割的概念。

作图演练、深化认识：为了促进学生对黄金分割这一重要概念的认识与理解，本课采取以下几种方式加强作图演练。第一，让学生利用 V-class 网络教学平台进行随堂练习(在此过程中教师可适当进行讲评)，

---

① 该案例是全国教育科学"十五"重点课题"基础教育跨越式发展创新探索试验研究"的研究成果，入选时有改动.

以巩固和深化学生对黄金分割的认识与理解；第二，由教师介绍黄金分割尺规作图方法，并在黑板上画出来，学生则根据老师的示范或课件演示学习这种作图，以进一步巩固和深化对黄金分割的认识；第三，要求学生运用黄金分割的有关知识(例如黄金比和画图工具)，自己找出黄金分割的其他作图方法。

开阔视野、感受价值：要求学生阅读有关黄金分割在建筑、艺术等领域的大量应用资料，在学生自主阅读过程中教师要进行全堂巡视，随时回答学生在阅读过程中提出的问题；在阅读资料后还要学生说出自己的感受(进行全班交流)。通过这一环节的学习，可以使学生通过建筑、艺术等方面的实例进一步体会黄金分割的文化价值及其在人类历史上的作用和影响。

课后拓展、促进迁移：课后要求完成以下作业：每位学生要根据自己对生活的观察，发挥自己的想象，运用本课所学的黄金分割原理，设计一个物体或图案；与此同时，每个学生小组要完成以黄金分割为主题的一个资源包(内容包括收集到的有关黄金分割的资料、自己设计的作品以及学习之后的感想)。此环节的目的是通过知识的应用与创新，促进对所学知识的巩固与迁移，进一步体会到知识的意义与价值，并使学生感受到数学就在我们身边——它来源于生活，又应用于生活，从而使学生的知识得到升华。

《黄金分割》这节课，在教学设计上主要有以下几个特色：其一，设置较丰富的问题情境，并从情境中提出真实问题，从而能较自然地引发学生的认真思考。其二，让学生利用几何画板作为认知工具，进行自主探究和自主发现，从而较充分地发挥了学生的主动性、积极性，提高了学生的学习兴趣，也使信息技术整合于教学过程的优势得到真正的体现。其三，通过将软件操作与实验观察相结合、自主探究与协作交流相结合，有效地促进了学生对黄金分割这一知识点的理解，增进了学生的实践意识，形成了相关的作图技能。其四，通过建筑、艺术等领域的应用实例，有力地体现了黄金分割的文化价值，使学生感受深刻、受益匪浅。正如学生所说："学习'黄金分割'，使我深切感受到数学与生活的联系与乐趣。""'黄金分割'以它独特的科学神韵，美化了我们的生活，造福了人类，给我们带来无数的、无形的'黄金'。我们不知道它从何而来，但是，它走进了我们的生活，甚至已经寄宿在我们的身上。""我们已经拥有了这笔财富，我们要利用这笔珍贵的财富继续探索、继续发现，让'黄金分割'为我们分割出更多的'黄金'！'"通过这节课的学习，我体会到数学来源于生活，服务于生活。数学必须应用于实际才有生命力——注重数学的实用性，才能学好数学，用好数学，才能真正体会到数学的价值，才能通过数学提高我们的生活质量，提高生产力，达到我们学习的目的。"

4. 高中物理教学案例——《自由落体运动》①

《自由落体运动》是普通高中课程标准实验教科书（必修1）第二章第4节的内容，主要讲自由落体运动的概念和规律，并运用这方面的知识解决实际生活中的一些问题。李老师所教班级的学生在此之前一直是在学习有关直线运动的内容，并对这方面的知识已有初步的掌握，但因学习时间短，对这些知识掌握的还不熟练；同时这班学生比较重视物理知识的学习，而较忽视对物理研究方法的学习；此外，这班学生还比较普遍缺乏将物理知识与实际生活相联系的意识。针对以上几点，在这节课的教学中设计了如下几个环节：

创设情境、激趣引题：本课以生活实际中"蹦极"的录像作为实际情境，激发学生的学习兴趣并引入本课主题。

启发思考、自主探究：教师在播放录像的同时提出问题——蹦极是自由落体运动吗？学生一面观看录像，一面联系学过的物理知识开动脑筋认真思考，并猜想问题的答案。接着教师又提出以下问题："历史上人们是如何研究和认识自由落体运动的？究竟什么样的运动才是自由落体运动？"让学生通过自主学习有关资料去进一步探究。

小组讨论、形成方案：在自主探究基础上，教师要求学生分小组讨论并制订"研究和认识自由落体运动"的方案。在这一环节中，教师要先帮助学生了解人们对自由落体运动的认识过程和自由落体概念，然后进一步指导学生制订出研究方案。教师对制订研究方案的指导是这样进行的——先给出提示"我们知道自由落体是直线运动，那么它是匀变速直线运动吗？如果是，加速度是多大？方向如何？"学生根据已有知识及教师提示分小组进行讨论，通过集思广益逐步形成研究方案。

协作探究、实施方案：让学生分组去实施该研究方案。在实施过程中要求学生认真去观察和探究自由落体运动的特点及规律；与此同时，教师引导学生完成高度估测、时间估测和重力加速度的估测。在此基础

---

① 本案例是由北京市石景山区京源学校李扬老师设计并执教，入选时有改动.

上再进行全班交流，从而使学生不仅能学到物理知识，还能学习到物理的研究方法。

总结提高、促进迁移：教师对本课的小结，侧重帮助学生建立物理与实际生活的联系，强调要应用所学物理知识去解决实际问题，要用生活中的物理巩固课堂中的物理知识。在小结的最后还用一个涉及物理知识应用的小游戏"测试你的反应时间"来结束，从而通过小结进一步促进了本课所学知识的巩固与迁移。

本案例较好地体现了"主导—主体相结合"的教学结构理论。教师的主导作用在创设情境、激趣引题、启发思考、指导研究方案制订、组织研究方案实施和总结提高等环节中得到了较充分地发挥；学生的主体地位则在自主学习、自主探究、小组讨论形成方案、协作探究实施方案和做小游戏等环节中得到了较突出的体现。在教学过程中，学生在教师提出问题的引导和启发下，以自主学习与小组协作相结合的方式去探究和发现规律，而不是像传统教学那样由教师直接向学生灌输知识；与此同时，还注重培养学生掌握物理学的研究方法与物理学的思维方式，并注意引导学生关注现实生活中的物理问题——把物理学与生活实际紧密联系起来，使物理知识形象化、实用化，使生活现象抽象化、物理化，从而既培养了学生们对物理学的兴趣，又增强了学生们迁移知识与运用知识的能力。

本章参考资料

1. 钟启泉，等. 为了中华民族的复兴为了每位学生的发展——《基础教育课程改革纲要（试行）》解读［M］. 上海：华东师范大学出版社，2001.

2. Bruce Joyce, Marsha Weil & Emily Calhoun. Models of Teaching［M］. Boston：Allyn and Bacon，1999.

3. 叶澜. 新编教育学教程［M］. 上海：华东师范大学出版社，1993.

4. 朱小蔓. 小学素质教育实践：模式建构与理论反思［M］. 南京：南京师大出版社，1999.

5. 张武升. 关于教学模式的探讨［J］. 教育研究，1988(5).

6. 施良方. 课程理论——课程的基础、原理与问题［M］. 北京：

教育科学出版社，1996.

7. 袁振国，等. 当代教育学（试用本）[M]. 北京：教育科学出版社，1998.

8. 和学新. 教学策略的概念、结构及其运用[J]. 教育研究，2000（12）.

第八章　信息技术与课程整合的教学模式
——课外整合模式

　　如第一章所述，目前西方发达国家比较关注信息技术与"课前""课后"教学过程的整合，即比较重视"课外整合模式"的研究；我们中国则相反，历来强调信息技术在课堂上的有效运用，即比较重视"课内整合模式"的研究。显然，这种差异是源自东西方社会文化背景的不同，尤其是教育思想观念上的不同（西方特别是美国的教育思想大多强调以学为主，而东方特别是中国的教育思想历来是强调以教为主）。在这个问题上，不能说西方一定比我们好，也不能说我们一定比西方好，而是东西方具有各自的优势与不足，二者之间存在互相学习、优势互补的关系，而不是互相排斥、彼此取代的关系。

　　前已指出，多年来西方在课外整合模式方面作了大量的研究与探索，并取得了许多成功的经验。其中影响最大、也最为有效的课外整合模式是 WebQuest 和 Just-in-Time Teaching（简称"JiTT"）两种，尤其是 WebQuest 这种模式更是在全球范围内广为流传，在国内也有较大的影响——不过这种模式在中国的现实环境下，在实施过程中必然要结合中国的国情（我国当前正在大力推行基础教育的新课程改革），因而其内涵与实施方式乃至名称都会有所变化。事实上，在目前中国教育界，不论是基础教育还是高等教育领域，类似于 WebQuest 的课外整合教学模式一般都称之为"专题研究性学习"或"研究性学习"（在本章随后的第一节中我们可以看到，之所以采用这一名称，和我国高中阶段的新课改有直接的关系）。下面我们就对"研究性学习"和"WebQuest"以及"Just-in-Time Teaching"等几种国内外常用的课外整合教学模式进行介绍。

第一节 基于"研究性学习"的教学模式

一、"研究性学习"教学模式的产生背景与教学流程

"研究性学习"作为我国基础教育新课程改革中的一项重要内容，其实施已经从开始时的试点实验阶段转入到在广大中小学进行全面推广的阶段。作为能较好体现新型教与学方式的研究性学习，它以问题为载体，以研究为手段，以促进学生的发展为目标的理念已逐渐深入人心；这种教学模式的实施，无论是对课程结构、课程内容，还是对教学方式、学习方式等都有着深远的影响。尽管"研究性学习"按照新课改的要求，目前在我国只是作为综合实践活动板块的一项内容在高中阶段单独开设——它与社会实践、社区服务、劳动技术教育四者共同构成高中的"综合实践活动"课。但是，作为新型教与学方式具体体现的研究性学习，完全可以与各个学科的教学过程相结合，并在各学科教师的组织与指导下，形成一种全新的教学模式，从而在信息技术与中小学（乃至大学）的课程相整合的过程中，发挥其他教学模式所无法取代的重要作用。这正是"研究性学习"教学模式近年来在我国各级各类学校产生并迅速流行的社会背景。

研究性学习一般是指结合实际的科学研究活动来进行学习。具体来说，是指这样一种学习方式：学生在教师指导下，从自然界或社会生活中选择某个真实问题作为专题去进行研究，要求学生在研究过程中主动地获取知识，并要应用所学知识去解决选定的真实问题。

所谓基于研究性学习的教学模式（也称"研究性学习"教学模式或"专题研究性学习"教学模式）实际上是在学科教师的组织与指导下，将上述研究性学习方式与学科的教学过程相结合而形成的一种全新教学模式。

由于研究性学习同我国传统的教与学方式相比，其实施、指导、管理和评价的内容与方法都有很大的差异，如何在新课程背景下，实施好基于研究性学习的教学模式，是一线教师必须面对的挑战。与此同时，目前在我国东部和中部的许多学校，信息化基础设施的建设也已初具规模；如何充分、有效地利用以多媒体和网络技术为代表的信息技术的优势，对广大青少年学生在信息技术环境下的研究性学习进行正确的指

导，这已是当前社会的迫切需求，也是新一代教师的必备技能。

"研究性学习"教学模式通常包含以下五个教学环节：提出问题、分析问题、解决问题（通过深入的调查研究和广泛收集信息，形成解决问题的初步方案；通过小组的协作交流，进一步优化解决问题的方案）、实施方案、评价总结（包括形成性评价、总结性评价；自我总结、小组总结、教师总结）等。在实施上述各个环节的过程中，教师和学生的有关活动以及教学流程如图 8.1 所示。

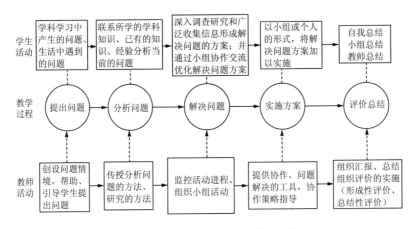

图 8.1 "研究性学习"教学模式框图

二、"研究性学习"教学模式的内涵与特征

如上所述，研究性学习是指学生在教师指导下，从自然界或社会生活中选择某个真实问题作为专题去进行研究，要求学生在研究过程中主动地获取知识、并应用所学知识去解决选定的实际问题。

"学生在教师指导下"说明研究性学习是学校正常教学的组成部分，而不是学生自发的、个体的探究活动；教师应是学生进行研究性学习的组织者、指导者、促进者；学生是研究性学习的参与者并且是这一学习过程的主体。"从自然界或社会生活中选择某个真实问题作为专题"说明研究性学习的主题以及这种学习所涉及的内容和范畴。"进行研究"说明研究性学习的主要学习方式是结合实际的科学研究活动来进行学习——这意味着学习过程是探索与创造的过程，是学生运用已知、并突破已知去创新去发现的过程。"主动地获取知识，并应用所学知识去解决选定的实际问题"说明实施研究性学习的目的是要让学生在科学研究的实践中、在解决实际问题的过程中去主动获取并掌握知识技能。换句话说，研究性学习的目的，不仅仅是让学生能够认识与理解所学的知识技能，而且要能够真正掌握——即能运用所学的知识技能去解决实际问题。

由以上对研究性学习内涵的分析可见，和其他的教学模式相比较，"研究性学习"教学模式具有以下几方面的特征：

1. 强调学习的研究性

研究性学习强调选择自然界和社会生活中的真实问题作为学习与研究的主题，即以问题或项目作为研究性学习的载体。学生的知识获得与能力培养，都是在对自然和社会的客观规律进行科学研究的过程中、在解决实际问题的探索过程中来完成。

2. 强调学习的实践性

研究性学习强调理论知识与自然界、与社会生活实际的紧密联系；强调学习与研究的主题必须具有实践性——即必须具有现实意义和实用价值。所以研究性学习特别关注环境问题、生态问题、人类与大自然和谐相处问题，特别关注社会现实问题、国际热点问题以及现代科学技术对人类生活和社会发展产生重大影响的问题。

3. 强调学习的体验性

研究性学习强调学生的学习过程，特别是学生在学习过程中的真实感受和亲身体验。之所以特别关注学生的真实感受和体验，是因为感性认识是人类全部认识的基础。按照马列主义认识论的观点，人类的一切认识都来源于感性认识；但感性认识应当提高到理性认识，并将理性认识再运用于革命实践，才能实现对客观事物(包括自然界和社会上的各种事物)的完整认识过程。即人类的认识必须完成三个阶段(感性认识、理性认识、革命实践)和两个飞跃(由感性认识→理性认识的飞跃、由理性认识→革命实践的飞跃)，才有可能实现对客观事物规律的认识、理解与掌握(而不是一知半解或纸上谈兵)。这就是研究性学习不仅重视学习过程中的理性认识(如对概念、原理的理解)，还十分重视感性认识(即真实的感受、体验)和实践运用的理论依据所在。

4. 强调学习的自主性

研究性学习强调学习的自主性。学习的主题，既可以由指导教师确定，也可以由学生根据当前所学课程内容并结合自己的兴趣、爱好自主选择。换句话说，从开始选题、收集资料、撰写研究报告，到成果展示和进行答辩、交流、总结的全部学习过程，都是学生自主学习、自主探究、自主发现的过程，都可以由学生(个人或小组)自主去完成；教师在

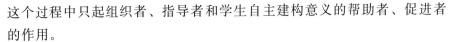

这个过程中只起组织者、指导者和学生自主建构意义的帮助者、促进者的作用。

5. 强调学习的开放性

研究性学习强调学习的开放性。研究性学习的主题和由该主题展开的学习内容不是已经确定的知识体系，也没有相关学科的研究性学习专用教材（虽然有关于"研究性学习"教学模式应如何实施的文字资料，但这主要是为教师提供教学参考，而不是供学生作为学习用的教材），研究性学习的主题和内容是来源于自然界和社会生活的真实问题，所以，如上所述，研究性学习特别关注社会现实问题、国际热点问题……显然，这些都是与时俱进的、不断更新的、涉及领域极为宽广的开放性问题。

由以上分析可见，研究性主要体现研究性学习在"学习目的"方面的特征——对知识、技能的学习，不仅要能从原理、概念上认识与理解，而且要能够真正掌握——即能运用所学的知识技能去解决自然和社会中的真实问题，为此，就必须在科学研究的过程中（即解决真实问题的过程中）来进行学习；体验性主要反映研究性学习在"认知"方面的特征——不仅重视理性认识，也要重视感性认识，只有完成上述"三个阶段、两个飞跃"的完整认识过程（即认知过程），才有可能全面而深刻地认识并掌握客观事物的规律；自主性则体现出研究性学习在"学习方式"上的特征；而从研究性学习在"学习内容"方面的特征看，则主要体现在实践性与开放性上面。

三、"研究性学习"教学模式的实施步骤

这种教学模式通常包含下面五个实施步骤。

1. 提出问题

在此环节中，教师通过创设问题情境激发学生学习与研究的兴趣，并由此引出当前研究性学习的主题——自然界或社会生活中有待解决的某个真实问题。在刚开始进行研究性学习（学生们对研究性学习还知之甚少）的初始阶段，用这种方式由教师向学生提出问题，从而为当前的研究性学习确定主题是比较恰当的。随着研究性学习的开展，学生们对研究性学习的了解逐步增多，教师就要帮助学生学会由自己提出问题——通过仔细观察、认真思考、深入挖掘让学生自己学会从自然界或社会生活中去发现问题，然后在此基础上进一步筛选，再从中提出比较有意义、有价值的真实问题作为当前研究性学习的主题(实施这一步骤的关键是要善于观察和认真思考)。

2. 分析问题

在此环节中,教师应该首先向学生介绍分析问题的方法(例如:由表及里、由浅入深、由近及远、透过现象看本质、突出重点抓主要矛盾、运用逆向思维、换位思考、用两点论而非一点论看问题、既看到事物的正面也看到反面、既看到有利因素又看到不利因素……);然后再根据问题的性质和研究的需要教给学生相关的研究方法(如问卷调查法、访谈法、文献调研法、案例收集法、实验法、行动研究法、数据统计分析法等);并对研究性学习的策略给出建议和指导。学生运用上述各种分析问题方法,联系目前所学的学科知识和过去已有的知识与经验,深入分析当前的问题,确定该问题的基本性质及解决该问题的关键所在。由于研究性学习的对象是自然界或社会生活中的真实问题,一般都比较复杂,所以还应设法把它分解为若干个相对简单的子问题(子任务),并要确定各个子问题的基本性质以及解决该子问题的关键。此环节的成果以学习者将研究问题分解为若干项子任务来体现(实施这一步骤的关键是要能掌握分析问题的方法)。

3. 解决问题

这一步骤通常包括两个子环节:提出解决问题的初步方案和优化解决问题的方案。解决问题方案的主要内容涉及两个方面:一是要阐明"是什么问题"(问题的基本性质、解决这个问题的关键点,即要害在哪里),二是要讲清楚"如何解决这个问题"。如上所述,一般都要先把它分解为若干个子问题,然后再为每一个子问题给出可行的解决方案;而要能够找到有效的解决方案,除了需要学习有关的知识与技能以外,还必须进行广泛、深入的调查研究(除了上网收集有关资料以外,还应通过个别访谈、问卷调查、实际测量……多种其他手段来获取相关的信息与资料),并且还要掌握科学的研究方法。研究性学习中的研究主体,可以是学习者个人,也可以是学习小组。如果研究主体是学习者个人,前一个子环节(提出解决问题的初步方案)由学习者个人在深入分析问题的基础上自主完成;后一个子环节(优化解决问题方案)由学习小组集体完成——以学习小组活动形式对本组内各成员(即学习者个人)所提出的解决问题的初步方案,从科学性、有效性、可行性等几个方面进行审核,提出修改意见,使之逐步完善并优化。如果研究主体是学习小组,则前一个环节(提出解决问题的初步方案)由各个学习小组在深入分析问题的基础上集体完成;后一个环节由全班来共同完成——以全班讨论形式对本班内各个学习小组所提出的解决问题的初步方案,从科学性、有效性、可行性等几个方面进行审核,提出修改意见,使之逐步完善并优化。学习小组活动可由小组长主持,全班性活动可由班长或临时推举的代表主持。

不管研究主体是个人还是学习小组,教师在解决问题过程中的主要活动都是协助组织好(各学习小组或全班的)讨论交流活动——监控讨论交流活动的内容、进度、效果,对需要帮助的小组或个人及时提供资源、技术、方法等方面的指导,而不应越俎代庖(实施这一步骤的关键是要能掌握相关的研究方法并组织好小组或全班的讨论交流活动,使解决问题方案真正得到优化)。

4. 实施解决问题方案

如果研究主体是学习者个人,这一步骤就完全由学习者个人去实施;如果研究主体是学习小组,则实施方案这一步骤就要由学习小组集体来完成。为了少走弯路、减少人力、物力和时间的浪费,不论研究主体是个人还是小组,在实施解决问题方案的过程中,都应注意做好形成性评价,随时收集反馈信息,经常进行反思;对解决问题方案,在可能的情况下可以作必要的修正或调整,以免大返工甚至重起炉灶。在学生实施方案过程中(不论是个人实施还是小组实施),教师的主要活动都是为学生提供自主探究工具、问题解决工具和协作交流工具等支持;与此同时,教师还要给予学生有关问题解决方法与协作学习策略等方面的指导(对于研究主体是学习者个人的场合,也不排除,甚至还提倡学习者个人和其他学习者之间的协作与交流),目的是使研究性学习能更有效地开展,从而达到更为理想的学习效果(实施这一步骤的关键是要做好形成性评价,注意收集反馈信息,并在可能情况下对解决问题方案作适当调整)。

5. 总结提高

研究性学习中的总结包括个人自我总结、小组总结和教师总结。而且小组总结应在个人自我总结基础上进行,教师总结又要在个人总结和小组总结的基础上进行。个人自我总结和小组总结都应将研究成果的汇报、展示与书面总结相结合(研究成果可能是调研报告、重要数据的统计分析、某种应用软件、某种仪器设备、某种产品的原型、某种解决问题方案……）。总结内容应包括该项研究的背景（国内外的研究现状）、意义、目标、主要研究内容、主要研究成果与创新点，以及努力方向（或不足之处）等。教师的总结不是要取代学生个人的或小组的总结，而是要帮助他们把自己原来的总结做得更全面、更深入；特别是要帮助他们把对客观事物的认识由感性上升到理性，使他们对科学概念与原理的认识和理解由片面、零碎、局部过渡到全面、系统、完整，尽量使每一个学生都能做到不仅知其然，而且知其所以然（实施这一步骤的关键是要首先做好个人自我总结和小组总结，与此同时，也不应忽视教师在这方面的促进与提升作用）。

四、"研究性学习"教学模式的实施案例

1. 小学中年级实施案例——《可爱的花》①

《可爱的花》是以"花卉"为主题而开展的基于"研究性学习"的教学模式案例，是由上海市南码头小学的王芬娣老师指导实施。研究主题源自班上的一位同学生病，大家想到应带着花去看望他。一个同学提出了"同学生病了该送什么花？还有很多花不认识"这个问题引起了大家的争论和兴趣，在争论未能达成一致意见的情况下，引发了这次研究活动。实施过程如下：

成立小组：根据学生提出的问题（如：春天有哪些花？什么花最美丽？老人生日送什么花？每种花代表什么意思？等）将全班学生分成四组，分别研究"花的礼仪""每个月开什么花""花之最""名花欣赏"四个子课题（四个小组分别称之为"礼仪组""月花组""花之最组"和"名花组"）。在分组的同时考虑如下因素：将家中有计算机的学生分散到各组以便上网查询资料，将性格较外向的学生分到需外出考察（花店、小花园等）的小组去。

收集信息：各小组采用不同方式分别收集资料和信息，比如"礼仪组"的资料主要来自互联网；"月花组"的学生首先对校园里栽种的各种花卉进行研究，在对校园花卉有所了解的基础上，再通过上网查询和走访花店老板等途径进一步掌握不同花卉的不同开花季节；"名花组"的前期研究主要是对各个花园进行观赏与实际考察，后期则主要在网上进行

---

① 该案例为教育部教学改革重点课题"学科'四结合'教学改革试验"案例，入选时有改动.

查询检索；由于一般学生很少有机会接触到奇花，因此"花之最组"的研究主要是对社会上喜爱奇花异草的名人雅士进行采访，在采访中增长知识，与此同时，学生也从网上查找到许多原来并不熟悉的内容。

交流信息：经过一段时间的信息收集，学生手中掌握了第一手资料，但由于各小组研究的子课题不同，本班同学对其他小组研究的内容及结果并不清楚，因此信息的交流显得格外重要。比较常用而有效的交流方式有：个人汇报（让每个学生介绍自己收集到的资料——最好能制作成多媒体文稿形式进行演示）、小组汇报（让各小组推选代表向全班介绍本组收集到的资料）、知识竞赛（让学生将自己学到的知识编写成一道道竞赛题让全班同学竞答，以此巩固并扩散所学知识）等多种。

开展研究：收集好大量的信息和资料以后，学生们就可以积极开动脑筋，在各组组长带领下按各子课题的要求开展研究。"礼仪组"着重研究与花有关的礼仪、与花有关的语言；"月花组"研究每月开什么花？若按季节分每季又有什么花？"花之最组"研究了什么是最大的花和最小的花、什么是开花期最长和开花期最短的花等一系列问题；"名花组"则对中国的十大名花和每个省市的市花作了研究。在此过程中，还要求学生把获得的知识制作成表格和网页形式保存。随着时间的推移各个小组的研究成果陆续涌现，当看到自己或小组的作品出现在眼前时，学生们将因充满成就感而高兴和自豪。

成果展示：每个小组推选一位代表展示本小组的研究成果："礼仪组"介绍不同的花有不同的内涵，所以对不同的人应送不同的花；"月花组"通过小品表演介绍不同的月份开出不同的鲜花；"花之最组"运用智力竞赛形式进行花之最的介绍；"名花组"则把各种珍奇鲜花制成精美的网页让大家欣赏。

总结评价：总结是在小组成果展示基础上进行。先由学生完成自我总结与小组总结。然后由教师组织小组间的总结汇报活动。在总结汇报的同时，教师也要组织好评价的实施（在总结阶段进行的评价一般是指总结性评价，但是在学生开展研究的过程中也不应忽视形成性评价。所以教师还应提前设计好形成性评价的实施方式）。

课外的专题研究性活动对小学生来说，具有挑战性。利用研究性活动，让学生在一种开放的环境中学会主动学习：学生们在实践中以感兴趣的花的知识为起点，将兴趣转化为问题，主动地投入到研究活动中去，从多种渠道收集花卉知识。这很有利于促进学生的成长。

研究活动给学生的学习提供了一个比书本广阔得多的空间，在整个研究过程中学生们表现出主动学习的极大热情。为了了解和掌握花卉知识，学生们去图书馆、逛书店、并上网查找有关资料，还到公园进行社会实践活动。除了上网收集资料能在课内进行，其他任务都需要在课外去完成；而运用课外时间开展研究性活动，学生可以根据自己的能力自由选择活动方式，充分施展自己的特长，使学生的个性得到较充分地发挥。在访问花店老板的过程中，学生不仅获得了大量有关花卉的知识，还培养了人际交往的能力、锻炼了自己的胆识。由于许多活动都以小组形式进行，这就要求学生应具有团队精神，要善于和别人合作，这对于那些习惯于以自我为中心的学生是一种很好的教育；使这些学生对集体这个概念有了亲身的体验与认识，知道每一个人的努力都与小组的荣誉攸关。

在这样的研究性学习过程中，教师的角色也发生了明显变化——不再充当知识的灌输者，而是成为教学活动的组织者、与学生共同参与研究的合作者。教师也是初次接触大量有关花卉的知识，对于学生通过多种方式获得的资料有些也不太熟悉；所以在这样的研究性学习过程中，教师也可以从学生方面学习到不少东西，从而实现教学相长。

2. 小学高年级实施案例——《探索生命》[①]

《探索生命》是基于网络资源开展的研究性学习活动课。设计与执教教师是深圳市南山实验学校的唐晓勇老师，此案例适用于小学高年级学生围绕专题进行自主与合作探究。本专题涉及的相关知识有生物学、社会学以及宗教、政治。为了保证活动的顺利进行，要求参与活动的学生要具有一定的电脑操作能力，能较熟练地通过网络进行资料收集、整理，同时还要具备一定的自主探究与合作学习的能力。

在活动过程中，学生通过对相关资源的收集、整理、分析、加工、应用，并通过合作探究，了解生命的起源、生命的生理系统，以及人们对生命的不同理解、对生命的赞美和社会上仍存在的"残害生命"现象，让学生能够科学地了解生命，提高对生命价值的认识。此案例是让学生利用暑假期间进行，大部分学习内容是通过基于网络的自主探究与合作学习来完成。其中集中活动时间 8 课时（在假期开始和假期结束时各集

---

① 该案例为教育部教学改革重点课题"学科'四结合'教学改革试验"案例，入选时有修改.

中活动 2 课时，在假期中再利用网络通过学校网上论坛进行集中活动 4 课时）。其具体实施过程如下：

激发兴趣、明确意义：教师利用集中活动的第 1 课时，为学生提供介绍与"生命"（生命奥秘、残害生命等）有关的网址、录像、图书资料、相关报道等，让学生通过观看、浏览，激发起探究的兴趣，并了解、明确此次主题探究的意义。

确定主题、成立小组：学生先自主浏览教师提供的资料，做好浏览记录，根据记录分类整理并提炼出有价值的问题；在此基础上每个学生提出自己最感兴趣的问题，再把共同感兴趣的问题列为研究的主题，由学生自由组合成立合作小组去进行研究；然后明确小组成员的分工，并讨论研究方法。

注意：学生在提出感兴趣问题的过程中，教师要及时引导学生对提出的问题进行适当分类，以便学生能对问题进行更深入的认知与探究，必要时教师可根据情况对某些主题作出进一步的阐述。研究小组成员人数最好控制在 5 人以内。

完成主题、形成成果：为完成对某一主题的研究，首先要让学生运用网络和其他手段收集与主题相关的信息。在收集信息时，一定要注意让学生通过多种渠道（例如也可查阅书籍），而不要仅仅局限于通过网络；此外，还要让学生注明信息的来源，并养成良好的记录习惯。

在收集到一批与主题相关的信息以后，要让学生定期利用学校网络论坛对所收集到的信息进行讨论、评价与交流，以便大家共享各自收集到的信息。每个学生都可自由提出自己尚未理解的问题，也可对别人提出的问题进行解答；如果其中有些问题学生彼此都回答不了，教师就要及时给予帮助（在整个研究性学习过程中，教师都应处在适当的指导和监控位置）。

为了深化对主题的认识与理解，各小组应在组长主持下认真讨论选定的主题；通过组内的分工与合作进一步建设起本组的主题网站和写出本组的活动体会；在此基础上最终完成本主题的研究报告。主题网站、活动体会和研究报告三者即是体现本次研究性学习的成果。

注意：在深化对主题认识与理解的过程中，学生有可能陷入无从下手的困境，这时教师一定要引导学生选择好适当的角度去切入——选择的角度要小，要能切中要害，要让学生学会多问几个"为什么"。在撰写报告时，要提醒学生努力做到观点鲜明、论据充分、要能从多个角度去认识选定的"生命主题"。

分组汇报、评价总结：集中活动 2 课时。各小组展示本组围绕选定的主题开展研究性学习所取得的成果（包括主题网站、活动体会和研究报告三方面的成果），并派出代表向全班作口头汇报。汇报过程中应接受其他组同学的提问与质询，汇报后各组可以互相进行评价，最后再由指导教师对各组的学习活动开展情况作讲评和总结。

3. 初中一年级实施案例——《寻找身边的历史》①

《寻找身边的历史》是按新课标要求、在新教学理念指导下为初中一年级设计的研究性学习课程。通过让学生选择自己感兴趣的文物古迹进行实地调查研究，使学生体验在研究过程中学历史的乐趣。本案例由广东省佛山市第四中学的凌怡老师设计，其教学目标涉及以下三个方面：①让学生了解身边发生过的历史事件，包括文物、古迹、古物、古建筑等方面的历史事实以及相关的知识；②让学生通过研究活动体验并掌握自主学习方式与协作学习方式，逐渐学会学习历史的基本技能和方法，包括学会表述历史和提高关于历史的思维能力；③提高学生对学习历史的兴趣，加深学生对自己家乡悠久历史文化的了解，培养热爱家乡的情感和形成保护文物古迹的意识。实施过程分为以下三个阶段：

准备阶段：此阶段的任务是明确研究活动的目标并进行分组。教师先向学生呈现研究活动的目标、主题以及研究活动的内容、方式，使学生有所了解。然后根据协作学习方式，将全班 56 位同学按自由组合原则，分成 8 个小组，每组 7 人，并选出小组长。教师根据分组情况对各小组人员作适当的合理调配，小组内各成员再根据自己的特长、兴趣及研究活动要求进行具体分工，并确定研究活动的实施计划。

实施阶段：此阶段的任务包括选定考察对象、实地考察、资料收集、撰写考察报告和收获体会四项。选定考察对象，是根据少数服从多数原则，通过小组讨论，选定本小组最感兴趣的考察对象并确定考察日期。然后将考察对象和考察日期上报指导教师，再由教师根据实际情况进行调配，以避免项目重复；实地考察，要求各小组利用双休日进行，并要带上摄录器材对所考察的文物古迹进行现场拍摄，或对有关人员进行录音，以便作为研究资料；资料收集，要求各小组针对本组的考察对

---

① 该案例为教育部教学改革重点课题"学科'四结合'教学改革试验"案例，入选时有修改.

象，通过去图书馆或上网等方式收集相关资料，并对资料进行整理，资料收集完毕以后指导教师应进行检查，资料不足的小组要进行补充；撰写考察报告和收获体会，要求各小组根据考察情况和收集的有关资料写出一篇报告，报告内容包括考察对象的历史和现状、对这种历史和现状的看法与见解，以及对如何宣传、保护历史文物古迹所提出的建设性意见。此外，还要求每位小组成员根据自己在研究过程中所负责的工作和所遇到的问题写出自己的收获体会。

总结阶段：此阶段研究包括活动评比和研究成果展示两项。活动评比由各小组根据组员在本次研究性学习过程中的表现评选出最佳组员，再由指导教师根据各组活动开展情况选出最佳组长，并根据各组撰写的考察报告内容、质量从中选出优秀考察报告；然后举办"寻找身边的历史"研究活动成果展示会，由各小组自行设计成果展示方式——可以用多媒体课件、历史剧表演、文物制作或景区导游等不同方式将本小组的考察研究成果生动地展示出来。

将历史内容与身边的实际生活相联系、在研究活动中让学生体验历史的亲切与厚重、在研究活动中让学生学会人际交往学会与人合作、在研究活动中锻炼学生分析问题解决问题的能力，是《寻找身边的历史》这一课的四大显著特点。

此次研究性学习活动的主题为《寻找身边的历史》，这一名称就起得好——不仅能吸引学生积极参与到学习中来，而且能很好地调动学生的学习主动性。在活动过程中，学生们可以切实地感受到所学历史知识在实际生活中、在他们的身边都能寻找到相应的踪迹。这种潜移默化的影响，拉近了知识与生活之间的距离，这对于提高学生的学习兴趣和积极性大有益处。

学生在此次活动中，真正地走入了自己身边的历史，对当地的各种历史遗址、历史文物、人文风俗现象进行了较全面深入的了解。在此次研究性学习活动过程中，历史的印记是学生自己亲自观察到的，历史的亲切与厚重是学生自己亲身感受和体会出来的；学生是此次研究性学习活动的主体，相关知识的学习过程是学生自己主动建构知识意义的过程。

此次研究性学习活动的开展，是以小组的方式进行。在整个研究性学习过程中（从一开始到最终的小组汇报），都需要全体小组成员的通力合作，才能取得预期的学习成果。因此通过这种研究性学习，学生不仅较好地了解并掌握了有关的知识，还能在小组协作过程中学会人际交往以及与他人合作的能力。

在开展此次研究性学习活动过程中，要求学生既要考察本组选题的相关内容，又要完成相关资料的收集和进行成果的展示与汇报。通过这一系列活动，不仅有效地提高了学生的自主学习、自主探究的能力，改进了学生的学习技能与学习方法，还促使学生形成更积极主动的学习态度和研究过程中较强的参与意识。

4. 初中二年级实施案例——《说不尽的泉》①

济南是一座古城，以泉多泉美而闻名于世，故美其名曰"泉城"。四面荷花三面柳，一城山色半城湖；家家泉水，户户垂柳……如此这般人间天堂的佳话使泉城人深感自豪，泉城也以其历史悠久，独具风韵的泉文化而誉满全国。天下第一泉——趵突泉，无人不知，无人不晓。泉是济南的灵魂，泉又是济南的眼睛，泉水成为济南最亮丽的一道风景线。然而，由于人们的生态意识淡薄，近几年曾几次出现泉水停喷，人为填埋泉眼，泉水水位下降，水质恶化的现象。泉水警号长鸣！

2003 年 9 月 16 日 8 时 30 分，天下第一泉——趵突泉复涌了。泉城人沸腾了。继而五龙潭、黑虎泉、珍珠泉等四大泉群也复涌了。在兴奋之余，为了唤起泉城人对泉文化的保护意识，济南第三十中学初二(2)班的全体同学，在老师的指导下及时捕捉新闻焦点话题，以"说不尽的泉"为课题开展了这次有组织、有计划、有目的、有意义的研究性学习活动。研究过程及步骤如下：

确定研究课题并围绕主课题成立若干子课题小组(第 1 周)：如上所述，济南是一座历史悠久的文化古城。泉水是济南的灵魂，泉水是济南的血脉，是济南千年历史的见证，有着深厚的文化底蕴，从而具有巨大的研究潜能和空间。学生们生于斯，长于斯，处于泉水氛围之中，泉水资源丰富；加上学生们兴趣浓厚，热情高涨，有干劲、有闯劲。又使这项研究具有可操作性。在开始实施时，以振奋人心的一则新闻引出主题，激发学生参与此项研究的动机；接着围绕主课题，确定若干个研究子课题并成立相应的子课题小组；教师对各个子课题小组进行研究指导，并确定各个子课题的信息资料来源。

通过调查研究收集资料(第 2～3 周)：各个子课题小组通过讨论，

---

① 该案例是由山东省济南第三十中学刘冰老师设计并实施，入选时略有修改.

进行组内分工；与此同时，教师要对学生进行外出安全教育，要制定应急措施，并让学生了解外出收集资料需要做哪些准备工作；各个子课题小组在获取有关资料后，要把所获资料汇总，在此基础上进行分类处理，并作进一步分析加工，以形成研究成果。

展示调研成果(第4周)：由各个子课题小组以不同形式展示调研成果，全班共同分享，教师做点评并进行有针对性的指导和提出改进意见；全体学生积极参与讨论并对有关资料进行查漏补缺；最后由全班推选出几位代表，共同撰写唤起泉城人重视保护泉文化的倡议书。

向社会宣传保泉(第4周)：在走向社会之前，教师再次强调安全问题，做好学生的后勤保障工作，与家长事先沟通，并与泉城广场管理处联系好活动的相关事宜；然后学生走入社会，向广大市民宣传保泉的重要意义及有关措施，以此培养学生的社会实践能力与人际交往能力，与此同时让学生切身感受开展社会公益活动的甘苦。

总结交流研究性学习的收获体会(第5周)：每个学生畅谈自己参与这轮研究性学习的收获体会，全体师生结合自身感受参与点评。此环节的设计意图在于——培养学生的团结合作意识、认真负责的工作态度和实事求是的科学精神；让学生学会正确处理个人与他人及集体的关系；培养学生热爱家乡、热爱祖国的美好情操。

《说不尽的泉》的主题研究活动具有以下几个特点：一是能够及时抓住学生关心的、发生在身边的、而且非常具有典型性和代表性的问题——趵突泉复涌这一令人惊喜的焦点问题来进行研究，这样的研究性学习主题与学生的生活非常贴近，可以有效激发学生学习的积极性、主动性，并引发学生的深层次思考；二是由于学生对研究主题非常关注，对参与这种学习的积极性、主动性比较高，所以在整个研究性学习过程中，从子课题确定、小组分工、资料收集、调研成果展示、到走向社会宣传等一系列活动都进行得有条不紊；三是学生通过访问护泉老人、去图书馆查询、上网搜索、了解民间关于泉水的传说、宣传参与护泉等多种社会实践活动，较深入地了解了有关泉的成因、历史、价值、文化以及保护等多方面的知识。与此同时，还培养了学生收集信息、整理信息、分析信息的能力以及分析问题和解决问题的能力——这也是开展研究性学习所要达到的最主要目的。

第二节 关于 WebQuest 整合模式

如上所述，WebQuest 是西方（特别是美国）实施信息技术与课程整合的主要模式（一种有效的课外整合模式）。但是从下面有关 WebQuest产生背景、内涵、特征与实施步骤的介绍可以看到，从严格的意义上讲，WebQuest 本身并不是一种教学模式，它只是用于实现"研究性学习"教学模式的一种教学设计流程模板。所以，在下面我们并没有把WebQuest 作为一种独立的教学模式来看待，而是把它看做是上一节内容（"研究性学习"教学模式）的某种扩展与补充——在设计流程与实施方式上对"研究性学习"教学模式所做的扩展与补充。

一、WebQuest 模式的产生背景

WebQuest 教学模式由美国圣地亚哥州立大学伯尼·道奇（Bernie Dodge）和汤姆·马奇于 1995 年提出。在英语中，"Web"是指"网络"，"Quest"是指"寻求""探究"，组成"WebQuest"以后，可以理解为"基于网络的探究性活动"（大致相当于"研究性学习"活动）。这种教学模式可以有效激发学生到网上去查找相关资料并在此基础上开展自主探究活动的积极性。对于 WebQuest 的产生背景，伯尼·道奇教授用下面这段简洁的语言作出了准确的表述[①]：

"美国的权威教育研究机构总结了全美对人类学习的研究，发现教育研究并没有作出人类学习方面的关键性的发现。在研究的过程中，大量的情境被剥离了，人工的成分很多，获得的研究结果对学校教育很难有切实的指导作用。……真实的学校环境极其复杂难于控制，教学实验充满开放性和不确定性，往往存在多种合理解释，这就给研究结果的应用造成了很大困难。……和学生学习需要支架一样，教师的教学设计能力的发展同样需要支架。在 WebQuest 中，我们给教师们提供了固定的结构、大量的规则和指导，教师们不需要从头开始设计，操作性强，容易去做。我想这是众多教师选择 WebQuest 的原因。"——这也正是伯

---

① 孙洪涛. 和大师面对面——我给 Bernie Dodge 做翻译［M］. 信息技术教育，2005(9).

尼·道奇等人研究 WebQuest 的初衷与背景。

二、WebQuest 模式的内涵与特征

WebQuest 创始人伯尼·道奇等人为 WebQuest 给出的定义为：一种以探究为取向、利用互联网资源的课程单元教学活动，在这种活动中，学生使用的全部或大部分信息都是从网上获得的。在这类课程计划中，呈现给学生的是一个特定的假想情境或者一项任务（通常是一个需要解决的问题或者一个需要完成的项目）；课程计划中为学生提供了一些网上的信息资源，要求学生通过对信息的分析与综合来得出创造性的解决方案。为了便于开展这种教学活动，WebQuest 还为教师提供了固定的设计模板和有关的规则及指导，使教师们不需要从头学习设计，因而操作性强，容易实施。

由以上定义可以看到 WebQuest 的内涵具有以下三个方面的特征：第一，WebQuest 的主题（这类课程计划的主题）是"一个需要解决的问题或者一个需要完成的项目"，即现实生活中的真实任务；这点和"研究性学习"教学模式从自然界或社会生活中选择某个真实问题作为专题去进行研究是完全一致的。第二，在 WebQuest 这种活动中，"学生使用的全部或大部分信息都是从网上获得的"，所以 WebQuest 能有效激发学生上网查找相关资料的积极性，这也是 WebQuest 模式的主要特征之一（而"研究性学习"过程中所需要的各种信息资源却绝不仅仅局限于互联网，还要包括通过个别访谈、问卷调查、实际测量等多种其他研究方法与手段所获得的相关资料。正是这个缘故，一般来说，"研究性学习"教学模式在教学上所能达到的深度与广度要比 WebQuest 模式更胜一筹）。第三，由于 WebQuest 为教师提供固定结构的教学设计流程模板和一系列的指导信息，这就相当于为一线教师提供了一种便于掌握、运用教学设计新理念的脚手架，从而使广大教师易于上手、易于实施。

三、WebQuest 模式的实施步骤

伯尼·道奇认为 WebQuest 的实施应包含下面七个步骤：

1. 设计一个合适的课程单元

设计一个 WebQuest 的课程单元是要费一番思考的，在设计这样的课程单元时需要考虑四个方面：要与课程标准一致、能取代原来令人不满意的课、能有效地利用网络、能促进学生更深层次的理解。为便于进行这四方面的考虑，可参照图 8.2 所示的设计流程。

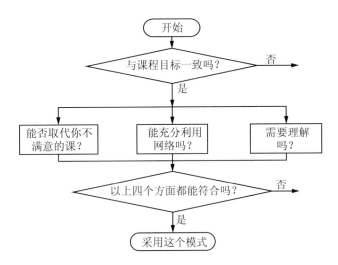

图 8.2　WebQuest 课程单元的设计流程

2. 选择一个能促进高级认知发展的任务

按照伯尼·道奇的观点，促进高级认知发展的任务可以划分为：复述、汇编、神秘性任务、编写新闻、设计、创造性作品、达成一致、劝说、认识自我、分析、判断和科学任务 12 种类型。任务是 WebQuest 模式中最重要的组成要素之一，它为学生的学习、研究活动提供了基础。一个好的任务是可操作的、具有吸引力的，并能激发学生的深入思考，而不是死记硬背。

为学生制定任务有一些可供参考、借鉴的做法，如表 8.1 所示。

表 8.1

任务类型	任务描述
复述	要求学生获取某种信息，并通过一定的方式表明自己理解了这一信息。学生可采用的复述方式有 PowerPoint、网页、海报、简短的报告等。
汇编	让学生从原始资料中收集某类信息后，还要求进行汇编——以一定的形式、结构把这些信息组织起来。学生的成果可以上载到互联网，也可用非数字化的形式展示。通过汇编可以让学生在熟悉材料的同时对相关材料进行选择，并弄清楚之所以做这种选择的根据所在。
神秘性任务	对有神秘感的东西人人都会感兴趣，所以有时候激发学生兴趣的最好方式是将学习的主题隐含于一个谜语或侦探故事中。这种方法在小学阶段很有效，并且也可以用于成人学习者。

续表

任务类型	任务描述
撰写新闻	让学生充当新闻记者，要求他们将收集到的信息以新闻或特写的形式表达出来。要求学生在表达时应注重真实性和准确性。
设计	让学生提出完成某件事或实施某项任务的具体计划。
创造性作品	对创造性作品的要求，就是让学生用论文、故事、诗歌或绘画的形式将自己学习和研究过程中的收获、体会展示出来。对这种任务的评价应着重创造性水平和自我表达水平两个方面。
达成共识	人们因价值观、世界观的不同而往往导致意见、观点不一致。让学生了解人与人之间在意见、观点上经常会有分歧，并尝试去解决这种分歧是非常重要的。达成共识的任务就是要培养学生这一方面的能力。这一任务的核心是要让学生能清楚地表达出自己的观点，进行深入的思考，并能包容别人的观点。
劝说	在社会生活中，总是会有人与你的意见不一致，而有时别人的观点又是错误的，这就需要耐心劝说，所以培养学生的劝说技能很重要。"劝说"的情境可以这样创设：出席听讼、审讯或辩论会以收集自己并不同意的观点，然后以信件、评论、通信、海报、录像等方式去改变他人的观点。
认识自我	有时 WebQuest 也可以用于促进对自我的了解与认识。这种了解与认识可以通过教师指导下的基于网络资源的在线或离线探索来得到。但这类例子目前还较少。一个典型的例子是思考"我长大了做什么？"学生借助网络资源认真分析自身的长处和自己想要追求的目标，然后制订一个实现自己理想的计划。
分析	了解事物的基本性质以及事物之间的相互联系是一种重要的认识能力。分析任务就是要发展学生的这种能力。在这一任务中，要求学生密切关注一件或多件事情，分析每件事情的性质、特点，找出它们之间的共性与个性，以及这些共性与个性说明了什么问题。为此，学生可能还要找出变量之间的因果关系并讨论其含义。
判断	解决问题的前提是要能够作出正确的判断——对各种不同事物进行辨别、对事物的某种性质进行判定、对所处境遇作出决策、对面临问题确定处理或解决的方案等，都是不同情况下要求作出"判断"的表现形式。可见对判断力的培养极为重要。判断任务要求学生能够按照一定的评价指标，对给定的对象进行排序、打分或在一定的范围内作出选择（评价指标应简明扼要）。

续表

任务类型	任务描述
科学任务	科学导致人类的文明与进步。科学已渗透到我们社会生活的每一个角落。培养青少年热爱科学，使他们逐步具有科学意识、了解科学方法、认识科学的作用至关重要。网络可以把历史上的科技发明和最新的科研资料呈现在学生面前，还可以让学生在网上做一些虚拟实验，因而有可能通过设计若干基于网络的科学任务来完成对青少年的上述培养目标。

3. 开始网页设计

为便于教师设计网页，自 1995 年开始 WebQuest 即向广大教师提供设计模板，为使用该模板可以从 WebQuest 网站（http：//www. spa3. k12. sc. us/WebQuests. html）下载。这种设计模板具有以下特点：包含 WebQuest 的基本结构，模板的每一部分都给出帮助你设计 WebQuest 的具体策略。例如，第一步是草拟任务和标题，并写出一份能引起学习者兴趣的引言。

4. 形成评价

传统的测评方式难以胜任相对复杂任务（特别是像 WebQuest 那样需要多维评价的任务）完成情况的评价。在评价的设计环节中，教师应写出评价指标，这有助于理清思路，同时在考虑评价指标时还有可能对任务作进一步修改。

WebQuest 模板提供的评价文件（evaluation. htm）为教师列出一些评价指标，参照这些指标教师需完成三个环节的工作：一是提出若干评价的维度（这是区别于传统评价的重要方面），通过提出这些评价维度，教师可清晰地表达出自己的期望，并使自己对学生行为的反馈更为有效。二是选择合理的评价维度，上一环节可能提出了一些并不一定需要的评价维度，这一环节则是要去掉那些并不合适的指标（究竟多少指标才是合适的，没有一个定量的标准；不过，可以肯定的是，如果是诊断性或形成性评价则评价的维度应该多一些，如果是总结性评价，则维度可以少一些）。三是给出评价标准，这是形成评价的最后一项工作。

5. 制订学习活动过程

有一系列因素会影响学生的学习活动。下面的学习过程检验表（如表 8.2）可以帮助教师制订出最适合学生进行学习的活动过程。该检验表既考虑了学习者自主学习和与他人合作学习的经验，也考虑了学习主题的可争论性与多面性。

表 8.2 （回答下列问题，并检验这些问题在你方案中的呈现情况）

如果	那么
在你所选择的主题中存在某种冲突，并且能通过网络或资料找到解决方法；	分配角色，帮助学习者找到有助于他们理解和内化观点的材料。
有一些专家对你所提出的问题持有不同见解；	就让学生扮演这些专家角色。
学习者善于合作；	尝试让学生自己分配角色，而不是预先帮他们分配好。
问题有一定的复杂性，并且是学习者所不熟悉的；	给学习者提供一定的资料，让他们对这一问题的认识与看法有一个共同的起点。
学习者有独立工作的经验——只要能找到合适的资料就能自己解决问题；	给学习者提供相关的资源。
某个子任务并不为所有学习者所熟悉；	提供完成该子任务的必要指导。
学习者能在意见不一的情况下进行协商，并最终达成一致；	将班级成员分成若干组（各组内都包含有不同观点的成员），进行协商式讨论，教师则在各组内巡视，以提供必要的帮助。
你们班的学生在没有教师的帮助下，不能在意见不一的情况下达成一致；	将班级成员分成若干小组（各组内只包含相同观点成员），每组汇报一种观点，让全班学生一起讨论，然后在教师的指导下完成对不同意见的综合。

6. 以文字形式记下所有活动内容以供别人借鉴

7. 检查并改进

除了伯尼·道奇提出的、包含上述七个实施步骤的 WebQuest 模式以外，在多年实际推广应用 WebQuest 的过程中，还形成了其他一些实施步骤或实施环节略有不同的 WebQuest 模式，例如，包含引言、任务、过程、资源、评价、总结六个步骤的 WebQuest 模式，或者包含引言、任务、过程、评价、结论五个环节的 WebQuest 模式。下面介绍的实施案例——《多利》就属于五环节的这一种。

四、WebQuest 模式的实施案例 ——《多利》①

一个完整的 WebQuest 模式应包括简明扼要的介绍（引言）、能激发学习兴趣且具有挑战性的任务、实施任务过程的具体描述（包括所需要的学习资源），以及评价与结论等五个环节（有时也把学习资源这部分单独列出，这样的 WebQuest 模式就有六个环节）。在任务实施过程的具体描述中，教师应为学生提供组织信息的指导信息。

图 8.3 网站首页面截图

从图 8.3 所示的网站首页面截图可以看出，该 WebQuest 的课程单元选择世界上第一只克隆羊《多利》——紧紧抓住了科技前沿，极具探究性，且探究的问题对学生很有吸引力。这样的 WebQuest 模式是如何展开的？教师应如何切入探究的主题？又应怎样将学生的探究活动引向深入？这里，我们只是将该 WebQuest 的基本内容按其所包含的五个环节作一简要介绍，如欲了解更详细情况，请访问网站：http://www.

---

① 本案例来源于 http://www.ewisdom.net/dolly/default.htm.

ewisdom. net/dolly/default. htm。

1. 简介

"我决定首先克隆我自己，以消除外界对我的批评，说我是在利用一些对生活绝望了的妇女，用一种还没有被验证的程序作实验。"（点击查看：Seed，1998 的言论）

大约 60 年前人类曾利用两栖动物进行无性繁殖，但在蝌蚪阶段就夭折了。在过去的 60 年中，克隆哺乳动物仅仅在科学家们的想象中认为是可能的（点击查看：克隆的发展历史）。

嗨，Dolly！Wilmut，苏格兰 Roslin 学院的一名研究人员突然宣布，他的研究小组利用一个成熟的体细胞成功地克隆了一只小羊羔。第二天，教皇指责这项发现是"对生命缺乏尊重"，科学界却欢欣鼓舞，称之为人类的一次突破。

2. 任务（The Task）

各国政府目前都在讨论克隆对人类社会的潜在影响。我们这次基于 WebQuest 的讨论目的就是决定如何通过立法来控制克隆。1997 年，美国国会议员，来自密歇根州的 Ehlers 先生建议立法，制定"禁止克隆人类法案"，其中包括"任何人利用人体细胞进行人类的克隆都是违法的"，"任何人违反都将受到不超过 5 000 美元的罚款处罚"等条目，该法案在 1997 年 3 月 5 日由美国的参议院和众议院联合制定并通过。

Ehlers 先生的提案虽然只是针对人类的克隆，这种禁止活动也不难做到，但是很可能最终被证明是一种目光短浅的做法。在 21 世纪，克隆技术的研究将对人类社会产生意义深远的影响，这种影响涉及全球饥荒、动物权益、土地贫瘠、疾病治疗、科学研究、人口过剩等许多方面。

参与本项目的学习者的任务是提出问题，获得最新信息，分析资料的正确性，和你的同伴达成一致意见，然后解释最终结果。所有这些努力都是为了回答一个基本问题：政府应该制定什么样的方针政策来控制克隆？

要保持客观的态度，不要在调查研究结束之前就匆忙下结论。本系统将对你如何处理信息、如何阐明你的观点，以及你将如何跟你的同伴进行有效的交流与合作进行评价。祝你好运！

3. 过程（The Process）

为完成上述学习任务而创设的情境是，美国的国会正在召开一个专家研讨会，研究克隆对美国的社会、经济、政治等方面所具有的广泛意义及影响；每一个专家组将在这一研讨会上阐述他们的研究发现。学习者组成的学习小组的职责是倾听每位专家的观点，形成自己对克隆的认识，然后对已通过的禁止克隆人类法案作出评价。

步骤 1：访问有关专家

在该专家研讨会上，首先由 Salon 杂志的执行编辑 Andrew Ross，向克隆羊多利的创造者 Ian Wilmut 博士提出了几个问题，这些问题主要涉及人们对克隆人类所抱的希望和产生的恐惧。听了这样的提问以后，要求你和你的学习小组成员一起去访问有关专家——利用面对面谈话的方式向专家表达出：对于克隆人类人们存在的三个希望和三种恐惧；要事先草拟好你们小组准备向专家提出的三个问题。

步骤 2：分组扮演角色

尝试从不同的角度来看克隆——每种角度都有自己的观点，并对克隆产生的复杂问题都有自己独特的解决方案。

每一个学习小组都被指定一个角色，要使所有小组成员都完全理解本组所扮演的角色。打开下面的卷宗，在浏览完每一个角色的职责之后，进入你们小组被指定扮演的角色，这时每一个学习小组成员都应清楚地了解本组的职责。然后各小组开始探索。

表 8.3　需要了解的机构和人物

	美国农业部	一个专家组，将关注克隆对国家的食品供应带来的好处。
	技术和伦理协会	不同意识形态的技术专家组成的国际组织。
	美国参议员	召集一些著名的参议员共同分析禁止克隆人类法案。
	动物之友协会	一个全国性的民间组织，旨在呼吁人类善待动物。

	Roslin 学院研究小组	克隆多利羊的科学家小组，他们的作用是负责解释有关克隆的一些学术问题。
	生物医学道德研究机构	研究生物医学道德方面的教授、学者
	克隆技术公司	SanDiego 生物技术公司，目前已经拥有涉及克隆人体器官在内的几项克隆技术专利。
	CLN 药学公司	负责利用克隆技术促进制药发展的公司，以及最初为克隆多利实验作出主要贡献的人员。

步骤 3：参加"讨论禁止克隆人类法案"高峰会议

这项活动内容是各小组成员共享大家获得的有关克隆的知识。

①演示者的任务

你已经成为你所代表的角色方面的专家，参加克隆峰会的人需要了解你对克隆的观点。给你们十分钟的时间解释怎样把提交的禁止克隆人类法案扩展到其他方面还是维持原状，你必须说明你的理由。你所用的图片、视频及音频片段以及对研究报告的引用都只能用来增强你的陈述效果。

你们的任务就是要积极有效地阐述你们的观点，如果你们选择使用 PowerPoint，那么应该确保你们的 PowerPoint 演示能顺利进行，如果你们不使用 PowerPoint，那么应该制作一个论文展示板，或者使用录像带（你们可以浏览一下可能的得分标准，它描述了如何制作一个出色的演示，一定要有新的创意）。

②听众的职责

每个学习小组中除了有一名代表去执行演示任务以外，其他成员是作为听众与会。作为克隆峰会的一名听众，你的任务是仔细倾听每个人的陈述，你将要被邀请参加会议的一个小组委员会，该委员会将决定政府应采取怎样的措施。所以你要一边倾听别人的观点，一边记下别人提出的一些关键问题，并列出你扮演的角色将会支持和反对的观点。

步骤 4：达成一致意见

所建立的小组委员会要向政府建议下一步应该采取怎样的措施。这样的委员会应由各方面的专家组成，所以达成一致的意见并不是很容易的事情。有益于克隆研究的事并不一定有益于保障动物权益或宗教信仰。你们必须进行争论，努力说服别人；通过协商、共同出谋划策制订一个行动计划。你们可能不会一致同意陈述行动计划的某种方式，但是你们必须形成共同的行动计划；你们可能会发现为了找到一致同意的共同行动计划，你必须同意自己原来并不同意的观点。这样，一个"通过协商达成一致意见"的活动就完成了。

你们的意见获得大多数人的同意以后，就可把你的报告粘贴到在线讨论板的正确位置上。

步骤 5：把观点公之于世

最后一个任务是将你们委员会要向政府建议的报告公之于众，这将使你有机会得到社会上专家的反馈（该专家不是参与当前 WebQuest 学习活动的成员）。

为了能将报告公之于众，首先要找到一个联系地址。这可能是你研究资料中的一个 E-mail 地址，或者你可以到网上去查找一个地址，你们小组的成员也有可能想把你们的建议发送到政府机构去。在后面这种情况下，你们可以通过适当的链接找到所需的 E-mail 地址，然后给白宫写信，给一位美国参议员写信，或给一位众议院议员写信。

在发出这种电子邮件之前，要先为你的 E-mail 写一份情况说明，该情况说明应为你的联系对象提供相关的背景知识——他们理解你们的建议时需要这些背景知识；而且一定要告诉你的联系对象你很需要他的反馈；然后再把你们的报告粘贴在信中或者是把你们的报告作为一个附件发送出去。

在发出上述电子邮件之前，还应保证你们小组的所有成员都仔细阅读过该邮件的内容。

在发送上述电子邮件时，一定要把它复制一份给指导教师，这样教师就可得到一份你们作品的拷贝。

4. 评价（Evaluation）

先由每个学习者对参与此次围绕克隆主题的 WebQuest 学习活动作出个人评价（评价内容包括主题的选取、任务的制定是否有意义、有价值？这样的主题和任务能否调动学习者的积极性、主动性？对完成任务

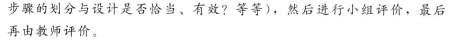

步骤的划分与设计是否恰当、有效？等等），然后进行小组评价，最后再由教师评价。

5. 结论(Conclusion)

克隆可能是 20 世纪末最重大的一个科学发现，它的深远影响将会在 21 世纪感受到。

"大多数的人类历史事件都要经历三个成长阶段，第一阶段是恐惧和痛恨，第二阶段是有所容忍、接受，还具有一定的被动性，第三阶段则是热情认可。"(Dr. RichardSeed)

通过围绕克隆主题的 WebQuest 学习活动，应有助于我们的学生形成对待克隆这一新生事物的正确认识与态度，然后再把这种正确认识与态度公之于世，将会产生更为良好的社会影响。

五、"WebQuest"模式与"研究性学习"模式的比较

如本节开头所述，WebQuest 是西方(特别是美国)有效实施信息技术与课程整合的一种课外整合模式。但是从伯尼·道奇(Bernie Dodge)当初研发 WebQuest 的本意或是从严格的意义上讲，WebQuest 本身并不是一种教学模式，而是用于实现"基于网络的探究性活动"(大致相当于"研究性学习"活动)的一种教学设计流程模板。所以，在 WebQuest 和"研究性学习"模式之间，应该说，既有密切的联系又有一定的区别。

1. 二者的"共性"

"WebQuest"模式与"研究性学习"模式二者之间的共同点，大致表现在以下几方面：

(1)学习的主题类似

如前所述，"研究性学习"是要从自然界或社会生活中选择某个真实问题作为专题(即学习主题)去进行研究，要求学生在研究过程中主动地获取知识，并要应用所学知识去解决选定的真实问题；而 WebQuest 的主题(这类课程计划的主题)则是"一个需要解决的问题或者一个需要完成的项目"，这里的"问题或项目"即现实生活中的真实任务，所以和"研究性学习"模式从自然界或社会生活中选择某个真实问题作为学习主题是完全一致的。

(2)学习的宗旨及目标相同

"研究性学习"要求学生在围绕主题进行研究的过程中，主动地获取知识，并要应用所学知识去解决选定的真实问题，即不仅要能理解所学

的知识，而且还要能够运用所学的知识去解决实际问题；WebQuest 则要求学生通过对网上信息资源的分析、综合形成所面临问题或项目（即真实任务）的解决方案，并通过自主探究或小组合作方式加以实施。显然，这两种模式的宗旨都是要通过研究解决实际问题来学习，并且学习所追求的最终目标也是一样的——不仅要能理解所学的知识，还要能够运用所学的知识去解决实际问题。这样的学习宗旨及学习目标正是"WebQuest"模式与"研究性学习"模式的最本质特征，也是这两种模式与其他所有教学模式的最大不同之处。其他所有教学模式，尤其是传统教学模式主要是围绕某个学科的若干知识点（而不是现实生活中的真实问题）来学习；所追求的学习目标也往往停留在对事物的认知和对知识的理解上，而没有强调对知识的掌握与运用——事实上，只有能够运用所学知识去解决实际问题，才谈得上对所学知识的真正理解与掌握，否则，只是纸上谈兵而已。

（3）都具有长周期与短周期两种实施方式

"研究性学习"的主题如果是涉及多个学科的真实问题，则实施过程要花较长的时间（例如1～2个月，甚至更长），即属于长周期方式；若是只涉及单个学科的真实问题则实施过程可以较短（例如 1～2 个星期，或几天），即属于短周期方式。WebQuest 与此类似，根据其研究主题所面临真实任务的大小也有长周期和短周期两种实施方式：长周期一般需要 1 周以上，甚至 1～2 个月；而短周期只需要几个课时。

2. 二者的"区别"

"WebQuest"模式与"研究性学习"模式二者之间的差异，可以归纳为下面三点：

（1）对两种模式的本质学术界在认识上有较大差异

如 WebQuest 的创始人伯尼·道奇所言："和学生学习需要支架一样，教师的教学设计能力的发展同样需要支架。在 WebQuest 中，我们给教师们提供了固定的结构、大量的规则和指导，教师们不需要从头开始设计，操作性强，容易去做。我想这是众多教师选择 WebQuest 的原因。"由这段话不难明白，在 WebQuest 创始人的心目中，WebQuest 的本质就是要为教师提供一种便于操作的教学设计流程模板；再结合"WebQuest"的含义是"基于网络的探究性活动"（大致相当于"研究性学习"活动），我们就可以很清楚地看到，这种教学设计流程模板并非通用的、而是专门用于网络环境下进行探究性学习活动（大致相当于"研究性学习"活动)的教学设计流程模板,换句话说,为教师提供一种便于操作的、可用于实施"研究性学习"模式的教学设计流程模板是 WebQuest 的本质(至少在 WebQuest 创始人的心目中是如此认定的)。

而"研究性学习"模式的本质则与此完全不同。在本章第一节曾指出"研究性学习"具有五个方面的基本特征(研究性、实践性、体验性、自主性、开放性),并特别强调其中的体验性。研究性学习强调学生的学习过程、特别是学生在学习过程中的真实感受和亲身体验。之所以特别关注学生的真实感受和体验,是因为感性认识是人类全部认识的基础。按照马列主义认识论的观点,人类的一切认识都来源于感性认识,但感性认识应当提高到理性认识,并将理性认识再运用于革命实践,才能实现对客观事物(包括自然界和社会上的各种事物)的完整认识过程。即人类的认识必须完成三个阶段(感性认识、理性认识、革命实践)和两个飞跃(由感性认识→理性认识的飞跃、由理性认识→革命实践的飞跃),才有可能实现对客观事物规律的认识、理解与掌握(而不是一知半解或纸上谈兵)。这就是研究性学习不仅重视学习过程中的理性认识(如对概念、原理的理解),还十分重视感性认识(即真实的感受、体验)和实践运用的理论依据。这段论述十分明确地表明,"研究性学习"教学模式的本质是要让学校教学过程实现包含"三个阶段"和"两个飞跃"的人类完整认识过程——即既要重视理性认识也要十分重视感性认识和实践运用。

(2)两种模式的组成要素几乎完全不同

伯尼·道奇认为 WebQuest 模式一般应由七个要素或环节组成,这七个组成要素或环节是:"设计一个合适的课程单元"(简称"引言")"选择一个能促进高级认知发展的任务"(简称"任务")"开始网页设计""形成评价""制定学习活动过程""以文字形式记下所有活动内容以供别人借鉴""检查并改进"。除了伯尼·道奇提出的、包含上述七个要素或环节的 WebQuest 模式以外,在多年实际推广应用 WebQuest 的过程中,还形成了包含其他一些组成要素或实施环节的 WebQuest 模式,例如,包含引言、任务、过程、资源、评价、总结六个要素或环节的 WebQuest 模式,以及包含引言、任务、过程、评价、结论五个要素或环节的 WebQuest 模式。不管是七要素模式、还是六要素五要素模式,其实施内容都大同小异,并无明显的差别。

而研究性学习模式的组成要素则与此有很大的不同。如本章第一节所述,"研究性学习"模式的组成要素(即相应的实施环节)由"提出问题"

"分析问题""解决问题""实施解决问题方案"和"总结提高"五个要素或环节组成;其中"解决问题"又包含"提出解决问题的初步方案"和"优化解决问题的方案"两个子环节。

将 WebQuest 模式的组成要素和研究性学习模式的组成要素加以比较,不难看出,前者关注的主要是操作内容与操作方法的实施;而后者主要关注的则是创新精神与创新能力的培养(分析和解决问题的能力是创新能力的核心),这二者之间显然有较大的区别。

(3)两种模式的实施环境不完全一致

在前面关于 WebQuest 的内涵与特征的介绍中曾经指出,在 WebQuest 这种活动中,"学生使用的全部或大部分信息都是从网上获得的",所以 WebQuest 能有效激发学生上网查找相关资料的积极性,这也正是 WebQuest 模式实施环境的最主要特征;而"研究性学习"过程中所需要的各种信息资源却绝不仅仅限于互联网,还要包括通过个别访谈、问卷调查、实际测量等多种其他研究方法与手段所获得的相关资料。换句话说,研究性学习模式的实施环境要比 WebQuest 模式更宽广,使学生在学习过程中可以拥有更多、更便捷的探索与施展空间。正是由于这个缘故,"研究性学习"教学模式如果能够有效地贯彻实施,一般来说,在教学上所能达到的深度与广度,要比 WebQuest 模式更胜一筹。

第三节　关于 Just-in-Time Teaching 整合模式

一、Just-in-Time Teaching 模式的产生背景

Just-in-Time Teaching(国内翻译为"适时教学"或"及时教学",简称"JiTT")是 20 世纪末在美国高校本科教学中出现的一种新型的教与学策略。由于这种教与学策略必须在网络环境下(即要有信息技术手段的支持)才能够实施,所以基于 JiTT 的教学过程也被称之为信息技术与课程整合的一种教学模式,简称 Just-in-Time Teaching 模式(适时教学模式),或 JiTT 模式。最早提出这种教与学策略的学者是美国空军学院和普渡大学的一批物理教师,1999 年,来自这两所大学的 4 位物理

教师共同撰写了有关适时教学的第一本专著①——《适时教学：主动学习与 Web 技术的结合》（*Just-in-Time Teaching*：*Blending Active Learning with Web Technology*）（下文简称为《适时教学》）。该书对适时教学的内涵与特征、实施过程与运用方法以及适用的教与学对象（即何种类型的教师与学生较适合于该种教与学策略）等都作了详细的介绍。

《适时教学》一书的主要作者之一诺瓦克教授（Gregor Novak）是一位有着近四十年大学本科教龄的教师，他在多年的物理教学过程中发现，尽管学生每周只上一次他的课，每次 3～4 小时，可是课堂教学常常使学生们感到枯燥乏味，难以激发起他们的学习兴趣，因此他一直在思考为什么大学的本科教学会出现这种状况②。他认为，这已经不是某一个国家的特殊问题，而是几乎所有国家的本科教学都存在的共同问题；如何实现有效的教学也不仅是高等教育所面对的问题，而是整个教育界所面对的难题。在互联网已日益普及的时代，能否利用网络在信息传递上具有的无可比拟优势（如快捷性、丰富性以及不受时空限制的共享性等），将它融入本科教学中，改变原来的教师讲、学生听，以灌输为主的传统做法，实现教师和学生之间随时随地的沟通与交流，极大地激发学生学习的主动性、积极性，从而变革传统的教育思想、教学观念与教学模式，达到有效教学（即有效提升学科教学质量）的目的。这正是适时教学的创造者们当初考虑的出发点，也是 Just-in-Time Teaching 产生的背景。

二、Just-in-Time Teaching 模式的内涵与特征

诺瓦克等人为"适时教学"给出的定义是：Just-in-Time Teaching（JiTT）是建立在"基于网络的学习任务"（Web-based Study Assignment）和"学习者的主动学习课堂"（Active Learner Classroom）二者交互作用基础上的一种新型教与学策略③④。

---

① G. M. Novak，A. D. Gavrin，W. Christian，and E. T. Patterson．Just-in-Time Teaching：Blending Active Learning with Web Technology．Prentice Hall，1999.

② 田莉．及时教学的特点及对我国高校本科教学改革的启示[J]．外国教育研究，2005(11).

③ Gregor M. Novak．Just-in-Time Teaching．http://134.68.135.1/jitt/.

④ G. M. Novak，A. D. Gavrin，W. Christian，and E. T. Patterson．Just-in-Time Teaching：Blending Active Learning with Web Technology．Prentice Hall，1999.

基于网络的学习任务要求学生在课前按照教师精心设计的预习要求，在网上完成教师指定的预习任务——写下自己对预习内容的理解，并通过电子邮件在课前反馈给教师。预习内容事先由教师制作成网页，放在网络上，以便学生随时查看；教师在课前要及时通过网络检查学生就指定预习内容所提交的反馈，然后根据这种反馈所了解到的、学生对即将在本节课上讲授内容的理解程度和存在问题，对本节课的教学设计作出适应性调整（即根据学生的实际情况对当前的授课内容、方法策略与教学进度做适当的调整），在此基础上实施有针对性的、切合实际的教学，以达到适应不同学习者的认知发展水平与认知发展特点的目标——这正好体现出适时教学名称的本意（一种适合时宜的、能适应学习者发展时机与特点的教学）。

在 JiTT 模式中，还有一种基于网络的学习任务是在课后开展的"难题探究"（Wrap-up Puzzles），其作用主要是促进学生高级、复杂认知能力的发展。

学习者的主动学习课堂，其主要形式是在教师已经实施上述有针对性的、比较切合实际的教学的基础上，开展各种各样的讨论与辩论——包括教师和学生之间、学生和学生之间、全班性的或小组的讨论与辩论。在这些讨论与辩论过程中，通常还要穿插一些角色扮演、操练与练习，甚至是演示或实验等活动；开展这些讨论与辩论以及穿插其他一些活动的目的，不仅是要促进学生对知识与技能的深入理解与掌握，更重要的是力图真正营造出"学习者的主动学习课堂"，从而充分调动每一位学习者在学习过程中的主动性、积极性乃至创造性，并彻底改变传统教学中学习者总是处于被动接受和被动灌输的那样一种局面。

从信息技术与课程整合的角度看，上述适时教学模式具有明显的课外整合特征。之所以具有这种特征，是因为作为适时教学模式第一个实施阶段的"基于网络的学习任务"主要不是在课内完成，而是在课前和课后、也就是在课外完成——从上面关于适时教学模式内涵的介绍可以看到，基于网络的学习任务包含三方面的内容。一是学生在课前必须通过网络进行预习并且预习后要用电子邮件向教师提交反馈材料；二是教师根据学生在课前提交的反馈材料，实施有针对性的、比较切合实际的教学；三是学生在课后开展的基于网络的"难题探究"活动。表面上看，这三方面内容的第一和第三方面涉及课前和课后（即课外），第二方面则涉及课内。但是事实上，在这种模式下教师在课堂上（即课内）的授课内容、方法与进度，以及它所能达到的教学质量与教学效果，在很大程度上都取决于学生在课前通过网络进行预习的情况和他们在课前通过网络向教师提交反馈材料的翔实程度，因而就"基于网络的学习任务"这个阶段的信息技术与课程整合而言，我们可以断言：它主要不是在课内完成，而是在课前和课后、也就是在课外完成，即具有课外整合的特征。

那么，从信息技术与课程整合的角度看，适时教学模式是否还具有课内整合的特征呢？如上所述，除了在"基于网络的学习任务"这个实施阶段的第二个方面与课内有关以外，作为适时教学模式第二实施阶段的"学习者的主动学习课堂"也必须要在课内才能完成——体现学习者主动性、积极性的各种讨论与辩论以及其他的穿插活动全都是在课堂教学过程中完成的。但是这不过是一种表面现象，事物的本质在于：所有这些讨论与辩论以及其他的各种穿插活动，如果想要取得明显效果、特别是想要达到较高预期目标（即达到充分调动每一位学习者在学习过程中的主动性、积极性乃至创造性目标）的话，在此模式下又与学生在课前通过网络进行的预习是否认真、是否充分有极大的关系（不要忘记：在这种"主动学习课堂"上，学习者尽管可以自由地、主动地就各种各样的讨论与辩论题目发表自己的观点，但是这些观点具有多大的意义与价值以及认知层次的高低，显然又与学生在课前通过网络进行的预习和准备是否认真、是否充分直接相关——这是因为预习的内容、要求以及讨论与辩论的题目都是由任课教师依据课程的教学目标事先设计好的，这二者之间必然存在密切的联系）。换句话说，适时教学模式的第二阶段尽管都是在课内完成，但是由于这个阶段：第一，不是强调信息技术手段的运用而是强调讨论与辩论（即很少涉及"整合"）所以谈不上具有课内整合特征；第二，这个阶段教学目标的达成也与学生在课前通过网络进行的预习和准备情况密切相关，既然与"课前（即课外）的网上预习"有关，那么，就"学习者的主动学习课堂"这个阶段的信息技术与课程整合而言，在某种程度上我们也可以认为它具有课外整合的特征。

以上分析表明，Just-in-Time Teaching（适时教学模式）就其信息技术手段（网络）的运用而言，主要是在课前和课后、也就是在课外完成（教师把预习内容和要求制作成网页，以及学生进行预习和预习后向教师提交反馈材料都是在课前完成；学生自主开展的基于网络的"难题探究"活动则是在课后完成），整个适时教学模式最终所能达到的教学质量与教学效果（包括在"基于网络的学习任务"和"学习者的主动学习课堂"

两个阶段中的教学质量与效果），也在很大程度上取决于学生在课前的预习是否认真、是否充分以及他们在课前向教师提交的反馈材料是否翔实；尽管这种教学模式的组成要素和实施环节大部分都涉及课堂教学（即与课内实施有关），但是与课内有关的部分一般很少涉及（甚至完全没有涉及）信息技术手段的运用，整个适时教学模式最终所能达到的教学质量与教学效果也是主要取决于课前（即课外）的活动，而不是课内的活动。由此我们可以得出结论：Just-in-Time Teaching 作为信息技术与课程整合的教学模式而言，基本上还是属于一种"课外整合模式"，或者说是一种"以课外整合为主的课内外结合模式"，而不是一种"课内整合模式"或"课内为主的整合模式"。这是 Just-in-Time Teaching 的本质特征，对此应有充分地认识。

由于适时教学模式的实施要以学生在上课前先进行基于网络的充分预习为前提，这无疑对学生的学习自觉性与自主学习能力提出了较高的要求，所以，一般来说，这种模式比较适用于中专或高中以上具有网络环境的信息技术与学科教学的整合（特别是高等院校的本科教学最为适合）；而不太适用于初中和小学阶段的信息技术与学科教学的整合。这是 Just-in-Time Teaching 的另一个重要特征。此外，还应注意的是，这种模式一定要有网络环境才能实施，否则一切无从说起。

三、Just-in-Time Teaching 模式的实施步骤

如上所述，适时教学模式是通过网络技术的应用将"基于网络的学习任务"和"学习者的主动学习课堂"二者有机结合的一种新型教学模式。该模式的实施涉及三个阶段共五个步骤[①]，其中第一、第二、第三个步骤用于完成第一阶段的"基于网络的学习任务"（预习和上课）；第四个步骤属于第二阶段，用于实现"学习者的主动学习课堂"（讨论和辩论）；第五个步骤则用于完成第三阶段的"基于网络的学习任务"（难题探究）。

1. 教师在网上发布课前预习内容（Warm-up Questions）

教师按照下一节课的教学目标仔细设计好学生应事先预习的内容，并由教师制作成网页形式放在网络上，学生可以随时查看。预习内容包含与下一节课相关的阅读资料、思考题、练习题等。为便于学生预习，

---

① 刘粤湘，等. 及时教学法：一种现代教学方式及高校教学改革示范[J]. 中国地质教育，2006(3).

教师不仅要提出预习内容、要求，还要提供多种形式的、内容丰富的资源性网页。在这类资源性网页上包含有与本课程相关的论文、专著、课件、教学案例和实践活动，此外还列出了许多相关链接；其中一些文章从不同角度介绍了将要学习课程的意义及价值。

2. 学生在课前要认真预习并向教师反馈

学生应在课前按照教师布置的预习要求，利用上述资源性网页认真完成以下三项预习作业：①看完与下一节课相关的阅读资料；②写出自己对阅读内容的理解并做完指定的思考题和练习题；③在下节课上课之前把上述预习收获（对阅读内容的理解、对指定问题的思考和对练习题的解答）通过网络用电子邮件反馈给任课教师。

3. 教师根据学生的反馈对教学作出适应性调整并加以实施

教师应通过网络在上课前及时地查看学生的反馈材料，根据这些材料所了解到的、学生对即将在本节课上讲授内容的理解程度和存在问题对本节课的教学设计作出适应性调整（即根据学生的实际情况对当前的授课内容、方法策略与教学进度做适当的调整），在此基础上实施有针对性的、切合实际的教学，以达到适应不同学习者的认知发展水平与认知发展特点的目标。

学生把课前的预习情况通过网络反馈到任课教师那里，教师再依据学生的反馈，对本节课的教学内容、方法、进度进行调整——这是一个"反馈环"（Feedback loop）。正是由于有如上所述的基于网络的反馈环存在，才使教师能够及时对当前的教学作出适应性调整，达到适应不同学习者认知水平与认知特点的目标。所以基于网络的反馈环是适时教学模式中的核心组成要素。

4. 创设"学习者的主动学习课堂"

在实现上述反馈环的基础上，Just-in-Time Teaching 还要求教师利用课堂开展各种各样的讨论与辩论——包括教师和学生之间、学生和学生之间、全班性的或小组的讨论与辩论。在这些讨论与辩论过程中，通常还要穿插一些角色扮演、操练与练习，甚至是演示或实验等活动；开展这些讨论与辩论以及穿插其他一些活动的目的，不仅是要促进学生对知识与技能的深入理解与掌握，更重要的是力图营造出"学习者的主动学习课堂"，从而充分调动每一位学习者在学习过程中的主动性、积极性乃至创造性。

5. 促进学生高级、复杂认知能力的发展

为了促进学生高级、复杂认知能力的发展，在通过上述主动学习课堂进行充分讨论与辩论，从而使学生普遍对概念有较深入理解、对知识有较牢固掌握的基础上，Just-in-Time Teaching 还要求在课后自主开展基于网络的"难题探究"（Wrap-up Puzzles）——要求学生将某些较复杂、困难的问题作为专题在网上进行探究。为了使这一环节的学习更有成效，教师应对"难题探究"（Wrap-up Puzzles）的主题和探究内容事先做精心的设计。这种探究的主题和内容应紧紧围绕前一阶段所学过的重要概念和某些知识点；而且在设置主题和拟定探究内容时必须注意以下几点：

（1）表述要有一定的模糊性以便引发争辩与思考。

（2）暗藏某种玄机故意引导概念不清者误入歧途。

（3）尽可能选用具有开放性的题目以培养发散思维和创新思维。

显然，要想正确回答按上述方式设定的难题（Puzzles）是有一定挑战性的。这种设置了陷阱的题目，若是出现在正规考试的试卷上可能会引起争议，甚至遭到一些学生的抱怨和反对，但是若出现在课后的探究性活动中则可帮助学生形成更科学、更严格、更清晰的概念，并留下难以忘却的深刻印象。实践证明，"难题探究"（Wrap-up Puzzles）对于促进学生高级、复杂认知能力的发展确有较好的作用。

四、Just-in-Time Teaching 模式的实施案例

美国杜克大学的 Tammy Bailey 和 Jeffrey Forbes 教授在他们于2004 年夏天所教的"计算机科学导论"课程中曾较成功地运用 Just-in-Time Teaching 模式，取得较好效果。由于成功实施适时教学模式的关键是课前的预习——教师必须事先为下一节课精心设计好预习的内容和要求（既要符合下一节课的教学目标，又要具有很强的启发性和科学性；这样才能有效地激发学生对下一节课的学习兴趣，又能为下一节课的教学提供必要的知识准备），所以对"预习内容和要求"的设计既是适时教学模式成功实施的重点也是难点。下面介绍的就是 Bailey 和 Forbes 两位教授在他们的课程中如何设计"预习内容和要求"的几个优秀案例（在

关于密码技术课的案例中还包括有创设"学习者主动学习课堂"的设计内容)①。

1. 关于"算法设计课"的预习内容和要求

(1)要求学生先阅读 George Polya 著作中有关"问题求解"的基本概念②。

(2)然后完成下面的思考与练习题:

"在汤姆的仓库里有三只水果箱。一只箱里装苹果,一只箱里装橙子,另一只箱里既有苹果又有橙子。箱子上有标签注明其中所装水果的名称,但是这些标签全都贴错了(所标注的水果名称与其中所装水果不符)。试问汤姆能否只从一只箱子中取出一个水果就判断出每只箱子里装的是什么水果?"

在课堂上教师对这一问题进行讲解时,应特别强调问题求解策略。对于当前面临的问题,从策略上说可以分两步求解:第一步先确定其中一只箱子的内容,这一步很简单,可以直接判定(因为是从一只箱子里直接取出水果)。第二步再判定另外两只箱子分别装什么水果,这就只能采用间接判定策略——因为这时不允许再从箱子里直接取水果(规定只许取一次)。如何间接判定呢?可以从给定的已知条件去分析;给定的已知条件是"箱子上有标签注明其中所装水果的名称,但是这些标签所标注的水果名称与其中所装水果全都不符";于是,我们可以把注意力集中到另外两只箱子的标注情况——这两只箱子的不同标注情况只有三种可能,对这三种情况作简单的辩别,问题即可迎刃而解。

之所以要特别强调问题求解策略,其目的是要引出本课的主题"算法设计",并要为本课主题的讲授做好铺垫。这是因为"算法设计"的具体内容就是问题求解策略的一步步贯彻与落实;只要问题的求解策略搞清楚了,算法设计的关键问题或核心问题也就解决了。由此可见,上述有关本课预习内容和要求的设计,对于本课(算法设计课)教学目标的达成来说,非常贴切、而且有效。

---

① T. Bailey and J. Forbes. Just-in-Time Teaching for CSO. Department of Computer ScienceDuke University, Durham, NC 27708-0129. SIGCSE'05, February 23-27, 2005, St. Louis, Missouri, USA. Copyright 2005 ACM1581139977/05/0002.

② G. Polya. How to Solve It?: A New Aspect of Mathematical Method. Princeton University Press, 1957.

2. 关于"密码技术课"的预习内容、要求和主动学习课堂

(1)先让学生阅读"恺撒密码"产生的历史和介绍美国 RSA 实验室（该实验室以研究加密算法而著名）的有关资料。

(2)思考下列问题：

① 为何这种密码要以恺撒大帝的名字命名？什么是"密钥"？恺撒密码的密钥是多少？

② RSA 如何与互联网一起对文明社会的方方面面（如商业、科技、教育等领域）产生影响？

(3)做下面两个练习题：

①右边引号中的消息"CTKTG IGJHI P SDV LXIW DGPCVT TNTQGDLH"已经过密钥为 15 的移动密码加密，请将它解密。

②假定你接收到右边引号中的消息"XII VLRO YXPB XOB YBILKD QL RP"，请将它解密；但你只知道该消息是用移动密码加了密，却忘记了密钥，你将怎样找出该密码的密钥？

(4)关于创设"学习者主动学习课堂"的设计

基本设计思想是，通过提出富有启发性且具有一定难度的问题让学生在课堂上进行讨论（或辩论），在此基础上再让学生分小组开展合作探究，从而能在较大程度上调动学生在课堂上的主动性与积极性。所提出的问题是，如何对一段经过疑难密码加密的消息进行解密；已知条件是，这是一种字母表可随机变换的移动密码（但事先并不知道替换的模式）。让学生首先进行课堂讨论（或辩论），然后再分成小组，通过合作探究去找出答案——希望学生通过自身的努力找到解密的办法，哪怕有 26 的阶乘（26!）那么多的可能替换模式。教师给出的提示是：只要善于利用字母、词汇出现频率和上下文等语言特征去缩小求解空间，就有可能使密码相对容易破解。

3. 关于"人工智能课"的预习内容和要求

(1)先让学生阅读有关 Eliza 智能软件（这是首批尝试用人类的自然语言和一位模拟心理医生进行对话的人工智能程序）和"图灵测试"的资料，使学生初步了解什么是人工智能与图灵测试。

(2)为学生提供一种用 Java 语言实现的 Eliza 智能软件，然后让学生思考并回答下面的练习题："花些时间和 Eliza 聊天。你能相信你是在和一个人交谈而不是在和机器交谈吗？你花了多长时间才确信自己不是在和人交谈？阐明你作出的回答。"

这种预习问题既可用于课堂教学之前，也可用于实验课之前，但实施效果不太一样。对于前一种情况，在随后的课堂讨论中，学生们一般会认为，Eliza 软件之所以"漏馅"是由于其会话模式和人类有差异——他们可以用自然语言和语法分析方面的知识来说明这个问题；对于后一种情况，在随后的实验课中，学生们有可能自己编写出 Eliza 程序——那只不过是由 Java 程序解析的一个文件。Eliza 程序在 1966 年刚被开发出来时相当简单，只使用了一个小型数据库用于存储单词、短语，并应用了一系列的匹配规则，借助这些规则可以形成人类回答时所要求的表达方式。但自那以后，已研发出许多更为复杂的程序用于仿真对话——这些复杂程序被称之为"Chatterbots"（"饶舌者"或"爱唠叨的人"）。研发这种程序的目的是要使人们相信："Chatterbots"能和人类进行交谈（至少是简短的交谈）。目前较有代表性的一种 Chatterbots 程序叫 Alice。下一个预习题就与 Alice 有关。

（3）为学生提供 Alice 智能软件，然后让学生思考并回答下面的练习题："花些时间和 Alice 聊天，她会告诉你她是一个机器人。当你和 Alice 聊天时，你花了多长时间才确信自己不是在和一位假冒成机器人的人进行交谈？对你的回答加以说明。"

"饶舌者"Alice 提出了一种和图灵测试相反的测试——在测试中被测对象力图以"计算机"而不是以人类的面目出现。这个练习题所起的重要作用是，可以把现代人工智能及其应用，包括在日常生活中的应用（例如语音识别、信息过滤、智能代理、网络游戏等）引入随后的课堂讨论中，从而有效地破除学生对人工智能的神秘感，并激发起对学习人工智能的极大兴趣。

本章参考资料

1. 孙洪涛. 和大师面对面——我给 Bernie Dodge 做翻译[J]. 信息技术教育，2005(9).

2. Gregor M. Novak. Just-in-Time Teaching. http://134.68.135.1/jitt/.

3. G. M. Novak，A. D. Gavrin，W. Christian，and E. T. Patterson. Just-in-Time Teaching：Blending Active Learning with Web Technology. Prentice Hall，1999.

4. T. Bailey and J. Forbes. Just-in-Time Teaching for CS0. Department of Computer ScienceDuke University，Durham，NC 27708-0129. SIGCSE'05，February 23-27，2005，St. Louis，Missouri，USA. Copyright 2005 ACM1581139977/05/0002.

5. 田莉. 及时教学的特点及对我国高校本科教学改革的启示[J]. 外国教育研究，2005(11).

6. 刘粤湘，等. 及时教学法：一种现代教学方式及高校教学改革示范[J]. 中国地质教育，2006(3).

7. G. Polya. How to Solve It?：A New Aspect of Mathematical Method. Princeton University Press，1957.

第九章　21世纪以来的新兴信息技术对各级各类教育深化改革的重大影响

第一节　21世纪以来的新兴信息技术

自进入21世纪以来，多种新兴的信息技术快速融入人类社会的工作、学习、生活等各个领域，尤其是教育领域，从而对各级各类教育的深化改革产生了重大而深刻的影响。这些新兴信息技术主要涉及"大数据""云计算""人工智能"和"互联网＋教育"四个方面。而传统信息技术一般认为是以计算机与多媒体教育应用为代表，计算机教育应用又涉及CAI（计算机辅助教学）和CAL（计算机辅助学习）以及有赖于计算机软硬件支持的教育、教学过程评价和数字化教学资源建设等方方面面。通常还把计算机软硬件对于整个学校教育的应用（包括辅助老师"教"、支持学生自主"学"、实现基于计算机软硬件的教学评价与管理，以及提供数字化教学资源支持等），统称之为"数字化校园"。事实上，实现"数字化校园"正是传统信息技术教育应用的具体体现，而在新兴信息技术的大力推动下，"数字化校园"正在转变为"智慧校园"。

关于上面提到的四类新兴信息技术的作用及内涵，其中前面三类，即"大数据""云计算"和"人工智能"都比较精准、明确，不容易产生误解或泛化，唯独对"互联网＋教育"，目前学术界有多种不同的阐述，有从互联网时代的"教育服务理念""教育组织方式"去理解[1]，也有从"联通学习环境""协同互动教学模式"去探究。但若是只从与"新兴信息技术"相关的角度来理解"互联网＋教育"的作用及内涵，那就变得比较简单明

---

[1]　陈丽，郑勤华，林世员."互联网＋"时代中国开放大学的机遇与挑战[J]. 开放教育研究，2017（2）：15-20.

了——就当前而言，"互联网＋教育"在技术方面的应用完全可以用CCtalk(网络直播平台)、学习元平台或其他基于网络的"教与学"平台来代表。

下面就围绕近年来"大数据""云计算""人工智能"和"互联网＋教育"四种类型的新兴信息技术在教育领域的代表性应用(也是较深入的应用)进行介绍并谈谈笔者观点，至于其他一些更具体的新兴技术，如"3D打印"可归入"大数据"技术，"机器人"可归入"人工智能"，Web 2.0、物联网和移动无线网可归人"互联网＋教育"，这里就不再一一列举和说明了。

第二节 关于"大数据"教育应用

大数据是指一般软件工具难以捕捉、管理和分析的海量数据。与传统数据相比，它具有数据量巨大、非结构化、分布式而且大量采用可视化展现等特点①。目前国内外学术界普遍认为，"大数据"可以变革人类的教育方式与学习方式；有部分学者还认为可以变革人类的思维方式(事实上，大数据确实能够显著提高思维的品质与效率，而思维加工方式是由大脑皮层的神经生理机制控制的，不可能被大数据改变)。

大数据的教育应用，要依赖"教育数据挖掘"(Educational Data Mining，简称 EDM)和"学习分析技术"(Learning Analytics，简称 LA)两大技术的支撑。教育数据挖掘(EDM)的内涵是要"对学习行为和学习过程进行量化、分析和建模"；EDM 的目的则是"利用统计学、机器学习和数据挖掘等方法来分析教与学过程中所产生的各种数据"。学习分析技术(LA)的内涵是"关于学习者以及他们的学习环境的数据测量、收集和分析"；LA 的目的是"理解和优化学习过程以及学习环境"，尤其是要从教育大数据中分析、构建出学习者特征，从而为个性化资源推送提供依据。

在"大数据"背景下，利用 EDM 和 LA 等技术，可以帮助教师有效地改进教学——例如，教师可以查看学生在网上提问的次数、参与讨论

---

① U. Friedman(2013). Big Data：A Short History[DB/OL]. [2013-05-10]. http://www.foreignpolicy.com/articles/2012/10/08/big_data? Page＝0,1.

的多少、学生学习过程所记录的鼠标点击量等，在此基础上就可以对学生的学习行为进行诱导，并找到最合适的教学方法和教学策略；也可以用来研究学生学习活动的轨迹——不同学生对不同知识点各用了多少时间？哪些知识点需要重复或强调，以及哪种陈述方式或学习工具最有效。

"大数据"还可以帮助教师对学生作出全面、正确的评价——大数据凭借完整的信息采集，运用严密的逻辑推理，可以客观全面地展现一个学生的形象。从而使教师能把每个学生置于真实的场景中来进行审视与评估，然后在此基础上对学生作出正确的评价，并对学生的学习过程进行有效干预。

以上分析表明，"大数据"对于支持个性化学习和适应性教学具有独特优势，而这正是各级各类教育深化改革的目标之一。大数据时代的到来，还给中小学教师的信息素养培训带来了新的机遇。在对中小学教师进行信息素养培训的过程中，会产生大量的数据，包括数字、符号、文本、音频、视频、图形、图像等结构化、半结构化和非结构化的数据。大数据技术能够将上述各种信息进行"实录"采集，并进行整理分析，从而发现其中问题并立即反馈给培训教师及中小学教师本人，于是培训教师可根据反馈信息调整培训计划，中小学教师则可依据反馈信息进行自我适应状态的调整，从而更有效地实现适应性培训[①]。

基于大数据的中小学教师信息素养培训平台的构建涉及"数据采集与存储""数据分析""可视化呈现""个性化培训计划制订"和"培训评价"五个环节。所"采集数据"涉及静态数据和动态数据。静态数据是指教师个人基本信息和教师在培训中用到的各种培训资源；动态数据包括教师在培训前收集的关于培训资源的预览和评价数据、教师在培训过程中的行为数据、教师在培训后的实践操作数据。"数据分析"是培训平台操作的核心环节——立足于对大量数据的深度挖掘与分析，寻求数据背后隐含的关系与价值，从中分析出教师的信息素养水平、信息素养需求、培训过程中和培训结束后需要的支持服务等，进而为培训教师正确制订培训计划提供依据。"可视化呈现"环节能把中小学教师在信息素养培训过程中通过大数据分析得出的信息，以直观的图形或图表形式向被培训教

① 刘秀洁，赵可云. 大数据提高中小学教师信息素养培训有效性研究[J]. 数字教育，2017(5)：57-62.

师动态呈现，以帮助他们理解信息的深层含义。此平台还为教师制订了"个性化培训计划"，且不是一成不变的，而是处在不断更新过程中——通过实践检验，在实践中发现不足并进行修改，此过程循环往复，从而保证了培训计划的适用性。该平台的"培训评价"功能不是在培训计划实施之后才进行，而是贯穿于培训过程的各个环节当中，并且集形成性评价和总结性评价于一身，使两种评价方式相互补充，这样就能及时发现问题并解决问题，充分保证培训的效果。

第三节 关于"云计算"教育应用

近年来（特别是2010年以来），"云计算"在我国各级各类教育中的应用，尤其是在扩大优质教育资源覆盖面，促进优质教育资源共建、共享，从而在推动区域内义务教育优质均衡发展方面，起着至关重要的作用，下面仅以北京市丰台区教育局的"e师丰云"项目为例①，即可看到我国"云计算"教育应用快速发展的端倪。

北京市丰台区教育局在2015年开始着手建设本区的教育云平台。经过两年的精心设计与规划，丰台区的教育云平台（简称"e师丰云"）终于在2017年4月27日正式启动，由此开启了丰台区教育以"云计算"引领"数字化教与学"的新时代。如今，"e师丰云"平台通过单点登录或统一认证的安全、便捷登录方式，使广大教师能随时随地在云端工作与学习；该平台已汇聚了区内外各种优质资源，并在此基础上开展了多方面的教育应用。

1. 促进优质资源共建与共享

"e师丰云"平台汇聚了中国知网、北京市级的教学资源、丰台区级和各学校级的自建优质资源库，还有可供各基层单位选择的应用商店。云平台实际上就是一个基于云服务的大型虚拟社区，广大教师通过登录云平台可便捷地实现教学资源共享与教学方法交流；可以像运用QQ、微信等通信软件一样，实现即时通信、传输分享文件、远程协作互动等功能；也可以像360云盘、百度云盘那样在云端备份、存储、分享各种

---

① 李雪萍. 云端漫步 开启数字化学习的新时代[J]. 中小学信息技术教育，201(11)：30-33.

资料和文件，让各学校行政部门的管理者和各学校教师都能在云平台上相互学习、交流与协作。

基于云平台的数字化、个性化、网络化的应用，以及基于云平台的开放性、共享性、交互性与协作性的特点，"e师丰云"平台在相当大的广度和深度上支撑了各校教师在教育教学方面的工作，使广大教师足不出户即可进行远程网络进修，实现优质教育资源的共建与共享。云平台能以最快的速度、最低的费用，将最丰富的优质资源传递给最多的用户，从而促进了校际之间的均衡发展，大大缩小乃至完全消除了区域内义务教育发展的不均衡问题。

2. 助力各类教师培训与教研

"e师丰云"平台对区内各级各类教师培训与教研的大力推进，体现在以下三个方面。

①利用云平台可从五个维度助力教师培训进程

丰台区把各级各类教师培训作为推进教育信息化的重要举措，从"研、训、赛、评、建"五个维度去不断深化培训工作，并通过课堂教学示范，引领教师走上科研之路，从而实现"以研促训、以训促赛、以赛促评、以评促建"。

②利用云平台能以丰富资源及各种条件促进教研质量提升

云平台聚集的各类优质教学资源，为区内各校开展教研活动提供了资源保障（如各学科的教学设计案例、各种优质示范课等），也为教师们自学与进修提供了便利的网络学习条件；特别是能让教师们实现跨学科、跨学段的观摩与学习，并通过触类旁通把其他学科、学段的经验借鉴或融入自己学科及学段的教学当中，从而开阔了教师们的思路与视野，提高了他们的信息化素养，大大提升了他们的教学能力与教研水平。

③利用云平台上的教师社区深化主题教研的开展

在"e师丰云"平台的教师社区中，区级教研员可根据工作需求建立多个不同主题的教研社区，以开展不同内容的在线教研活动，从而突破时空、地域、学科、学段和人员的限制，让所有教师都能有机会参与到全区的教研活动中来，在区教研室的精心组织和带领下，深入思考，潜心教研。下面就以该区实施的"基于互动反馈教学的形成性评价研究"项目为例，说明该区如何利用云平台上的教师社区深入开展主题教研：

"基于互动反馈教学的形成性评价研究"项目是该区信息中心在中央

电教馆审批立项的全国"十三五"教育技术规划重点课题。丰台区共有24所中小学及幼儿园参与,该区信息中心教研部(相当于区教研室)每学期都会按照工作计划组织该课题的实施——从指导撰写课题研究方案到各校研究方案的修改与答辩,从信息中心总课题开题会到各个学校的子课题开题会,从某个学科按点设计培训到各个课题校的教师说课展示,每一次课题会、主题培训、课例观摩研讨活动等,都一并纳入"e师丰云"平台上的"互动反馈教学研究"社区。该教研社区里的资源及课题研究动态,也便于各个子课题学校与总课题组的研究计划保持一致,以便各个学校在校内有序地开展各自子课题的研究工作。

3. 提升学科教学质量——可实施基于"互动反馈系统"的精准教学

"互动反馈系统"(Interactive Response System,简称IRS)是指在多媒体计算机教室环境下,由师生群组遥控器、接收器以及云平台软件等构成的课堂信息化教学系统。在该系统中,每位师生人手一个遥控器,在课堂教学过程中,每位学生都可以根据教师设定的问题通过选择或抢答的方式参与互动,并能得到即时反馈。该系统具有收集群体反馈信息和即时进行自动统计、呈现功能;是集自动测评、调查、反馈、记录、统计于一身的课堂信息化教学系统。

教师在课堂教学中运用该系统,需事先深入研究教材,然后根据学生情况、教学内容、重点、难点,精心设计"题干"与"选项"。"题干"的设计涉及选择题或判断题的编制;而"选项"要求则以2~5个为宜(不宜过多)。教师通过遥控器发布问题,学生则通过自己手控的遥控器回答问题。

云平台支持下的"互动反馈系统"在教学上具有三方面的优势。

(1)能更好地实施"因材施教"

"互动反馈系统"在云平台支持下解决了教师在课堂教学过程中难以面对全体学生,更无法从众多学生中及时获取反馈信息的难题——由于现在每位学生都可通过人手一个遥控器的按键参与到当前学习活动中,并能获得即时反馈信息。而教师通过应答系统收集到的学生信息,则可以及时知道每位学生回答的正误,以及各个答案的选项统计情况(例如每个选项中所占人数百分比的统计)。所以运用这种数据的自动统计功能,教师可以获得全班每位学生学习情况的及时反馈,并可据此及时调整教学方法、策略及进程,从而更好地实施因材施教。

（2）能从"被动学习"转向"主动学习"（使"要我学"变成"我要学"）

互动反馈教学系统消除了学生对课堂测试的恐惧心理和回答问题时的担忧心理。"题干"的设计能引发学生的认知冲突——使学生从被动接受知识转变为主动探究（在按键操作过程中学生需进行独立思考）。在认知冲突发生过程中，学生开展分析、辩论，从"被动学习"转向"主动学习"，从"基本学会"转向"深层意义建构"。总之，通过学习的深化，真正提高了学习的效果。在回答问题过程中，回答正确的学生和回答有偏差的学生之间，经常进行一些小辩论（教师通过互动反馈系统收集到的信息，可用于组织这种辩论，或开展组内协作），从而在课堂上不仅实现了师生交互，还实现了生生交互，形成群体激励效应，大大提高了学生的学习积极性，最终实现从"要我学"转变为"我要学"。

（3）能为教师的科学研究及教学的形成性评价提供有效的数据支持

云平台支持的"互动反馈教学系统"不仅能准确记录整节课所产生的全部教与学信息，还能自动统计分析每位学生个体和班级整体在教学过程中的反馈数据；不仅能分析每位学生的学习情况，还能分析班级整体对知识点的掌握情况。这样，既便于教师在课后进行归纳总结，从而为教学研究提供严谨的科学数据，又便于教师对教学过程实施形成性评价。

"云端漫步，开启数字化教与学的新时代"不是口号，而是教育信息化发展的新阶段，是"数字化校园"发展到"智慧校园"和"智慧课堂"的具体体现。

第四节　关于"人工智能"教育应用

国内外学术界普遍认为，未来是智能时代，人工智能（Artificial Intelligence，简称 AI）将与人们的工作、学习、生活融为一体，并深刻改变人类社会的方方面面（特别是传统产业与教育）。

1. 国内关于 AI 教育应用的代表性观点

国内关于 AI 教育应用现状的看法与前景的展望，可以我国百度公司教育事业部总经理张高为代表，张高博士认为，智能时代，人工智能技术不仅会将传统产业"翻新"——通过"人工智能＋传统产业"，未来将出现两种情景：一是人工智能会取代很多简单的脑力劳动；二是人工智能通过与各行各业深度融合，会实现对传统产业的重构，从而让互联网实现从"提升效率"向"重构产业"目标的质变。人工智能（AI）还将对教育领域产生极为深刻的影响，这种影响的直接体现在以下方面。①

AI将使教育更加接近本质，而教育的本质是系统地帮助学习者提升认知能力的过程，并服务于学习者的个性化需求。例如——

AI的意图识别技术，可用于发掘每个用户的真实需求，然后再根据这种个性化需求去提供对应的个性化服务。

AI的知识捕手技术，可以捕捉文章中的不同类型知识点，并为用户推荐和该知识点相关的各种学习内容，以拓展学习深度及学习边界。从而为学习者提供更有效的学习支持服务。

AI的增强现实教学（AR教学）技术，可以提供知识具象化的服务需求，也就是通过构建AR场景（增强现实的场景），把抽象的知识具象化，以实现对知识点的立体生动讲解，从而提升学生的学习兴趣并促进学生对知识的深入理解与掌握。

AI的虚拟现实教学（VR教学）技术，可以提供多维交互体验的服务需求，也就是提供虚拟现实技术所需的课堂硬件、软件、终端，以及课程的完整解决方案，从而营造出前所未有的沉浸式学习体验。

AI的闪电估分技术，可以提供升学方面的服务需求。运用这种技术，高考交卷后2小时内，PC端和APP端即可实现同步上线真题＋解析（4天内可达到4亿次访问）。高考首日可服务全国400万考生及家长；高考真题及解析可以覆盖全国90％考区。

AI的智能备课技术，可以为教师提供智能化备课服务，能根据课堂教学进度需要为教师推送有特色的、优质备课资源，从而满足教师的个性化备课需求。

2. 国际上关于AI教育应用的代表性观点

国际上的类似看法，可以英国著名学者史蒂芬·哈格德（Stephen Haggard，他曾任英国开放大学课程计划执行主任，现为英国教育部在线学习咨询专家）为代表，哈格德认为，当前AI在教育中应用的最新

---

① 张高. AI和教育的融合与创新. 百度：中国互联网学习（基础教育）年会/2017. 百度教育-2017-12-21-V1.0. pptx.

进展主要体现在以下四个方面①。

（1）课本的个性化定制——能根据学生希望的阅读方式呈现课本内容。一种名叫"Cram101"的软件已能实现此项功能，它可以根据不同的阅读目的（例如略读、复习、或深度阅读等）自动对课本的内容进行全新的、完全不同的编排。例如，它可以将原来的课本内容重新呈现为概要、重点、测验、或理解检查等形式，还能提醒读者此前被忽略或遗漏的内容。

（2）帮助语言学习者确定自己最薄弱的词汇及语法——通常语言培训师能够帮助语言学习者确定自己最薄弱的词汇及语法，并据此调整课程内容。现在这种功能已可以从语言学习平台"多灵狗（Duolingo）"上直接下载得到。

（3）作文自动评价——AI还可应用于作文的自动评价、抄袭检测、学校选择等多个领域。

以上几种人工智能教育应用都利用了复杂的算法模型，这类模型可用来对课程内容、教学策略和学科知识进行演算，此外，还利用了来自用户的数据，从而能更加真实、准确。

（4）IBM新研发的"沃森"教学助理——IBM公司近年来新研发的"沃森教学助理（Teacher Assistant with Watson）"是一个自动化的教案选择器，可用于帮助小学数学老师为其所教班级选择最佳的教案和学习方法。"沃森"还可基于对每堂课使用的语言、问题类型、知识和概念水平的分析，对语料库中的所有数学教案进行智能评估，并将这些教案与教师的实际需求相匹配。目前，教师的需求还是以教师提供关键字的方式获取。今后，IBM会进一步扩展"沃森"功能，让它不仅向教师、也向学生解释和评估数据，并为学生提供学习需求报告。到那时，或许就可以说人类已经真正拥有了能实际运行于课堂"教与学"的人工智能系统。

除了史蒂芬·哈格德的代表性观点以外，国际上还有几位学者对AI教育应用新发展的研究也颇值得关注。

其中一位是芬兰奥卢大学、学习与教育技术领域专家贾维拉教授，她与其来自不同学科领域的团队伙伴一起，利用脑电感应、眼动追踪等

---

① 史蒂芬·哈格德（Stephen Haggard）. 人工智能的教育应用面临转折？〔J〕. 在线学习（新思维、新技术、新业态），2017（10）：14-16.

多模态生物识别技术收集学生个人层面的学习数据，并结合教学工具中的系统日志、课堂音视频录像等手段，全方位追踪学习者的学习活动与社交活动轨迹，从而为推动"自我调节学习与协同共享学习"的研究奠定了坚实的数据基础。

另一位是美国密歇根大学的麦凯博士，他主张从学习者已有的学习经历出发，利用学习分析技术为学习者画像，在此基础上向学习者提供个性化的人工智能教师，从而深入推动高校基础课程的个性化与自适应教学。

还有一位是美国诺贝尔大学的梅洛博士，他利用生物识别和视频识别等多模态技术，对学习者进行情感追踪、参与追踪、学习活动追踪、注意力追踪等多方面的跟踪与观测，以便更好地理解和自动识别学习者在课堂学习过程中的各种心理变化。

3. 近年来国际上出现的有关人工智能的激进观点

国际学术界关于人工智能，除了积极开展上述涉及 AI 教育应用及其未来前景的种种研究与探索以外，也有少数学者提出了一些激进的、容易引起争执的观点。

例如，有的学者认为，当前全球已进入"以人工智能为核心的第四次工业革命时代"[①]。这一观点最早是由《经济学人》杂志编辑保罗·麦基里和《第三次工业革命——新经济模式如何改变世界》的作者杰里米·里夫金提出的，并在国际上引起很大的反响和共鸣，甚至有一段时间，"第四次工业革命"已成为某些国家和地区的流行口号（连美国"华盛顿邮报"网站 2017 年 11 月底，也在惊呼"第四次工业革命"即将来临）。但是，有不少学者明确反对这种观点。例如我国著名学者周洪宇就认为，所谓"第四次工业革命"只是当前第三次工业革命的另一个发展阶段。因为第一次工业革命、第二次工业革命和第三次工业革命之间都有"质"的不同——实现了从农业时代到工业时代再到信息时代的根本变迁。而现在的所谓"第四次工业革命"和第三次工业革命之间并没有本质区别。不可能构成一个时代性的差异和变化。

无论是保罗·麦基里，还是杰里米·里夫金，他俩都强调第三次工业革命的特征是"信息化和网络化"。而事实上，"智能化"也是第三次工

---

① 潘超. 周洪宇的教育改革九点论[J]. 在线学习（新思维、新技术、新业态），2017(9)：22-25.

业革命的重要内容与特征——因为"智能化"恰恰是现代信息技术和网络技术相融合的体现。第三次工业革命强调的是新能源、新材料、新技术和互联网(即"三新一网"),它们的融合运用才能实现智能化,没有"三新一网"的融合做基础,智能化不可能成气候。所以,克劳斯·施瓦布等人提出"要把智能化从第三次工业革命里独立出来,作为第四次工业革命标志"的说法,在学术界是有很大争议的。学者周洪宇就坚持主张:还是称"第三次工业革命"(或统称"新工业革命")为宜,而不要提什么"第四次工业革命"①。

当前国际上还有另一种颇有争议的观点是,认为"2017年是全球人工智能教育应用的关键转折点"——由于数据保密是人工智能应用的直接障碍,未来AI很可能无法在教育领域真正发挥作用,即便AI真的在教育中发挥了作用,也不一定受人们的欢迎。欧洲有些学术机构近年来发布的研究报告(或白皮书),正是基于此,把2017年确定为AI教育应用的关键"转折点"。

西方学术界普遍认为,数据保密是人工智能应用于教育所面临的最直接障碍——目前应用于教育的AI都有赖于"数据挖掘"。AI技术要求对学习者所做的每件事情都进行严密监测、记录,并分析学习者每次敲击键盘的活动情况,这些信息对于支持AI的引擎算法不可或缺。按照美国的法律和文化,绝大多数情况下允许学术机构进行此类监测,绝大部分美国人也接受学术机构获取他们的个人学习数据;而在此过程中,个人数据的保密很难得到保证。相反,泄漏和滥用个人数据的情况屡见不鲜,这确实将会危及人工智能赖以发展的基础。

与美国不同,欧洲国家的民众对学术机构监测、记录个人数据的认同度极低,欧盟法律明确授予个人具有全权负责和管理个人数据的权利。近年来已有越来越多欧盟的公民(尤其是学生)开始严格把控其自身数据,拒绝被第三方使用。在这种情况下,AI系统将无法获得必要的数据来支持教育应用。这正是欧洲某些学术机构把2017年确定为AI教育应用关键"转折点"的依据所在。应该说,这一观点并非主观臆测,而是具有一定的客观现实基础。

从全球范围看,国家和政策层面,是否会同意为了推动人工智能的

---

① 潘超. 周洪宇的教育改革九点论[J]. 在线学习(新思维、新技术、新业态),2017(9):22-25.

教育应用而允许学术机构监测和记录学习者的个人数据，目前还有待观察；更大的可能性是，不同的国家、地区在这方面将采取各自不同的政策、举措——如上所述，欧盟就与美国完全不同，而我国目前在这方面实施的政策、举措则和美国比较类似。

第五节 关于"互联网＋教育"应用

如开头"引言"部分所述，对"互联网＋教育"的内涵，学术界有多种不同的理解和阐释，但若是仅从与"新兴信息技术"相关的角度来观察，那就变得简单明了——就当前而言，"互联网＋教育"在技术方面的应用完全可以用CCtalk（网络直播平台）、学习元平台、或其他基于网络的"教与学"平台来代表。下面就着重以"CCtalk"和"学习元平台"为例，看看"互联网＋"这类新兴技术在教育领域的应用有哪些新意值得关注。

1. CCtalk（网络直播平台）的应用

（1）应用背景

CCtalk是基于互联网的直播平台，它对促进义务教育的优质均衡发展具有不可替代的重要意义与作用。这里仅简要介绍河南省卢氏县的CCtalk应用案例①，即可初见端倪。卢氏县是河南省的深山区县，国家级贫困县。这里到处是连绵不断的群山、曲折迂回的河流，极为恶劣的自然条件制约着卢氏县教育的均衡发展。首先，教育资源不均衡，县直学校教育质量大大高于乡镇；其次，教学规模不均衡，在卢氏县，上千学生规模的学校和只有几个、十几个学生的教学点共同存在；最后，教学改革不均衡，条件较好的学校已经开始尝试"翻转课堂"，条件差的学校连起码的集体备课都难以做到。一些教学点甚至连开设音乐、体育、美术课程都有困难。更严重的是，校舍面积严重不足，硬件条件极差，功能教室奇缺，操场严重不达标。

卢氏县教体局正副局长、教研室主任、电教馆成员、部分中小学校长先后赴北京、上海、深圳等发达地区参观学习"互联网＋教育"的成功经验，特别是在上海考察了沪江区的CCtalk直播平台后，更让人眼前

---

① 王群力. CCtalk直播平台助推卢氏县教育均衡发展研究[J]. 数字教育，2017（5）：67-70.

一亮，有相见恨晚的感觉。回来后，多次召开专题会议，着重研究在卢氏县部署"CCtalk"应用的相关举措。

（2）CCtalk直播平台的六大优势

上海沪江区研发的CCtalk网络直播平台具有以下优点。

①直播设备简单，只要有电脑、网线、摄像头，就可在全县范围开展音、视频直播活动。

②可以在同一时间进行多路直播。

③在直播过程中还可以进行现场交流与互动。

④对终端设备的要求低——平板电脑、智能手机均可作为用户终端参与直播活动，特别是智能手机的应用，更为师生的跨时空教学提供了便利。

⑤每次直播活动过程都可生成新的视频，并保存在直播群里。

⑥所生成的新视频可以为县里的学习机构及成员所共享，从而不断丰富优质教育资源。

总之，CCtalk具有低成本、高效益的优势，因而深受广大师生欢迎。

（3）CCtalk直播平台通过三种课堂促进教育均衡发展

这三种课堂是县里主推的"同步课堂"、外面引入的"外地名师课堂"和县里配送的"专递课堂"。三种课堂的具体内容如下。

①主推的"同步课堂"。同步课堂是城区名师主讲的优质课，各种优质课都提前下发课表，以便使农村校学生能够同步学习，享受城区优质教学资源。直播平台每周都会推出一批城区初中及小学各个学科的直播课程表，供农村学校选用。

②引入的"外地名师课堂"。这种外地名师课堂是指，"美丽乡村课程""彩虹花课程""南京栖霞区名师课程""鲨鱼公园儿童科学频道"等。

③配送的"专递课堂"。专递课堂的设置是专门针对学校规模小、教学点多的现实情况。卢氏县教研室把小学音乐、体育、美术的系列网络课程建设任务分包给城区的优秀音乐、体育、美术老师，由他们在网络一端做直播课。而在网络另一端的深山区孩子们则看着大屏幕开展相应的学习活动，这就是所谓"专递课堂"。跟不上直播节奏的山区学校，还可以自行利用CCtalk生成的教学视频，自己组织音、体、美教学，也可取得较好的效果。

卢氏县教育局还定期通过直播活动开展家长与学校之间的交流互

动，从而调动社会各方力量及相关因素，实现全方位育人。

2. 学习元平台的应用

(1)学习元平台的内涵、结构及主要模块

学习元平台(Learning Cell System)是由北京师范大学教育技术学院余胜泉教授为首的团队所研发的、专门用于支持深度学习的、基于互联网的开放性学习平台。该平台的内涵涉及"生成""进化""适应""社会认知"等全新理念，并以学习元作为最小资源组织单位。该平台结构由学习元、知识群、知识云、学习工具、个人空间与学习社区六大部分组成。该平台用于支持深度学习的功能包含四个模块：在线深度学习行为交互支持模块、群体协同建构深度学习的知识进化模块、多元联系的深度学习行为可视化与聚类分析模块、激励深度学习的发展评估模块。下面着重对该平台专门用于支持深度学习的四大功能模块进行介绍。

(2)专门用于支持深度学习的四大功能模块

①在线深度学习行为交互支持模块

在线深度学习行为交互支持模块的核心功能是：学习元知识创建、知识内容协同编辑、知识内容进化版本对比、全文批注、段落微批注、资源评价、资源评论、语义信息管理、资源语义关联、学习活动、学习工具、个人空间、好友管理、知识本体构建、知识网络、人际网络、社会知识网络、标签语义标注、语义搜索、社区学习与交互、资源聚合工具，等等。本模块能对九种可促成深度学习发生的行为交互提供有效支持。

②群体协同建构深度学习的知识进化模块

为了实现群体协同建构深度学习的知识进化，需运用多方面的技术，例如，群体众包技术、内容协同编辑与版本控制技术、资源的语义建模技术、资源的动态语义聚合技术、资源的有序进化控制技术和资源进化的可视化路径展现技术等。

群体众包技术，用于汇聚学习群体的智慧，并实现学习群体的有序协同。

内容协同编辑与版本控制技术，是要在现有 Wiki 技术基础上进行适应性改进，以保证普通用户可以对同一份学习资源内容进行协同编辑，并通过灵活的版本控制来保证资源的安全性。

资源的语义建模技术，是通过引入热门的语义 Web 技术，来构建开放的学习资源本体，并对资源进行快捷的语义标注和对资源进行语义推理。

资源的动态语义聚合技术，是要在资源语义建模基础上，实现相似资源之间的自动聚合，以组成同一主题的资源圈。

资源的有序进化控制技术，是要通过知识本体、内容审核等技术来控制资源进化的方向，避免其毫无目的地四处"乱长"。

资源进化的可视化路径展现技术，是要通过直观地呈现资源的进化过程，并同时呈现在此过程中不同用户的贡献，使学习者不仅便于学习、理解当前的知识，还能从整体上认知，相关的知识技能是如何一步步发展来的。

③多元联系的深度学习行为可视化与聚类分析模块

多元联系的深度学习行为可视化与聚类分析模块的核心功能涉及学习轨迹可视化、知识网络可视化、人际网络可视化、社会知识网络可视化、和标签聚类等。

学习轨迹可视化，是运用可视化技术来展示深度学习在时间上的变化。

知识网络可视化，是要对知识的语义关系进行动态揭示。

人际网络可视化，专门用于展示学习行为背后的人际网络拓扑结构关系以及网络运行变化规律，从而支持对学习行为的人际关系分析。

社会知识网络可视化，是要通过可视化技术展示学习行为背后的知识联系和人际关系，以便将物化资源与人际资源融为一体，从而清晰地展示出多元联系的深度学习行为背后的知识和人际联系。

标签聚类模块，是要通过对学习行为进行聚类分析，实现对学习行为数据的知识发现。

④激励深度学习的发展评估模块

激励深度学习的发展评估模块，其核心功能包括：学习评价方案设定、学习交互数据采集与分析、多维评价结果展示、诊断标准的设置。

学习元平台提供基于过程性信息的评价服务。该服务为课程开发者提供评价方案设计工具，开发者可针对课程设置一定的评价方案，系统根据评价方案，结合不同学习者在课程实施过程中的学习过程信息，可以对每个学习者的学习过程以及整体学习情况进行评估，给出评价结果并反馈给课程开发者和学习者，从而实现基于过程的可视化评价。学习者在学习过程中也可随时查看对自身的评价信息，了解自己的学习情况，以便适当调整学习策略，更好地实现个性化学习与适应性学习。

第六节　新兴信息技术的特征与优势

本文开篇提到，新兴信息技术主要涉及"大数据""云计算""人工智能"和"互联网＋教育"四个方面。而传统信息技术一般认为是以计算机与多媒体教育应用为代表。如前所述，一般还把计算机软硬件对于整个学校教育的应用（包括辅助老师"教"、支持学生自主"学"、实现基于计算机软硬件的教学评价与教学管理以及提供数字化教学资源支持等），统称之为"数字化校园"。应该说，以"数字化校园"为代表的传统信息技术教育应用，确实促进了各级各类教育的改革与发展，真正起到了"运用教育信息化带动教育现代化"的作用。不过，客观地说，这种"促进"还不够广泛、不够深入，在这个发展阶段，"教育信息化对教育现代化的带动"更多的是停留在口号上、倡导上——教育现代化在实际中的体现只是在少数地区的个别领域，远未能普及。

进入21世纪以来（特别是近十年来），随着"大数据""云计算""人工智能"和"互联网＋教育"四种类型新兴信息技术的日益广泛运用，上述局面已逐步改观——新兴信息技术由于具有前所未有的特征与优势，其教育应用不仅促进了各级各类教育的改革与发展，还有力地支持了各级各类教育的变革与创新。"运用教育信息化带动教育现代化"也不再停留在"口号上、倡导上"，而是迅速地把我国广大地区（包括一些中西部贫困地区）的各级各类教育推向国际教育现代化的前沿。

具体来说，不同类型的新兴信息技术对于各级各类教育深化改革所起的作用并不相同，其意义与影响也有很大差异。例如：

"大数据"在支持适应性教学、个性化学习、基于大量数据的科学评估和精确管理等方面，具有其他技术无法替代的优势。

"云计算"在实现跨时空、跨地区的海量优质教育资源共建与共享，从而促进区域内义务教育均衡发展（乃至优质均衡发展）方面具有先天的、独一无二的特点。

"人工智能"（AI），包括知识工程、专家系统、语音识别、视频识别、语义分析、情感计算、眼动追踪、虚拟现实（VR）、增强现实（AR）等众多领域的先进智能技术，多年来的研究与实践证明，AI教育应用确实能为各级各类教育的变革与创新开拓视野、提供思路。全球学术界都公认

AI是实现教育创新的最为重要且有效的技术手段。

而以"互联网＋教育"为代表的第四类新兴信息技术，由于互联网具有极强的联通性、协同性、交互性，并且网上拥有极为丰富的各种资源（包括有形的物化资源和非物化的人际关系资源），所以"互联网＋教育"为代表的第四类新兴信息技术，同时拥有前三种类型新兴信息技术所具有的特征与优势。例如，上面已经提到，上海沪江区研发的"CCtalk 直播平台"，具有类似"云计算"的跨越时空和跨越地区实现教育资源共建与共享功能，从而能有效地促进区域内义务教育的均衡发展（乃至优质均衡发展）。余胜泉教授团队研发的"学习元平台"，由于拥有专门用于支持深度学习的四大功能模块，所以在支持学生自主地"学"方面，它能体现出"个性化学习"和"适应性学习"的特点（具有"大数据"技术的特征与优势）。该学习元平台在支持课程设计与教学（即辅助老师"教"）的方面，又能经常发挥出智能化教学的功能（即具有"人工智能"教育应用的特征与优势）。目前国内外其他常见的、基于互联网的"教与学"支撑平台，也与上述"CCtalk 直播平台"或"学习元平台"类似，通常都基于各自不同的先进"教与学"理念、具有独特结构及强大功能模块，因而都拥有各自不同的特征与优势。

第七节　信息技术教育应用的未来愿景

通过以上论述可以看到，以"大数据""云计算""人工智能"和"互联网＋教育"四种类型为代表的新兴信息技术，其教育应用确实具有前所未有的特征、优势与功能。例如，"大数据"能有效实施适应性教学、个性化学习、科学评估和精准管理；"云计算"能支持跨时空、跨地域的优质教育资源共建与共享，从而促进区域内教育均衡发展（乃至优质均衡发展）；"人工智能"可为各级各类教育的变革与创新开拓视野、提供思路，并提供实现创新的各种工具手段；涉及新兴信息技术的"互联网＋教育"，则同时具有前三类新兴信息技术所拥有的特征、优势与功能。而获取或实现这些特征、优势与功能，正是世界各国通过大力推进教育信息化来带动教育现代化的一贯宗旨和始终不渝追求的目标。所以随着我们国家的日益强大，国力的不断增强和教育信息化水平的提升，笔者殷切地希望各地教育局和各级各类学校绝不能满足于原来的以计算机与多媒体教育应用为代表的"数字化校园"水平，而应该大力倡导与推进以"大数据""云计算""人工智能"和"互联网＋教育"四种类型为代表的新兴信息技术在教育教学中的广泛与深入应用，使"数字化校园"与"数字化课堂"尽快转变为以上述四大类新兴信息技术的普遍深入应用为标志的"智慧校园"与"智慧课堂"——这是广大人民群众想要尽快实现的教育信息化愿景。

本章参考资料

1. 陈丽，郑勤华，林世员. "互联网＋"时代中国开放大学的机遇与挑战[J]. 开放教育研究，2017，(2)：15-20.

2. U. Friedman（2013）. Big Data：A Short History［DB/OL］.［2013-05-10］. http://www. foreignpolicy. com/articles/2012/10/08/big_data? Page＝0,1.

3. 何克抗. "大数据"面面观[J]. 电化教育研究，2014(10)：8-16.

4. 刘秀洁，赵可云. 大数据提高中小学教师信息素养培训有效性研究[J]. 数字教育，2017(5)：57-62.

5. 李雪萍. 云端漫步 开启数字化学习的新时代[J]. 中小学信息技术教育，201(11)：30-33.

6. 史蒂芬·哈格德（Stephen Haggard）. 人工智能的教育应用面临转折？[J]. 在线学习（新思维、新技术、新业态），2017(10)：14-16.

7. 吴永和，李若晨，王浩楠. 学习分析研究的现状与未来发展——2017年学习分析与知识国际会议评析[J]. 开放教育研究，2017(10)：42-56.

8. 潘超. 周洪宇的教育改革九点论[J]. 在线学习（新思维、新技术、新业态），2017(9)：22-25.

9. 王群力. CCtalk直播平台助推卢氏县教育均衡发展研究[J]. 数字教育，2017(5)：67-70.

10. 余胜泉，段金菊，崔京菁. 基于学习元的双螺旋深度学习模型[J]. 现代远程教育研究，2017(6)：37-47.